請問財富

無極瑤池金母 × 親傳財富心法

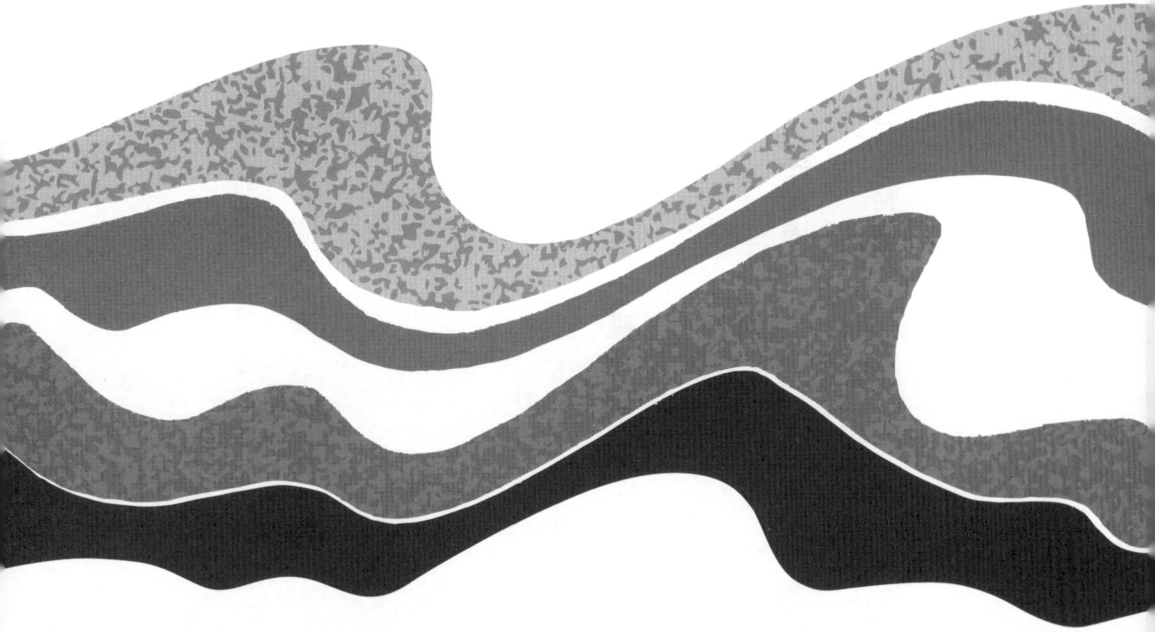

為你解開貧窮困頓、喚醒靈魂的富足意識！

宇色 Osel 著

目錄

第二篇 一語道破拜神靈致富的運轉祕密 137

第三篇　破解人生、修行與金錢的迷思　273

獻給　渴求物質與靈性皆富足的你

如果你難過的時候，你如何運用金錢讓自己感到富足跟快樂；
如果你飢渴的時候，你如何運用金錢享受一頓美食。
不要想要一輩子擁有金錢，它是流動的，
如同食物與水，要去感受它們對生命的重要性。

——無極瑤池金母（一路指導我靈修路的神祇）

【前言】

培養靈魂的強大富足意識，認出生命的富足之道

「宇色，可以救救我嗎？爲什麼我的人生好苦，可以指引我一條路嗎？」

「宇色，人家說走靈修會越來越好，但我卻越來越窮，這是爲什麼？」

「宇色，我已經走投無路了，到底我還有虧欠誰？您可以給我一些建議嗎？」

「宇色，可以拜、可以求的廟我都去過了，人生還是欠一屁股債，我都快搞瘋了，可以幫我一把嗎？」

讀者的來信大多不脫離以上的問題，把問題攤在桌上抽絲剝繭來看，也大多與金錢有著密不可分的關係。

讀者本身沒有問題，問題也不是出在錢，而是出在「缺乏培養靈魂的強大富足意識」。

我引用一句無極瑤池金母曾經教導我的話來回答：沒有人註定要成爲貧窮，走入貧窮往往是因爲做出了傷害自己與他人的事情。盡守本份便能享盡財富生命，超過本份，不僅損傷原本註定好的財運，也無法帶來富裕的人生。

你對你的財富感到滿意嗎？

你對目前的生活感到滿意嗎？

你是否曾質疑爲什麼上過無數的靈修與身心靈課程後，內心與生活品質卻是每況愈下？

你是否曾經上過許多短期致富課程，在課堂中相信自己必能擠進上流社會，然而最後卻連學費都賺不回來？是否曾經迷失在財富與修行的十字路口？

如果你對以上的問句點頭如搗蒜，我相信這本涵蘊著無極瑤池金母親降靈訊的書，絕對是爲您量身打造。

這本書，是我從將近二十年來無極瑤池金母對我的眾多教導中，所擷取一部份關於財富的靈性心法。在走靈修之前，我與你一樣每日盡與生活進行肉搏戰，「過好日子是奢侈的想法，賺錢要很辛苦！」相信你應該不會反對這樣的想法。我必須要說明，我不是含著金匙湯出生的人，但很慶幸地此生我踏在屬於自己的靈修路上，而一路皆有仙佛菩薩與無極瑤池金母的引導，祂們以無盡的包容力牽引我去閱讀許多好書與結識實踐富足之道的人，這一些善知識在無形中慢慢地校準我的富足意識，這句「過好日子是奢侈的想法，賺錢要很辛苦！」的魔咒已經在我的靈魂中冰消凍釋，我堅信：「盡守天命，看顧心，富足是我應得的。」

自從《請問輪迴．無極瑤池金母的28堂生死課：第一次母娘與你促膝長談靈魂轉世和淨化之路》出版之後，意外地蟬聯各大網路書店與實體書局宗教與身心靈暢銷榜多時，有上千位的讀者從無極瑤池金母教導的觀念裡獲得靈修心法，化解了多年糾纏不清的生命問題。如果你手上剛好也有《請問輪迴》，在兩本合併閱讀之下會令你的意識快速地進入更高的喜悅、寧靜與富足。

我相信一般人（甚至包括你）其實並不是奢望成為世界首富，而是希望擁有心靈上的自由，過著想要的生活。但是，讓你始終無法達成這個小小夢想最主要的障礙，往往是缺乏正確的富足概念，包括對金錢本質的認知、了解金錢與生命的關連、金錢與修行，以及金錢與靈魂的關係等等，如果以上的問題沒有進一步釐清與定義，便不知道該如何處理此生的金錢課題，進而敲碎在靈魂底層富足意識的冰封。

富足絕非天生註定，喔，不對，我必須修正這一句話，嚴格來說，確實有許多人是天生註定有錢。但是，那並不代表金湯匙永遠不會腐鏽，而咬著木湯匙的人就不能換一支銀或鐵的材質，雖然還是比不上令人稱羡的黃金，至少已經好很多了，不是嗎？我花了將近二十多年的時間，先從靈修來認識自己，確認此生的天命與生命意義，並且以自身的經驗開始教導人們如何做，才能喚醒元神進入合一的境界。

如何進入無極瑤池金母的靈訊，喚醒富足的靈魂意識

延續前一本《請問輪迴》的寫作方式，全書在我與無極瑤池金母對話之下完成。我在撰寫這一本書時，因爲無極瑤池金母的一句話，稍微修改了原本的寫作模式，聽起來是無極瑤池金母在督促我，其實，祂是解惑了一群閱讀過《請問輪迴》的讀者的疑問：

宇色，你是不是會覺得我好像不斷地將所有問題又統統纏繞進來這個問題上……你的思維模式必須要跟著我一起跑，才能夠創造更高層的富足意識，這個觀念性的問題都是必須綁在一起的。

我曾經在一場極迷你的座談會「靈修場．精煉對話」中播放從未公開的無極瑤池金母降乩時的錄音原始檔，現場無數人感動落淚、氣動、打嗝、看見靈光、靈動等特殊異象不一而同，許多人體驗到無極瑤池金母的話語具有平靜、喜悅、愛、和諧等更多靈性的素質。而閱讀《請問輪迴》最大的阻礙是，它是一本全由無極瑤池金母靈訊所構成的書，所有的文字皆是傳遞無極界最高神祇所降的話語，文字的力量雖然不及親耳聆聽祂的教誨，仍將你的靈魂意識蕩瑕滌穢。有許多讀者向我反映，《請問輪迴》這本書無法快速地翻閱過去，此書似乎設下強大的結

界，你不僅會在某一句話、某一個字前咀嚼再三，更多人表示閱讀不到一頁就會昏昏欲睡。不要急就章地想要了解無極瑤池金母所有的智慧，仙佛的智慧必須要你的靜心方能相應，昏睡是因文字力量正在掃除身心過甚的煩躁，心在靜寂後便會響起神明的智慧。

本書承續《請問輪迴》的寫作方式，由無極瑤池金母降乩在我身上後，再一一回答所有的疑問。此系列書為台灣書史首創以靈語翻譯成中文寫成全書，故此書有兩位共同作者——由無極瑤池金母口述，再由我翻譯靈語後寫成中文。

那麼，寫稿過程是講靈語還是中文呢？

靈乩在接收神明靈訊再透過身體表達出來時，靈語是很基本的表達方式，幾乎有高達百分之九十八以上的人不知道內容。我在近二十年修練先天啓靈法之下，已達先天元神與後天神識合一之境界，所以當我接收到無極瑤池金母傳降靈語時，靈語的訊息波已同步轉換成中文。

此書與前著作《請問輪迴》書中所羅列的問題均有完整錄音檔，可以清楚聽見我與無極瑤池金母之間的對話，最明顯的差別是音調口吻不同。而我留存錄音檔有幾個原因：

一、錄音檔本就是構成此書的要件之一。

二、期盼有朝一日能夠在有心人集資之下，出版一系列無極瑤池金母靈訊有聲書，讓更多人親自聆聽無極瑤池金母的教誨

三、爲台灣書史首創以靈語翻成中文的靈訊著作留下寶貴的記錄。

此書內文雖聚焦在財富、富足與金錢，但每一章節內的靈訊卻是緊扣《請問輪迴》，強烈建議尚未閱讀過《請問輪迴》的你，務必將此書與《請問輪迴》合併閱讀，你的靈魂意識將浸淫於無極瑤池金母廣大的圓滿智慧，醍醐灌頂，迅即打通意識的任督二脈。

如果你想要快速汲取靈訊蘊含的神祕力量，轉動富足意識，從《請問輪迴》讀者在網路書店留下超過百則的眞實回饋中，你可以嘗試以下的練習來連結你內在的富足意識——

1. 反覆閱讀無極瑤池金母的靈訊、完全跳過我的詮釋與註解，意識不要停在任何字句與段落上，不要讓意識駐留不前。你可以選擇你最喜歡的一段、或是從頭開始讀，要注意的是，一定要反覆閱讀同一段靈訊。

2. 在每日早晨清醒時、就寢前，或是一天當中最適合獨處的時刻，關掉你的手機與電視，給自己十分鐘或半小時的時間，專注地閱讀全書。過程中不可以被任何人打擾，時間一到就闔上書休息，明天同一時間繼續從中斷處開始閱讀。這種全心統攝一處的閱讀法，會讓你的意識完全融入無極瑤池金母的願力世界。

3. 從你開始閱讀的那一刻起，請務必開始留心你生活周遭的變化，這是無數讀者向我反映過的事情，他們說，無極瑤池金母在書中所教導的觀念，都會靜靜地出現在生活裡，當發生時，請再回頭翻閱該情境在這本書裡的章節，透過文字進一步反思當天發生的事件與靈訊的關連性，這都是無極瑤池金母要對你所說的話。

以上退省反思的練習，其力道會強化你的意志並且喚醒靈魂意識，會擦亮你心眼以認出生命中的富足之道，讓你的意識完全聚焦在對你有利的事物上，財富之路會完全展現在你眼前，一道道地刻劃出你的富足意識。

你可以選擇以上你要的任何方式來擴展你的富足感，當你強化並且敞開靈魂意識的大門時，財富、貴人、富足、喜悅都會自動地向你靠攏。

當你每次翻閱這一本書時，我會邀請您讓無極瑤池金母的圓滿願力與你同在，這將對你的元神升起奇妙的轉變。

不要忘了，這本書的名字叫做《請問財富》。

宇色　於台中書房

無極瑤池金母　從浩瀚無垠的無極界，傳降靈修富足心法

無極瑤池金母，全名「無極瑤池大聖西王金母大天尊」，坊間又稱王母娘娘或母娘。依據道教神仙譜系，瑤池金母爲眾女仙之首，眾靈子重登仙榜亦須拜木公，後謁金母，始得昇九天，入三清覲謁元始天眞。

自民國三十九年左右，無極瑤池金母聖靈東降花蓮吉安，其無極靈修法更廣傳全台灣。眾無極界與太極界之靈子紛紛下降人間，降爲人身再修練靈修法重登仙榜，也因此，無數男男女女在靈修法感召之下元神甦醒，靈動、講靈語、靈通之人甚多，且適逢末法時期，六十六重天之無數界仙佛隨無極瑤池金母降世下凡渡化靈子。其傳降之先天啓靈法已廣傳全台灣甚至東南亞超過七十年，修持靈修法之靈子逐年倍增。

無極瑤池金母掌管人世間一切的因緣，添壽、添子、健康、去厄。精進修持先天啓靈法之靈子均受其庇佑。

金母親降開示：「我是此世代的無極瑤池金母。」

許多靈修人都會對我感到好奇，我與三千多年前的西王母是同一尊嗎？我依然是那一尊出自於《山海經》，為人間帶來可怕災禍、瘟疫與疾病的獸頭人身神祇嗎？

現今，我透過宇色的元神，將揭開世人對此的疑惑，藉此揭露靈界與神靈的奧祕。

今天的你與昨天、明天的你皆不是同一個你，你外在的體相與內在的細胞，無時無刻亦是不停地變動；連你的講話、思維與態度，每一天都有細微地修正調整，只是你不自覺而已。

你曾經仔仔細細地觀察一個人嗎？今日的他與三十年前的他，你會發現是完全不同的人，雖然你明確地知道他是同一個人，但是其外表、體型與說話方式，卻已經與三十年前不同，如此，你該論定此人為同一人？或非同一人？

古人深信世間的每一個人皆是由天上星辰轉世投胎，以星象描繪出一個人一生的命運；宇宙星辰轉瞬變動，星體、銀河系、空間從未消停半刻，而你們人的靈魂意識對應星體產生龐大能量場的運轉而改變，靈魂意識與星體兩者皆具變動特質，這也是萬事萬物存在本質，無一例外。既然古人所見之星空與今日早已有所不同，你又如何冀望我歷經千年亙古不變呢？

我已不是遠古時期順應眾人的靈魂意識所孕育而生的半人半獸神祇。此時，我是順應此世代人類、宗教、文化的集體意識而幻化之手拿蟠桃、持龍頭拐的無極瑤池金母。話雖如此，我依然是三千年前那一尊古人所稱的西王母，依然是無極界帶領無數神靈、鎮守靈界的無極瑤池金母，我依然是。

翻閱之前……

在《請問輪迴》前文我曾寫到：

「在你閱讀每一個字的當下，它已經悄悄喚醒你沉睡已久的靈魂意識。」

《請問輪迴》出版後不久，某日睡前閱讀後，凌晨，我夢中驚醒——

我於輪迴隧道中往返無數次，出生、死亡……生離死別，一次又一次，最後一次出生，我驚呼，「夠了，我不要再出生了！」

夢境餘韻迴盪心頭，揮之不去。那一個夢，是內在解脫的聲音。

此書，獻給欲聆聽無極瑤池金母如何破解財富與靈魂輪迴關係的你。

依然是這麼一句話提醒你，當你閱讀每一段無極瑤池金母的靈訊時，它已經悄悄喚醒你沉睡已久的靈魂意識，喚醒神祕的靈性召喚——

在你準備翻開下一頁時，請你先做一個深呼吸，滌盡藏匿於靈魂意識裡的匱乏，走入富足之境！

〈第一篇〉

重塑金錢與富足的定義

1 身而為人，我們該如何看待金錢？

「金錢」，從我們出生以來就一直是我們的生活課題，活在人世間不可能不使用金錢；有人因爲金錢鋌而走險，有人因爲金錢與家人、朋友、親戚反目成仇、水火不容，但也有人因爲金錢而讓世界更美好。請問瑤池金母，我們該以何種角度重新看待金錢？

無極瑤池金母 如是說

你知道為什麼古代的人常常用「水」來做比喻嗎？（例如講一個人的個性、講時間、甚至講一段歷史，都會用水來形容。）你知道為什麼許多古代的修行人會用水來當成儀式的一部份嗎？因為光是一滴水，就包羅了許多元素（無形界）。你知道為什麼當一個人運勢不好的時候，只要他能夠把心靜下來，走訪一趟有聖水聖河的寺廟、山林、叢林，就會對他的靈魂有所改變嗎？因為水的本質、特質，跟人的靈魂本質是最類似的；水的特質有洗淨的功能、有淨化的功能。千萬不要小看水的這一個特質。

水還有另外一個特質，是人類從來沒有思考過的，就是——**你沒辦法擁有它**，你絕對沒辦法擁有「水」這項東西。你可以說「我喝很多水」，水在你需要的時候很珍貴，但如果你已經不需要它時，你就完全看不到它。

水的這些本質、特質，與錢又有什麼關係？每一個人都需要錢，但是世界上沒有任何一個人有辦法擁有真正的錢。我所謂的擁有並不是指「你賺多少錢」，我的意思是「你沒辦法去物化金錢」❶。你沒辦法把你身上所有的錢全部換成某一種東西，堆滿你的家，你沒有辦法；沒有人有辦法將所有的金錢拿去購買想要的東西，就算你做到，那也是錢的一部份而已。眼前所見的物品只能滿足生活上的需求，能綻放靈性光芒的是快樂、幸福、愉悅。人不曾真正擁有水（金錢），你只能享受它們帶給生命的解渴，它只能換來生活中絕少部份所需，而不是生命

❶金錢與物質之間存在著能量的交換，金錢、黃金、股票皆只是符合某個時空背景下所呈現的價值，用金錢來換取物質，並間接地滿足人對生命的欠缺感。金錢、黃金、股票無法填補人心。

的全部。人們終其一生都在學習以更高層次的洞見來行使金錢的力量。

錢對人的重要性是什麼？我們看待錢的方法是什麼？答案很簡單——你必須要珍惜它，而不是想要擁有它。金錢是你靈魂的彰顯，是你靈魂特質❷的一部份。我前面說了，如果有一個人的靈魂是很骯髒的❸，他會想要透過水來淨化，這是靈魂本質、是本能，是無法改變的❹。

如何從水的本質重新認識金錢的使用？你為什麼想要擁有水呢？你不可能辛苦地爬上一座仙山、喝了一口聖水後便永遠不回來，你還是要回到人世間來啊。你想喝聖水是想洗淨心靈的汙濁，身心靈洗淨後你依然要繼續面對生命，你有真正獲得聖水嗎？沒有，你只是在當下浸潤在它洗淨與解渴的功能，如同金錢，沒有人真正擁有過金錢，你只能利用它滿足你身心的需求。你今天想喝水，是你身體需要了，你去喝一杯水，但是你不可能一直喝水一直喝水，這是不可能的事情。如同我剛才說的，「人怎麼去看待『金錢』這件事？」當你的生命需要某種物品時，你可以用金錢解決；可是當你不再需要某些物品來滿足自己時，你依然要回到生活繼續去應付其他的事情。金錢與生命這一層的關係，很多人都沒有真正搞清楚過。人們切勿過度沉迷於金錢追逐，而是應該以高意識的智慧來運用金錢，讓金錢來幫助人們解決生命課題，領悟輪迴轉世的解脫之道。

我再說一次，人們會害怕沒有錢，是因為沒有看清楚水的本質是什麼，水的本質就是你不曾擁有過它，這也是金錢的本質，人們站在它的本質之外卻想要掌握它。你守住水的結果只是讓它發臭而已。如果你今天需要金錢，你應該勇敢的去賺錢，然後絲毫不帶匱乏感地將錢花掉，並且享受花錢當下所帶來的喜悅，這是金錢的流動特質，也是滋潤靈魂富足意識的方法。但是太多人只想要累積更多的金錢，卻不想要花錢，或者是，想要擁有很多錢、想要擁有比別人更多的錢——但是這都不是水的本質啊！你的身上怎麼可能擁有比別人更多的水呢？你只能當身體需要解渴時去享受喝水時的感受，讓水去解決你身體缺水的渴。

你不會跟別人比「我的水很多」，你不會跟別人比說「我曾經擁有很多水」，不可能！你只會說，「我曾經喝過水、我曾經喝過哪裡的水、我曾去過

❷關於靈魂特質請詳閱《請問輪迴》Part1〈靈從何而來？〉，七章節中瑤池金母以不同的角度解釋靈魂的特質。

❸泛指心思混亂、命運乖舛、專注力分散不集中等等。

❹當一個人意識到心思混亂狀況時，靈魂的本質會驅使人的行為以水的儀式達到淨化功能，例如到仙山聖地取聖水、持大悲咒水、請高僧灑淨加持等等，會特別想要到山林間泡湯，甚至藉由沖涼洗淨一身的煩懣，這一些都顯示了水隱藏著洗淨靈魂的特質，只是人們視而不見忽略它的神祕力量。

哪裡享受過聖河的洗滌。」以及你會說：「我曾經擁有過什麼樣的水是很特別的！」但是你絕對不會跟別人說：「喔！你看我喝過多麼多珍貴的水。」你絕對不會！

我要教導你的是看待金錢的心態：你可以想要有錢，但是你不可以把錢當成是你所擁有的東西。如果你需要金錢，你應該去用錢；就像水一樣，你渴了就去喝水，用水去解決你身體缺水的狀態，用錢去解決你生活與身體的真正需要。僅是如此，這就是水和金錢的關係。

沒有任何人可以真正擁有金錢，如同也沒有人真正擁有水，不可能的❺！你仔細想想，你們人常常說地球百分之七十以上是水，幾億年過去了，這個說法有沒有改變？它不會改變。不只是地球上的水，你們知道嗎？恆河的水、阿爾卑斯山所流下來的水、你們人類所喝的水，甚至包含你們人體身上的水，這些的總和，絕對維持一個比例，一個非常純淨與和諧的比例，不會改變的。可是你會說，「以前地球上的水很多，現在水變少了。」是啊！可是以前的人並沒有那麼多啊！

我想跟你講的是，水的這個特質：一直維持一種比例（在地球上），因應地球某一個時間點，比例雖會微幅調整，但是比例不會改變。

我以水在地球上的比例來教導金錢概念。你知道嗎？一個人這輩子所擁有的錢，是註定好的，你不要以為你可以改變這個比例，沒有辦法，就像水在地球上的比例、水在人體體內的比例，這一切都是物質生存於地球上的定律，都是註定好的，金錢在你轉世來到人世間時的比例也是如此，這又代表了，這輩子你可以運用這些金錢做多少的事。

不要聽到這樣就想放棄你的生命，你可以改變的是什麼？是你用錢的態度。**「態度」是人一輩子在學習的。**有許多人會害怕擁有錢，這是很奇怪的事情，怎麼會有人害怕金錢呢？有！這種人非常多，我說的「害怕」不是指他不要錢，而是指他想要賺更多錢，這就是害怕金錢的人，一個真正害怕金錢的人，他會想要擁有更多的錢。你不覺得很奇怪嗎？這是什麼樣的邏輯？有許多的人來問我，「你覺得我這輩子會不會有錢？」這樣的人一輩子都不會有錢，因為金錢的多寡在靈魂的本質裡是註定好的，那為什麼有的人會認為自己沒有錢？這是因為你們並不清楚自身的比例，所以想要更多，這就破壞了你的靈魂本質。

❺你所賺的每一分錢都會流出去，留在身上的永遠不會是當時所賺的錢。

靈魂的本質是什麼？之前我有跟你說過，靈魂只是一個能量體、一個頻率而已，你沒辦法改變太多（自身的頻率），因為每個人的頻率差不多就是那個樣子。它是註定好的，或許修行可以改變一部份，但是沒辦法改變全部的東西。每個人都有不同的特質，但是很奇怪的是，每個人都想跟別人一樣，包含金錢這件事情也是。

人應該怎麼去看待「錢」呢？你不要想去擁有它，就像你不要想去擁有水，但是你可以去感受水對你的重要性，以及當你需要水的時候，它帶給你的是什麼樣的純淨力量。當你難過的時候，你要怎麼運用金錢讓自己感到富足跟快樂？當你飢渴的時候，你會想吃一頓美食；當你在人生旅途當中，需要走一趟朝聖之旅時，水、金錢就發揮作用了。太多人都不清楚知道錢是沒辦法擁有的，但是它可以創造你想要的一切，做到這一點，其實每一個人都是富足的。

無極瑤池金母

靈修富足諦語

- 你沒有辦法擁有金錢，你只能擁有代表金錢的數字。

- 水的本質跟金錢是一模一樣的。
- 如果你有需要，就以金錢來顯化能滿足你所需的物質。
- 想要賺更多錢的人，就是害怕金錢的人。
- 你不要想去擁有金錢和水，而是去感受它們對你生命的重要性。

在這一段無極瑤池金母所降下的靈訊中，哪一句話深深打動你的心，卻也狠狠將你從睡夢中敲醒？我個人是非常喜歡這段靈訊中的這兩句話：「沒有任何人可以眞正擁有金錢，如同也沒有人眞正擁有水。」言下之意是，你不可能眞正擁有金錢，如同水之於我們的身體需求一樣來來去去，你不可能無時無刻都在喝水，你也不可能一輩子都不需要它，你只能享受水來解決你身體的渴望，將「水與你」的關係換成「金錢與你」，是不是個異曲同工的巧妙譬喻呢？

這段靈訊足以彰顯無極瑤池金母的眞知灼見與圓滿智慧，我試著引導你去思考或許你遺漏的重要訊息——

(1) 無極瑤池金母一直強調，水與金錢特質相同，生命中我們是「需要」水，甚少是「想要」水；反過來說，我們應該學習的是：認清需要金錢解決生活的問題，卻不是去擁有更多金錢來滿足我們的慾望。

⑵ 應該時時刻刻去思考，究竟是物質的慾望塡塞了心靈空間，讓我們窮其一生拚命追求更多的金錢而喘不過氣？還是我們的生活眞的需要那麼多的金錢？

⑶ 水與金錢兩者都具有流動多變的特質，我們要學習的並非如何去擁有它們，而是應該用心去體會當我們正在使用它們時，它們解決了我們什麼問題？而不是在沒有需要時仍然拚命將它們緊緊拉攏在身上。試想一下，在你身體不渴的時候卻拚命灌水進入肚子，是什麼樣的感受？那又是什麼心態呢？

⑷ 既然我們不可能將水與錢都永遠留在身上，我們又該如何主動且正確地使用，讓它們得以在我們生命中發揮到最大的價值與意義呢？

「回歸靈性的自由」架構在反思上。不妨花一點時間反思以上我所羅列出來的四項問題，將有助於你從貧苦的心靈轉爲富足的靈性境界。我想要再澄清一個觀念，無極瑤池金母並不是要我們鄙視金錢、成爲清貧的人，恰恰相反的是，祂站在無極界神尊的角度，傳遞出靈魂轉世中該如何認清金錢對於靈魂的意義。在金錢與靈修之間，祂不斷地教導我一個重要觀念：「不要鎮日去想如何累積更多金錢在身上，要去學習如何花錢的智慧，便會流入更多屬於你生命應有的金錢。」

金錢可以換取你生活中所有的一切，你幾乎可以用金錢來解決現實中所有的不便；然而，高度振幅頻率的心靈層次（快樂、自由、慈悲、寧靜、舒適、安住、優雅）卻是你在百貨商場無法購買到的物品。同樣，你不可能拿錢免除輪迴、得到解脫，也不可能用錢買到寧靜、得到靈性的安住，唯有調整出相對等的心態，將行動放在對的位置，財富、物質與靈性達到和諧一致，才能彈奏出一曲優美的生命樂章。這是金錢在處理兩者之間的區別，也是此段靈訊中無極瑤池金母所要講述的富足眞理。

不可否認「賺取金錢」完全出自於人類生存的本能，無極瑤池金母並非否定我們生活上對金錢的需要，但由於許多人是爲了滿足心中對金錢的匱乏與貪婪而囤積金錢，祂只是要我們從另一個角度去思考金錢與自己的關係，「**如果你有需要了，那麼你就可以去擁有它；可是當你不需要的時候呢？你還是要回到生活去應付其他的事情，就這一個道理，很多人沒有搞清楚。**」金錢、美德與靈性是可以譜出一首和諧優雅的三重奏協奏曲，處於高頻率富足能量的人懂得在創造金錢財富時增加生命的價值，而位處於低頻率意識的人則像是螞蟻一樣囤積更多的金錢。如果你不了解金錢的意義，便是「**真正害怕金錢的人，會想要擁有更多的錢。**」害怕是指擔心失去，所以拚命想要擁有更多。對此，無極瑤池金母提點我們，「**你不要想去擁有它，不要想去擁有水，但是你可以去感受水對你的重要性。**」

了解生命的需求、運用金錢解決需求後的滿足感，是在編織更高一層的靈魂意識，而更高的靈魂意識會吸引相同頻率的靈魂與物質世界；唯有改變與調整靈魂的意識，你才有可能改變現況，成爲眞正富足的人。

「眞正了解內在的需求」、「賺錢解決它」、「享受花錢那一刻的喜悅」，就在這三個心理層面中循環來回反思、實踐以及感受，如此的內化勢必觸發你更高一層的靈魂意識。

看似簡單的過程卻非人人都能輕易體悟，分辨需求與慾望就得要極度的內省能力，許多人已經被誘惑的力量矇蔽了靈性的光輝，倘若人們所追求的是不屬於本命軌道上的事物，便會在第一階段出現鬼擋牆的現象：永遠嫌賺的錢不夠花，金錢必能解決需求，用金錢來對抗慾望的那一天絕對不可能到來。

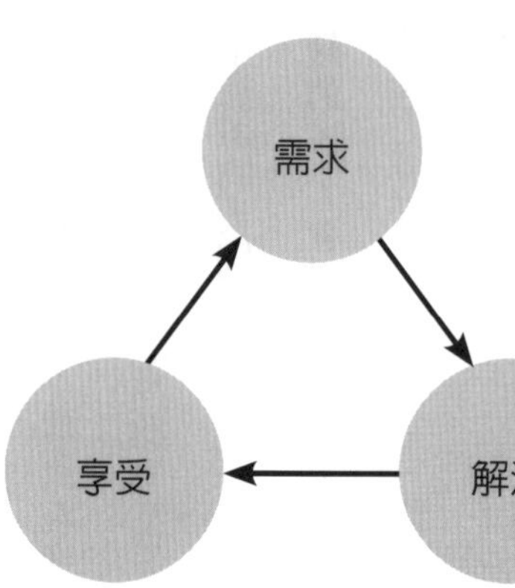

「如果你需要金錢，你應該去用錢。就像水一樣，你渴了就去喝水，用水去解決你身體缺水的狀態，用錢去解決你生活與身體的真正需要，僅是如此，這就是水和金錢的關係。」以錢去解決生命的需要，是一種以自身能量與世界交流的過程。促進金錢的流通性如同活絡人體血液，促進血液循環與細胞再生是保持身體健康的首要，而有智慧地讓金錢解決生命需求、創造想要的一切，便能創造強大的富足意識；過度囤積金錢反而阻礙靈性的成長。最後一個階段也是最多人從未思考的問題——享受花錢解決需求的喜悅感。這讓我想到一則猶太人教導後代使用金錢的故事，與魚、水的概念相同，生命與金錢唯有流動才能創造出更大且富足的社會。

＊＊＊

在古代有一個貧窮到後人已經記不得名字的小鎮。這個小鎮在早年前以富裕著稱，歷經短短不到五十年的光陰，就從極富走到了貧困，並非發生過災難、人禍、戰爭，或是做出了惹怒上帝的事情，僅僅是習慣了富足生活便停滯了生產動力，店家門可羅雀、漁船破損到無法出海、工人沒有適當的工具生產賺錢……。當一個社會完全處於貧窮停滯時，要再翻身必須注入一道活水。

雅各在鎮上經營著一家旅店，但是幾個月來已經沒有觀光客上門，他獨自一人坐在布滿灰塵的櫃台，正在爲這個月的房租發愁，喔！不對，是在擔憂房東米茲拉希何時來追討已經積欠長達五個多月的房租。儘管好心的米茲拉希讓他拖欠很久了，但是籌不出錢付房租和養活家人的壓力，著實讓他無力設想未來。雅各安慰辛勤工作的自己，只是遇到不好的時機罷了，但當他一想到太太亞比該時卻更添內心的愧疚與無奈。

亞比該知道了這一件事後，樂觀地表示：「還好我們遇到好心的米茲拉希，如果這不是上天的安排又是什麼呢？」亞比該保持著猶太人優良的樂觀心性。亞比該對雅各說：「我們老祖宗教導我們『沒有錢就失去半個人生，但沒有了勇氣，會失掉整個人生。』與其一直與擔憂相處，不如『行動』去找回勇氣。」（亞比該引用的是猶太聖經《塔木德》其中的一句話）說完便開始打掃起來，雖然旅館此時根本沒有一位旅客。亞比該邊整理邊問雅各說：「怎不去問問前些日子向我們借錢的那個賣雜貨的，或許此時他已經有能力還款了。」

亞比該樂觀積極的態度觸動了雅各長久沉悶的心，於是他起身整理服裝向外走去碰碰運氣，心想：上天永遠給勤勞的人一口飯吃，先去問問之前借錢的人，然後再去街上逛逛，或許有機會遇到路過此城鎮正要找旅館的旅人。

出門不久，雅各就眞的看見一名騎著騾子的陌生老人，正從街角處朝他這裡走了過來，雅各恭敬有禮地詢問老人是否要找旅店。老人的名字是馬爾文，他非常善良且依照上天安排生活，馬爾文對雅各說道：「一定是上天指引我來到你的店裡。前幾天我剛去參加完親戚的喪禮，幸運的是，他留給我一筆爲數不小的錢財，我回程來到你們這城鎮時，已經沒有力氣走下去，又不敢亂找旅店，正考慮要不要撐著身體繼續趕路時，遠遠就看見你來問我要不要住宿，我相信這一切都是上天安排，我眞是一名好運的人。」「我總是有好運」是馬爾文一直掛在嘴邊的話，不論事情最終的結果是如何。

雅各帶著馬爾文回到了旅館，馬爾文立刻拿出了一個大布袋說：「這一大袋錢就寄放櫃台保管，我想先休息一下，明天再到這個我從不曾來過的城鎮走走看看。現在，我只想睡個覺休息一下。」

雅各是正直的人，滿口允諾老人必定將錢收好，說完，將錢緊密地鎖在櫃台後方的倉庫。接著他便幫馬爾文拿行李到房間去。

此時，亞比該剛整理好後院回到櫃台，好巧不巧房東米茲拉希正從外頭走進來，米茲拉希表明全家五口正餓著肚子，等著他唯一的收入來源：店租。今天再收不到房租，餓到大人是沒關係，只是小孩耐不了飢餓。亞比該正在發愁不知該如何處理，便假借放工具到倉庫先行離開，想不到一打開倉庫、映入眼簾的便是一大布袋的錢，她心想，一定是之前借錢的人還來的，算一算，剛剛好可以付清積欠的房租，亞比該便將錢還給了米茲拉希，米茲拉希笑得合不攏嘴地抱著那一袋錢離開。

雅各安頓好馬爾文下樓，一聽到此事驚嚇到汗都逼出來了，邊解釋邊拉著亞比該直奔米茲拉希的家裡，此時米茲拉希早就帶著餓了好幾天的家人上館子吃飯去了，沿路上還預訂了不少的食材和用品。

這一些收到錢的店家和館子，也就開始四處去採購新鮮的食材、魚貨和商品。賣食材的店家正愁貨物快過期，館子就送錢來一口氣預訂不少的食材；賣陶器的店家正苦惱沒有錢修補漏水的屋頂，剛好就收到米茲拉希要預訂陶器廚具；工匠和泥作師傅已經好久沒有開工了，陶器店家剛好派人來請他們修補漏水的屋頂；工匠和泥作師傅有了錢，先花一部份的錢添購新的工具後，又將剩餘的錢拿去償還之前借的錢；多日沒有出海捕魚的漁夫，也收到館子的錢後修補船身便出海去了……。一下子，那一布袋的錢就好像有著一股魔力般，讓整個貧窮的小鎮活絡了起來，如同在發臭的水溝裡強灌一道洪水一樣。

隔天，雅各這對夫妻終於找到米茲拉希，尚未開口說明整件事情，米茲拉希就先拿出一筆錢說：「那一袋錢超過我借給你們的，多餘的錢還給你們。」雅各追問剩下的錢呢？米茲拉希表示將錢花在吃東西和添購家中所需的食物及用品了。雅各夫妻聽到這裡也不知如何是好，此時也無力再追那一袋錢了，只能拿著剩下的錢沮喪地回家。

日子一天又一天地過去，眼見老人要離開城鎮的日子也近了，雅各夫妻不知該如何向老人開口解釋錢的事情。或許是城鎮整個活絡起來的緣故，一連好幾天上門的旅客突然變多了起來；只是，這幾天的收入依然不夠還給老人，雅各一想起老人對他的信任反而更加地難過。越擔心的事一向越快到來，此時馬爾文在樓上請雅各幫忙拿行李下樓，表示要回家了，雅各帶著極度的惶恐不安，雙腳甚至還有點發抖的急匆匆趕上樓去。

此時，門口突然走進了一個人，原來就是前些日子向雅各借錢的雜貨商，他帶著滿口抱歉向亞比該表示，前些日子實在沒有錢可以批貨販賣，就拿不出錢還他們，這幾天城內商家不知為何整個熱鬧起來，是他以前從來沒有經歷過的，不僅以前批的貨全部賣光光，還有更多的錢去其他城鎮採買更優質精美的貨品，他對亞比該說：「不好意思！欠你們錢太久了，連本帶利還給你們。」說完放下錢便轉身就走。亞比該數一數金額，加上店內營收與之前房東退還的錢，不僅可以還給老人，還有剩餘許多。

亞比該算完錢，雅各已經帶著馬爾文來到了櫃台邊，馬爾文要向雅各拿回之前寄放保管的那一大布袋的錢，雅各支支吾吾地推說不知錢放在哪裡了，老人笑笑地指了指櫃台後方的倉庫：「年輕人！你的記性比我這個老人還要差，你明明就放在倉庫啊！」此時，亞比該便拿出剛才那一袋錢說：「我剛聽到你要回去了，我就馬上去倉庫拿錢了，您算看看數目對不對？」雅各望著那一大袋錢，丈二金剛摸不著頭腦，完全無法聯想亞比該到底是如何生出這一袋錢還給老人。馬爾文算一算無誤後，便從袋內抓出一把錢說：「上天真是對我太好了，讓我遇到你們這一對善良耿直的好夫妻，這一些錢一部份是這幾天的住宿費，剩下的錢是我對你們的感謝。」雅各送馬爾文出門時，馬爾文不經意地對雅各說了這麼一句話：「上帝創造金錢，是讓這世間更美好，貧窮的人放置它而發臭，富足的人讓金錢在這世間流動。」

＊＊＊

這一對夫妻完全沒有料想到的是，馬爾文的一袋錢僅僅經過幾天，竟然讓整個死氣沉沉的城鎮活絡了起來，金錢的魔力釋出每一個人生活的需求，創造出更大的富裕榮景。金錢的本質是流動的，歷經幾千年的演化，絲毫沒有削弱它的本質，錢財本身並非邪惡之物，貪財與囤積才是。無極瑤池金母說：

當你難過的時候，你要怎麼運用金錢讓自己感到富足跟快樂？

當你飢渴的時候，你會想吃一頓美食；

當你在人生旅途當中，需要走一趟朝聖之旅的時候，

水、金錢就發揮作用了。

財富（有價值之物）、金錢與富足（物質與心靈的滿足），三者在靈魂轉世的課題中，扮演著不可或缺的角色，就像西餐裡的前菜、主餐和甜點一樣，該如何調整並從中找到最優美與平衡的搭配，完全取決於我們的智慧。我們必須學習運用本身的天賦來操控生命的舵，航行於輪迴的大海中，才能讓生命更具有價值與意義，而不是日度一日、年過一年地活在自設的狹隘意識空間。

我們再慢慢看下去，讓無極瑤池金母從靈修法門中，逐漸爲我們揭櫫金錢幾千年來如何誘導靈魂走向邪惡，以及昇華靈性之美的奧義了。

靈修富足心法修持

促進流暢的金錢能量

勇敢的賺錢，然後絲毫不帶匱乏感地將錢花掉，並且享受花錢當下所帶來的喜悅！這是金錢的流動特質，也是滋潤靈魂富足意識的方法。

2 今生的財富是註定好的，那麼今生財富的基礎從何而來？

每一個人今生的財富都是註定好且無法改變，那麼，今生財富的基礎究竟從何而來？古人說，這輩子有錢是因爲上輩子有積累福報或是有在修，眞的是這樣嗎？

無極瑤池金母 如是說

每一個人離開人世間時，靈魂是會被改變的，這也是水的特質之一，你絕對不可能說你今天跟昨天是一樣的，不會有人是這個樣子的，沒有任何一個人睡覺起來的時候，今天跟昨天是一樣的，沒有這種人的存在，為什麼？因為睡覺本身就有淨化的功能，這也是水的特質❶。我想要告訴你一件人們從未知道的靈魂運作法則——任何一個人只要深層地睡去，靈魂自然就會運作，會讓他接軌此生應有的天命，這包含了靈魂本就擁有、不須外求的富足意識，只是當一個人從夢中清醒後，他會被自身業力與外界世俗所干擾，睡夢中所得到的淨化在清醒後又會被汙染，日復一日，年復一年，靈魂的富足與貧窮永遠陷入無止盡的拉扯中。

靈魂的本質是什麼？是思維，就是思維而已，但是很多人卻沒有辦法改變自己的思維。石頭可以改變嗎？可以，但是需要多一點時間；樹木可以改變嗎？可以，而且改變的速度一定比石頭更快。有一些人，看事情的角度、思維模式會與別人不一樣，意識轉動會非常的快速，因為他的靈魂意識已經非常柔軟且富有強度，意識層即將具有水的特質❷。當某人的意識已經逐漸回復到水的特質（亦即靈魂本質），也代表他已經快要離開人世間了。這是非常有趣的一件事情。唯有意識層進化到快速轉動階段，這一條靈魂已經正進化到另一個階段，在未來不久才能夠解脫輪迴。

---

❶請參閱《請問輪迴》Q19〈為什麼有一些靈魂轉世後可以憶起前世的事？是轉世過程中靈魂發生了什麼事？〉

❷指此人的心性已逐漸回到最初靈魂的本質。

其實祕密就藏在人的「思維」裡。每一個人在靈魂轉世的時候，一定會不斷地重整這輩子遇到的所有問題。「金錢」絕對是每一條靈魂來到人世間要處理的問題，為什麼？因為金錢綑綁你眼前所看到的每一件事情，從感情到婚姻、甚至在生活裡你所看到的物質世界，都跟金錢脫離不了關係。你覺得金錢不重要嗎？它非常的重要。

問題是，為什麼有的人這輩子沒有錢？因為他沒有改變看待金錢與生命之關係的意識層，他不懂得變通，每一世都用一樣的態度在對待金錢與生命的關係，這才是人們無法創造富足、不斷走入貧窮的真正原因。

你注意看那一些極度有錢❸的人，他們用錢和看待金錢的方式，跟一般人完全不一樣。或許你會說，是因為有錢才能有和一般人不同的思維，但不是的！有很多人表面有錢，但是內心並沒有辦法過跟別人不一樣的生活，關鍵還是在他的思維模式。我想要跟你講的是，真正的「有錢」、所謂的「富足」，不只是數字多寡，而是生命與意識是流動的，這才是真正的富足，不要把它定義在金錢上的富足。

「富足」這兩個字非常廣泛。你要說佛陀富足嗎？是的，世間所有的一切皆不足以令祂罣礙，這才是真正的富足。今天佛陀再次轉世到這個人世間，祂依然是富足的人，祂絕對不會落入貧窮的世界。你的意念已經決定了你這輩子所擁有的世界了，你意念裡的世界才是決定轉世時的世界是富足或貧窮，但是，我必須要向你說明的是，意念裡的世界絕對沒有金錢這一件事情。你意念裡那個世界，才是決定此生是富足或貧窮的世界，但是，我必須要向你說明的是，靈魂意識從「那一條靈」的狀態❹分化時，就沒有以追求金錢為目標這一件事情。

你們人不是常常說要布施、要行善嗎？你們不是常常說人要走入修行，才能改變貧窮嗎？其實就是透過外在的形式來改變原本的意識，透過一些強加的行為來改變你看待生命與金錢的關係，如此而已。如果一個人的意念層不改變、靈魂本質不改變，那麼他就是在自己原本的圈圈（世界）裡頭，就在非常非常小的世界當中，哪裡都去不了。你覺得他的世界會被改變嗎？不會！這就是為什麼有人

❸指今生所擁有的財富超過一般人好幾世所能賺取到的金錢。

❹在《請問輪迴》中，瑤池金母如此來解釋：斷輪迴，靈魂背後那一條靈是我們真正的歸處。引用此書中的一段話：《道德經》所言：「道可道，非常道，名可名，非常名。無名，天地之始，有名，萬物之母。故常無欲以觀其妙，常有欲以觀其徼，此兩者同出而異名，同謂之玄，玄之又玄，眾妙之門。」「那一條靈」就如同道一般，是一種狀況（後面章節無極瑤池金母會再進一步解釋），不論你對它冠上何種名號，它就只是一種存有狀況。關於那一條靈更詳細的說明請自行參閱《請問輪迴》。

一生都困在自己的世界裡，因為他無法走出自己的觀念、跳不出綁住他的意識層，就算讓他今生有錢，他也沒辦法走出去。這不是富足，這不是富足的概念。

真正創造富足的概念，是必須先擁有一個想要創造更美好世界的信念，只要一項，就可以讓整個世界幻化成更多的世界。這一項東西可以是快樂、喜悅、金錢、思想、行動、一顆愛人的心，只要是讓這世間更美好且富足，他的靈魂已經是富足，此生永不墜入貧窮。我所謂「幻化更多的世界」，是指可以讓更多人從不快樂變成快樂，可以讓生病的人變得健康，可以將自己的想法傳遞給更多人，這才是真正的富足❺，也是靈魂本來具足的能力，是讓世界更美好的能力。

無極瑤池金母 **靈修富足諦語**

- 任何一個人只要深層地睡去，靈魂自然就會運作，會讓他接軌此生應有的天命，這包含了靈魂本就擁有、不須外求的富足意識。
- 財富跟靈魂的特質是相對等的。

- 思維是靈魂本質的一部份，看待金錢的方式就是富足的思維。
- 一直用一樣的方式在看待生命的人，將不斷走入貧窮。
- 唯有生命流暢地流動，才是真正的富足。
- 布施與行善能改變意念。
- 可以讓心中世界幻化成更多的世界，如此便是富足的力量。

我們在看待一個人這輩子的金錢多寡、生活富裕或貧窮時，常常會誤用佛教的前世今生觀：「欲知前世因，今生受者是；欲知來世果，今生作者是。」來二分化一個人的生命。

當我們看到非常有錢的人過著比一般人優渥許多的生活時，會直覺認爲那一定是他上輩子修來的好福報。反過來說，當一個人或是家庭是處於社會邊緣以及弱勢、經濟條件與居住環境不佳時，我們則常常會以福報不夠、上輩子沒有修功德來評斷他們。如此戴著千年歷史輪迴窠臼的有色眼鏡，以及對靈魂轉世充滿誤解與狹隘的見解，不僅會扼殺我們看待一個人生命的完整性，也容易讓生命陷入無止盡自我批判的惡性循環當中。

❺無極瑤池金母所指是從自身改變起，進而影響全世界。

靈魂意識的多元性

每一個人的靈魂意識是多重且複雜的，在《請問輪迴》中，無極瑤池金母從「意識」來解釋靈魂的構成：**「你看一個人，你會覺得他是一條靈魂，但是他是由許多的意識所組成的——你沒有辦法真正地剖析一個人，完全沒有辦法❻。」**一個人此生的金錢是他靈魂意識所彰顯於世界的一小部份。你無法從一個人此生財富的多寡去評斷其道德、品行、功德、人際關係、愛情等等，這些彼此之間沒有絕對的對等關係，一個人此生的命運必須單獨來看。舉例來說，你不能認定貧窮的人就是上輩子沒有積陰德，你也不能一口咬定家裡非常有錢的渣男是上輩子燒好香，更不能批評身體有缺陷的小孩是來向父母討債，此生貧賤富貴、好壞絕對不能順藤摸瓜於上輩子的功德福報，靈魂歷經無數劫轉世時，每一世在感情、事業、親情、生死等等課題上，因爲靈魂意識的感受程度不同，對生命便有著深淺不同的體悟，這便是所謂的靈魂印記，也就是我們熟知的業力，是架構與支撐靈魂意識的鷹架，這一連串在投胎轉世所獲得的經驗，都已經融合成靈魂裡一部份的心性，我們此生的生命也正受它們所操控，而思維就是游移在較淺層的意識層裡、且容易改變的心性。在這些建構成靈魂意識裡的元素，並非以今生與前世如此簡單地二分法，而是累劫轉世之下的產物。因此無極瑤池金母才說：**「祕密就藏在思維當中，就只是思維而已。」**

你可以將思維視爲靈魂意識的一部份，它們皆是多元、重疊且不一致的，也因此命運才令人難以忖度揣測。我們常常看到商場上一些品行不端、總做些傷天害理之事的人，竟過著比一般人優渥的生活；而有許多人心性樸實、待人寬厚，不佔任何人一絲絲好處，在生活條件上卻不如一般人過得好，這樣的人相當多，是宇宙的輪迴轉世哪裡出了問題嗎？答案就只是在對待金錢的思維與態度上的差異而已。無惡不做卻家財萬貫的人，那僅僅是他在品德與心性的意識有瑕疵，但是他在處理金錢的意識層有超乎一般人的投資理財觀；而極善之人就是因爲太單純而失去了冒險的精神，反而無法思索出各式各樣的取財之道。說到底，唯有超越世俗的處事態度才能賺到錢，這無關對與錯。

其實我也曾對這樣不公的社會現象百思不解。對此，無極瑤池金母一語消融我心中的迷思，祂說道：

今世有錢，未能惜福，在未來不可計數的某世將走入窮乏；
今世貧窮，對一生際遇如能惜福，在未來不可計數的某世將走入富足。
不論是富貴或貧窮，如未能修習智慧，
永生永世將身陷在無止盡的輪迴中。

❻《請問輪迴》Q25〈乘願再來的說法是真的嗎？真的可以決定再轉世回來人間嗎？〉

這句話的意思是，今生有錢之人如不把握機會修習智慧，在不懂惜福之下，終有一世福報享盡了，在未來世將會走入貧窮；而轉世於貧苦環境的人，生生世世都會想盡辦法修福報植福田，期盼今生甚至來世有機會因修福而好命，事事有貴人相助，盡早脫貧晉升有錢人行列。脫貧晉升富足之路是每一個人的本性，就像溺水的人會奮力向岸邊游去，這是動物本能。今世勤修福報是否有助於改變貧窮命運？這必須以改變其行為與思維為前提。而靈魂在每一世「由富走入貧、再由貧走入富」循序漸進的過程，不就是我們轉世輪迴的寫照嗎？唯有看破人世間的遊戲規則，才能眞正跳脫貧富的無盡輪迴。

淨化意識，騰出大腦空間，看見財富頻率的振幅。

二〇一七年無極瑤池金母告訴我：「可以了，該停下你的腳步，專心於靈修，為更多有心的靈修人做一些事情。」

我知道必須遵守神明的指示，但是，理性思維告訴我，停止腳步意味著收入的遽減，唯有與理性系統的思維抗衡，才能進入神明的世界。那一年，我毅然決然暫停問事服務，幾年後我不再為人堪輿、命名……。不可思議的是，匱乏與貧窮並沒有來敲門，反而在我與世俗紛擾切割後，意識層在寧靜與專一之下騰出更大一塊空間，讓我有機會串聯起生命意義、財富、金錢、靈性等議題，任何一項看似獨立的區塊均無法從靈魂意識中分割出去。

淨化與歸零

接下來我想要說明關於靈魂意識神奇的淨化能力：

任何一個人只要深層地睡去，靈魂自然就會運作，會讓他接軌此生應有的天命，這包含了靈魂本就擁有、不須外求的富足意識。

在你不妄爲且固守本分之下，生命必然邁向富足之路。

關於睡覺這一件事許多人將它視爲再稀鬆平常不過的事，卻不了解它在「靈魂意識的歸零」上扮演著莫大的關鍵，睡覺，是多麼珍貴的意識淨化時刻。每天在協助我們處理資訊的大腦神經元比宇宙的星星還要多，大腦每一秒處理的資訊高達四億（bit），有絕大部份是在毫無覺察之下運作著，走過必留下痕跡，那一些未能及時消化處理的資訊不會平白無故消失，會在我們心緒混亂時跳出來擾亂我們的大腦，大腦與電腦一樣都必須定期更新、清理與歸零，才有足夠的空間應付每一次的作業，每晚的睡眠就是靈魂非常寶貴的運作機制，它讓意識進入歸零重整的作業流程。

這一道靈魂的美妙運作不可思議在於，它無時無刻在淨化我們後天的貧窮心理，唯有能享受片刻寧靜的人，才能讓睡夢中得到的富足意識在生活中彰顯出來，也唯有寧靜方能驅動富足的意識。一名願意從生活軌道短暫脫離的人，才能眞正體悟「無須外求的財富之道」，大部份的人之所以無法窺見此力量在生命中彰顯，主要的原因出在心被世俗干擾，當你在生活中帶有恐懼驚駭，便會逼退前一晚在睡夢中獲得的淨化力量，輾轉難眠絕對不會發生在富足意識的人身上，要解決貧窮也不用費盡心思去改變你所處的世界，先轉動自身觀點便能跳出貧窮的魔掌。所有正派的宗教修行皆是爲了達到身心轉化，最起碼讓你不帶有恐懼地入睡，以進入富足狀態。我以個人經驗分享激發每一日創意與富足感的睡眠修練法——睡前，回想這一整天所發生的事情，試圖找出恐懼、不安、低落、憤怒，可能是某人的一句話、或是一件事，仔細回想整件事，不放過任何蛛絲馬跡，並以堅定口吻對它說：「屬於我的生命課題，我勇敢地面對與承擔；不屬於我的生命課程，我讓它回歸來處。」反覆念誦，直到入睡。

通過實證，才能綻放靈性的光芒。
生命經驗，使心堅定走在路上，
全方面的靈性，是寧靜與富足。

我一直相信喜悅與富足是相同的名字，無關金錢、物質，而是發自內心的安定力量。體證它最有力的方法是身體的鍛鍊。以我自己的情況爲例，我修練瑜伽超過十五年，近年來我才眞正領教古老瑜伽體位法與呼吸法帶來的喜悅與富足感❼，某次修習瑜伽體位法中的神猴哈努曼式（俗稱一字馬），我竟然感受不到身體所帶來的痛覺，取而代之的是極其寧靜祥和。由身心綻放出的喜悅感即是富足的泉源，會瓦解生命的恐懼與不安。由身體體證的平靜、喜悅、安定、祥和不容易被外界取走，它是經由你以時間與體力實證後的精華。

曾有一位個案來請示無極瑤池金母，他問說：「爲什麼我很難有錢？」無極瑤池金母則巧妙地回道：「爲什麼你會有錢？」此句話更深層的涵意是在點醒他：關於金錢，在身體上必須要力行去修正調整處理金錢的態度。決定此生財富的先決條件不在於依賴某一種招財儀式，或是被動地等待好運發生。在你的思維場裡有某種可以對抗常規與傳統理財觀念的力量，你便能夠從貧窮中脫離，想要過上富足不匱乏的生活，你必須很努力地往內在探究是否有被錯誤的金錢觀念所綑綁而不自知。致富心態，從思維、心態、行爲到習慣都必須符合富足的振動頻率，如此才能眞正成爲一名富足的有錢人，人生絕對不可能平白無故就會有錢。

---

❼請參閱《靈修訓體與瑜伽的精采對話：靈動、脈輪、炁感與亢達里尼背後隱藏的共同祕密》，柿子文化出版。

一條具有富足頻率意識的靈魂並不少見，且大有人在。這些人對於金錢的嗅覺、賺錢毅力、愛財程度、理財投資的思維、以及對數字的敏銳程度，絕非常人所能及，他們並不侷限在宗教家、修行人、瑜伽士的身份範疇，世界上許多成功的創業家、投資家、理財專家皆是如此。

你要認清一件事情，
金錢並沒有邪惡與善良之分，
完全取決於使用者的心態以及用途。

這段靈訊中有這麼一句話：

你意念裡那個世界，才是決定此生是富足或貧窮的世界，但是，我必須要向你說明的是，靈魂意識從「那一條靈」的狀態分化時，沒有以追求金錢為目標這一件事情。

人們對於金錢的匱乏或貪婪，有絕大部份是受到後天環境所影響，小孩剛出生時不會帶著金錢的概念，是家庭教育與社會價值在無形中建構了小孩的物質世界。我曾經仔細觀察過無數身價千萬個案的元神，我發現到，眞正讓他們成爲有錢人的原因，是因爲從小缺乏安全感，內心渴望從這世界獲得成就感與認同感。無極瑤池金母曾經告訴我，人們看待金錢的態度，往往是想獲得金錢被世人所賦予的力量，例如：權力、地位、名聲、價值、成就……，成爲有錢人是最直接且快速得到世人肯定的方法。但從靈性的角度來說，圓滿並滿足內心所欠缺的元素，是每一次靈魂轉世的必經之路，只是人們常常誤以爲獲取金錢是唯一途徑。

每一條靈魂都是由不同的意識層所構成，追求財富、金錢僅是意識層的其中一層，還有許許多多不同層次的意識影響著我們的人生。這輩子的財富基礎從何而來？「**每一個人在靈魂轉世的時候，一定會不斷地重整這輩子遇到的所有問題。『金錢』絕對是每一條靈魂來到人世間要處理的最大問題……。**」透過每一次的靈魂轉世，我們的靈魂意識不斷修正每一世的行事作風與待人處事的觀念，其中也包含了金錢所牽涉出來的種種課題。慶幸的是，當你眞正瞭解無極瑤池金母在這一段靈訊中所說的「**富足的秘密就藏在思維當中，就只是思維而已。**」你必能將窮困的封印從你的靈魂印記中撕除。導致你貧窮的原因，是因爲你遵循了錯誤的觀念。

或許你會好奇，是不是只要將意識聚焦到財富頻率，我們就能夠改變今生的金錢命運？這一個假說是成立的，但前提是，一個人在缺乏強大的覺知觀照力之下，想要改變深根柢固的觀念至少要費上十年以上的光陰；倘若透過強大的修行力量培養了觀照力與自省力，至少也要三到五年的時間，心性才能改變。我舉一個例子，對於一名在工作上極度負責的人（沒日沒夜地將青春賣給公司，完全忽略了家人與健康的重要性，公司如同他的配偶），如果你告訴他：「生命不是只有工作而已，偶爾也要享受一下生活所帶來的樂趣。」試問，他會因為你一句話就改變嗎？我相信累世積累的心性是難以因一句話而改變的。將這一個故事拉回到無極瑤池金母所教導的富足觀念上——真正讓我們無法脫貧踏上富足之路的原因，絕大部份並非富足與我們無緣，而是根深柢固隱匿在我們靈魂意識裡「二元對立的病毒」：批評、自我否定、忌妒、漠視生命、認為今世無緣成為富足之人、厭惡有錢人、未看清楚金錢對生命帶來的意義……等等，這一切都有可能抹煞掉想從靈魂深處冒出頭的富足意識。

阻礙你生命中擁有財富的是什麼？你如何將它轉化成富足的靈性力量？問問你自己：「對於財富的看法是什麼？」是建立在高層次還是較低的意識層？無極瑤池金母開示道：

金錢與水相同都具有流動的特質……，
融入水特質的靈魂已具有富足的意識，
生命與意識是流動的，這才是真正的富足。

金錢能量是靈魂意識的一部份，必須超越金錢對生命的定義，才能發現眞正的富足泉源。

靈修富足心法修持

凝聚與統攝靈魂強大的意識

睡前，回想一整天發生的事情，試圖找出恐懼、不安、低落、憤怒，可能是某人的一句話、或是一件事，仔細回想整件事，不放過任何蛛絲馬跡，並以堅定口吻對它說：「屬於我的生命課題，我勇敢地面對與承擔；不屬於我的生命課程，我讓它回歸來處。」反覆念誦，直到入睡。

3 該以何種心態來看待貧窮？

在這個世代，一般人常會以金錢來衡量一個人的社經地位以及價值，而貧窮向來與社會弱勢族群劃上等號。我們都知道厭貧喜富的心理是不對的，但也想請問無極瑤池金母，如何正確地看待貧窮？我們又該在貧窮之中學到什麼生命課題？

無極瑤池金母 如是說

每一個人都是活在自己的意識世界當中，必須要靠自己才能突破自己的意識世界。在《請問輪迴》中，我跟你講過這世間就好比由許多的圓圈圈所構成❶。那些圓圈圈代表許多的意識層，不斷地堆疊、不斷地堆疊。每個人就像活在自己的泡泡圓圈圈裡頭，你在你的泡泡世界、我在我的泡泡世界，沒有任何人可以改變你我。

我所講的泡泡世界，指的就是思維世界。你這一生都在創造與架構你自己的泡泡、自己的世界，有一些人的泡泡世界是越來越堅固，有一些泡泡世界則是越來越小❷，有一些泡泡則是越來越富有彈性。

你的泡泡是透明的，你可以從中去看見外面的世界，而外面的世界也可以看見你，我可以看到你、你可以看到我，你可以看到每一個人，每一個人也都可以看到你，但是，卻沒有人可以看見彼此泡泡的本質❸。

貧窮的定義是什麼？如何看待貧窮？你問我這個問題時，也應該試著去反思意識與貧窮的關係。貧窮的人活在自己的泡泡（思維）裡時，如何經營自己的泡泡世界，才是真正的問題。人的世界當中，有太多人想要跟看起來比自己好的人一樣——我想要跟他一樣、我想跟你一樣！但是卻沒有人想要探討，在那一些看

❶請參閱《請問輪迴》Q8〈迴輪轉世是真實存在的嗎？〉
❷泛指狹隘的世界觀與價值觀。
❸這裡所指的是每一個人的靈魂本質。

起來比自己好的泡泡裡的人們都在做些什麼？他們又是如何處理自己泡泡裡面的事情？而你每一天在自己的泡泡裡面做了什麼？你每天所做的事情（思維），才是你沒辦法富足的真正原因。

為什麼有人會貧窮？因為他在自己的泡泡裡頭是這樣想的：我註定就是要貧窮！或許你會說「沒有啊，還是有很多人想要有錢。」不是的，這樣的人只是看到別人有錢，所以跟著覺得「我也想要有錢」，這並不是發自內心覺得自己可以有錢，這兩者是完全不一樣的事情。我再講一次：有些人想要有錢，並不是因為他認清自己靈魂的本質，並非看見自己內在的金錢，也不是看見自己欠缺的東西，不是！他不了解自己，他只看到別人的世界，他並不清楚自己想要什麼。

就好像我之前回答你的，每種動物、植物與任何物質，其本身的含水量都是不一樣的，那是沒辦法改變的比例❹，但依然可以看見每一個比例所創造出來的世界。當你的生命、身心靈都維持在非常穩定的平衡狀態時，靈魂本就富足的本質就會出現。這就是我前面所說的，當你完全沉浸於寧靜時，靈魂便能進入療癒的轉化力量。但是，有太多人的思維充滿「為什麼我會沒有錢」，一心想要更有錢的念頭會阻斷那一股轉化力量。在這裡你必須要思考另一個切身的問題：「**你是想用錢創造更富足的世界？還是累積存摺裡的金錢數字？**」這兩者是完全不同的。前者，終有一日會擺脫貧窮、進入更富足的世界；後者，則會陷入無止盡的金錢追逐。

為什麼這麼多人沒有錢？因為他們的心只想有「錢」這個東西，但重點是，你要用錢創造什麼世界？你要用錢創造出什麼東西？這才是人要去思考的問題。如果你只想要累積更多的金錢，你會有錢，但是不會富足，「有錢」和「富足」是兩回事。人們要重視的是，如何以金錢去創造另一個更美好的世界。

如果有個人餓了，雖然他看到存摺上的數字會很開心，但是肚子還是餓啊！還是得用錢去買食物來解決飢餓，要用錢去享受吃食物時的滿足感，這就是我剛才說的：你要用錢創造什麼世界？真正富足的人懂得用錢解決需求、創造並享受解決問題後所帶來的快樂與喜悅。（貧窮的人一生只看見「金錢」，而忽略了金錢所帶來的身心感受），這才是金錢在這世間真正的價值所在。

這就是為什麼這麼多人沒辦法有錢的原因，因為永遠只想要擁有「錢」，但是並不知道自己生命真正欠缺的是什麼。究竟欠缺了什麼？我之前講到水的特

❹每一種物種此生的發展都有其限制性，此段靈訊也在暗喻不能以單一標準衡量每一個人一生的命運。

質，就像你拜訪了一座聖山，運用聖山上的聖水洗滌你沾染世間汙濁的靈魂，這就是水的淨化特質，這也就是金錢對於靈魂真正的力量所在。金錢的功能是淨化，你必須善用它去處理你身體與內心的不淨，幫助你跳脫此生的輪迴。金錢不是拿來囤積，你必須學會以更高的智慧處理金錢來轉化你的身心。

當你需要金錢的時候，它能改變你的世界，可是太多人真正需要的並不是金錢，他們需要的是要去了解金錢所創造出來的世界。但是，卻沒有人想去探討這個世界。

宇色，你前面問我應該如何看待貧窮，所謂的貧窮是人們只想看見外面的世界，一生都在羨慕外面的泡泡世界、不屬於自己的那一些泡泡世界，只看到別人擁有的數字（金錢）；但是沒有想到的是，自己的生命真正想要、需要的到底是什麼。「反省生命」，是人活在人世間非常基本的本能，也是人和其他物種最大的不同。你真正想要的是什麼？你真正需要的又是什麼？事實上並不是金錢數字❺。有太多修行人想要蓋廟宇，覺得蓋一間廟才能宏揚心中的信仰。試著去想一想，為什麼要蓋一間廟？蓋廟對你而言的意義到底是什麼？真的需要花大錢來蓋一間廟嗎？我不是要去否定你們人蓋廟，而是你們人在花錢之前都必須思考「這件事」對自己的意義是什麼。蓋廟不會是宗教修行非常重要的一部份，而是當你要去做這一件事情時，你依然要去思考它帶給你的意義是什麼？不要盲目去做任何一件事情。反思會讓你更加清楚你的行為，讓言行更為一致。

是什麼樣的可怕東西創造出了貧窮？不僅創造貧窮、也讓更多人走入貧窮這個無底深淵的原因是什麼？是一群帶著某種意圖的人類所創造出來的潮流❻，就是你們人口中常常說的「流行」，這也是你們人一輩子沒有辦法擺脫的。你所處的世界流行什麼？現在每個人想要什麼？而大家害怕跟別人不一樣的又是什麼❼？別人有的東西我沒有、害怕跟別人不一樣，這就是「潮流」對人的思想與行為的影響，也是導致無數人陷入更大貧窮的源頭。

---

❺在聆聽這一段靈訊的時候，我聯想到台灣土地上有無數寺廟與道場，就像是龐大的灰色巨人佔滿了不能開發的水土保護地。我心想，在這一塊又一塊的土地上，蓋滿寺廟真的是宗教人唯一的終極目標嗎？因此，這一段話是無極瑤池金母為我心中的疑問釋疑。

❻可以試著想一想，每年汰換率極高的名牌手機與3C產品，人們將自己的金錢不斷地投進被某群有心人所營造出符合時下高端名流世界的象徵物，同時卻也創造出更多貧窮世界，這就是無極瑤池金母所說的潮流創造貧窮。

❼落筆當時，全世界正籠罩在二〇二〇新型冠狀病毒疫情的恐懼當中，無數人同時陷入搶購口罩、衛生紙的集體恐懼意識世界，這一些民生物資、衛生用品真的是我們當下最急迫需要的東西嗎？或許我們應該好好地想一想。

若你活在「要跟大家一樣」的潮流世界當中，你便無法用自己的方式過生活，便很容易走入貧窮、無法成為真正的富足，因為你的意識已經完全活在集體所共同創造的恐懼意識當中❽。貧窮是什麼？貧窮就是不了解自己真正想要的是什麼，這是真正的貧窮。

無極瑤池金母

靈修富足諦語

- 看著別人的金錢卻忘了如何經營自己的世界，這是沒辦法富足的真正原因。
- 找出自己的身心靈比例，靈魂本就富足的本質就會出現。
- 錢是要用來創造一個更富足的意識世界，而不是去堆疊存摺裡的數字。
- 存摺裡的數字和富足是兩回事。
- 所謂的貧窮，是只想看見外面的世界。
- 創造了貧窮、也讓更多人走入貧窮的是「潮流」。

要如何認清自己生命的價值與意義是個人的問題。第一步，我相信是要懂得拒絕現階段不屬於自己生命的東西。現今幾乎人人都有一支以上的手機，尤其是當門號到期要續約時，不論目前的手機堪不堪用，我們自然而然就必須按照電信公司的「遊戲規則」，或是依著時下最潮的手機品牌與型號，半強迫地再買一支新手機。

有一年我的手機合約到期，心想真的需要再換一支手機嗎？當時我反思到的問題是，就工作量、使用頻率來說，我真的有急需再升級到更高規格的智慧型手機嗎？後來，我決定續約，但不再換新手機；當然，過程中我必須勇敢拒絕一些「追趕潮流」的大眾心理，例如：續約換新手機超划算不辦白不辦；現在連高中生都在拿世界第一品牌的最新款手機；我在演講或上課時被人看見我拿的是三、四年前的舊款手機，會不會被笑？

超越世俗的眼光，
自在愉悅地做自己，
讓富足展露它應有的光芒。

❽不了解自己的人，會因內心的恐懼容易受到外界的潮流影響，而陷入永無止境的貧窮當中。

我曾在一次場合中，遇見一位任職於台灣某大手機面板廠的工程師，他告訴我，市面上很多品牌的手機面板都是他們公司製作生產的，他比了比我手中的手機道：「你的手機面板也是我們公司製造的。」我反問：「全世界的手機面板都是你們公司製造的嗎？」在他不知道我是哪一款手機的前提之下，怎會肯定我的手機面板就是他們公司所製造的？他一臉確信地說：「看你的穿著和打扮就知道你是用Apple。」我當時不知要尷尬還是要開心，我不僅從未動念想要購買Apple機，而且每一支智慧型手機一定會使用超過三年，我的手機都是用到不能用才換的舊機款。這一段發生在我身上的眞實故事，就是無極瑤池金母在這段靈訊中想要傳遞的重要訊息：

> 你的泡泡是透明的，你可以從中去看見外面的世界，而外面的世界也可以看見你，我可以看到你、你可以看到我，你可以看到每一個人，每一個人也都可以看到你，但是，卻沒有人可以看見彼此泡泡的本質。

當醫生的人一定非常聰明又有錢。

教授的人品與涵養都非常高。

律師皆是能言善道、爲正義喉舌。

藝人賺錢像賺水一樣容易。

清道夫學歷不高，是社會底層的人。

有婦之夫外遇，一定是小三搶了人家的老公。

對於這一些每天上演的社會新聞，我們很難不帶著先入爲主的偏見去看待。每一個人都居住在自己架構而成的泡泡世界裡，其中包含了我們看待世界的角度、生命背景、成長歷程、學經歷等等，都已經夾雜著大量社會化後的價值觀；這些既無法抹煞又跟我們生命共存許久的印記，就好像一副度數不足、完全失焦的眼鏡，牢牢地架在我們的鼻樑上，干擾與扭曲我們看待別人的生命本質，甚至也讓我們看不透自己深層的靈魂意識。因此，無極瑤池金母才說道：**「若你活在『要跟大家一樣』的潮流世界當中，你便無法用自己的方式過生活，便很容易走入貧窮、無法成為真正的富足。」**由我們的價值觀所建構而成的泡泡世界，彷彿是我們賴以生存的舒適圈，卻也同時阻礙我們看見世界實相與靈魂本質。換言之，你我身處在媒體、品牌、產品瞬間更迭的集體意識世界裡，如果沒有相當的定力與反省力，很難不受外在環境影響。無極瑤池金母說：**「身心靈都維持在非常穩定的平衡時，靈魂本就富足的本質就會出現。」**

如何才能解除這一股干擾集體意識的魔咒，喚醒封藏在靈魂裡的富足意識呢？

- 停止對社會新聞任何的批判。
- 關掉網路八卦的社交媒體。
- 刪掉手機上三不五時跟你抱怨人生的朋友。
- 把想窺探他人隱私的八卦心態扔到一旁。

將你的專注力拉回到你自己身上，切割一切與你生命不相關的事物，唯有如此，你才能回歸自己的路。**「所謂的貧窮是人們只想看見外面的世界，一生都在羨慕外面的泡泡世界、不屬於自己的那一些泡泡世界。」**將我們寶貴的精神耗費在跟我們生命無關的其他泡泡身上，是扼殺自身靈性能量的愚蠢行爲。我從未看過一個內心與物質皆富足的人，鎮日談論別人的八卦。

靈魂富足的本質

安穩地坐在你的生命位置上，愉悅地迎接每一天清晨的到來，感恩每一晚入睡前的寧靜，享受用每一分錢解決問題後的感覺，了解並解決生活眞正的需要，停止盲目地追求被有心人士創造出來的「潮流」，以及因潮流所衍生出的慾望。這一些回歸內在的自省力，能夠清理靈魂意識裡的貧瘠雜質，讓富足的意識流在靈魂中自由地流動。

或許你可以選擇不在世界潮流的浪頭上奔跑，但其他人難免會以大眾化的角度來評判我們的社經地位、價值、身份。然而，唯有眞正地認識自我、安頓好生命，才能在不追趕流行之下逐漸讓生命更富足，以免淪爲出入名車、全身穿戴名牌，卻每日帶著空虛的心被金錢追趕的人。

生命的品質不應該由外界來決定，如此會壓抑靈魂意識的自由度，讓他人來決定我們的生活態度，等同是將寶貴的靈魂由內在送走、拱手他人。活出自己不受到外界的干擾，這需要經過一段時間的覺醒修練，除了你要相信自己之外，你要隨時留意觀察支配你花錢的因素從何而來，這無關乎花錢的數字或應該購買何種物品。譬如說，曾有連續三年左右，我與幾名從事餐飲的友人到泰國、新加坡、日本等地做深度美食之旅，目的非常簡單且專一：考察美食與餐廳裝潢設計。每一餐吃下來的費用都非常驚人，我不是一個會把錢花在美食的人，與其將錢放入胃不如投資我的腦袋；後來我轉了一個念頭，既然金錢是能量，我當然可以決定它的流通性，我突然意識到無極瑤池金母曾經教導我的那句話：

你必須先學會的是照顧好你的身體……你餵給身體的食物一定要純淨的，這是非常重要的！……**將匱乏的靈魂意識轉化為富足意識體的祕訣，那就是追求知性……**。

美食不能單一定義在精緻的烹調技法上，食材、餐具、音樂、燈光都是構成「美」食的元素之一，後來我將「美食之旅」定調爲「知性之旅」，一切的糾結都在瞬間解開了。三年下來，我不僅能夠判斷食材的好壞，也能夠判別人工化學與天然料理的差別，舌尖儼然已經成爲守護我胃腸健康的第一道守門員。當你把新鮮的事物，視爲一種挑戰與經驗的學習，便賦予了它鮮活的意義。

金錢是能量也是靈魂意識支配力量的來源，掌握這一股力量才能眞正成爲生命的主人，你怎能輕易地讓它從你生命中流走？一次又一次地練習覺察花錢的念頭爲何時，毫無意識的花錢慣性會越來越少，逐漸轉成有意識地消費，取而代之將是新的生命型態。

無極瑤池金母並不是要我們鄙視名牌與潮流，而是要我們在生活中花錢的那一刻學會反思：謹愼對待每一分錢。當我們想用金錢來換取某一樣物品時，應該先冷靜想一想，那眞的是我目前最需要的嗎？以我目前的生活條件與需求，眞的要花上那一筆錢嗎？促使我掏出錢購買的動機是慾望、還是需要？我在購買東西時，是否不落入與他人比較？這一些反省都有助於讓你跳脫目前的生活環境，走進更爲富足的生命之中。畢竟我們都不是小孩，應該學習以更成熟的態度來處理自己的心。

對於貧窮的定義，無極瑤池金母不以金錢與物質的多寡來看待。祂說：「他不了解自己，他只看到別人的世界，他並不清楚自己想要什麼。」換言之，不追隨他人的腳步，勇於過自己的生活即是富足。其實你也無須想得太過於複雜，戒除「購買沒有必要的與過多物品」便是活出自己、培養富足意識的一個好方法，當你逐漸養成聽從內在的聲音，你的身心便逐漸不再需要從外在事物掠取過多的能量與資源，亦即，**「當你的生命、身心靈都維持在非常穩定的平衡狀態時，靈魂本就富足的本質就會出現。」**

含有富足意識的生活態度

我因爲靈修與修練瑜伽的關係，身心能量的需求極簡。我一天僅吃晚餐一餐，不吃水果、零食，絕對不買手搖杯、小吃；一週固定一次與朋友聚會吃飯（互相請客）；從來不排隊吃網路媒體介紹吹捧的餐廳與小吃，不把時間浪費在排隊上，我堅信最適合自己身體的食物就是美食，因此有更多時間投入在其他更有效益的地方（例如：讀書、修練、獨思）；一年安排幾次有目的的出國，也已經多年不跟團，將近十年來都是自助旅行，出國一定會安排參觀寺廟、美術館、博物館、特色書店（旅遊兼工作）。

我喜歡某兩間日本平價品牌的衣服，卻不曾在台灣買他們的衣服，都是去日本離境時順道購買（買最多的是貼身衣物），也不在台灣百貨公司買衣服，幾乎都是去日本或東南亞旅遊時購買當地製造品質優良、便宜好穿的衣服。平均一年買一到二次衣服，不追求名牌貨，比較好的衣物穿著都是爲了跑電台通告或開課所需；鞋子會買好一點的，符合不同功能的鞋子約四、五雙，每一雙鞋子都穿了超過四到五年以上，更換原則是：穿到爛爲止。

我每個月平均下來，花最多錢的部份是買書。儘管每個月需閱讀、消化出版社寄來的電訪公關書，但有時仍不足以餵飽我求知若渴的腦袋，我必須額外花錢購買不同領域的書，有時我會一次購買五到六本某位作者或某個領域的書籍（例如塔羅牌與瑜伽書就收藏了二、三十本左右，目前還在逐漸累積當中）。「當你努力經營大腦，你必走向富足之路。」是我這幾年來最深的體悟，我見過許多窮極一生都在追求金錢的人，也見過許多中年失業或被迫離職的人，他們都有一個共同點：從未思考過自己眞正想要過的生活是什麼，沒有很深入的中心思想，終其一生就只是茫然地過活。這是一件很危險的事情。所以我會建議你，培養閱讀習慣，閱讀「意識層較高」的書，對於心靈與心智成長一定有很大的幫助。

想要創造更多的富足能量，我誠摯地建議你善用時間，並培養強大的覺知力。「窮人以時間換取金錢，富足的意識則是懂得善用時間，創造更大的富足感。」窮人會將時間花在滑手機、聊八卦、追劇和血拚逛街上，若將時間花在非利益身心之事，時間過了就過了；但若將時間用來閱讀一本好書、陪伴自己、自修，這些自利的功德都會長駐在你腦海與靈魂深處，這是靈魂進入較高意識層的人才會做的事情。想從貧轉富嗎？不妨先學習含有富足意識的生活態度。

如果你不想被市場淘汰，你必須努力經營你的大腦。
如果你想找到屬於自己的天命，你也必須先提高視野。
如果想得到某人珍貴的精神智慧，只要花兩、三百元買本好書，就可以得到，何樂不爲？

另外，貧窮的人只在乎失去與獲得，卻忽略了金錢帶給身心的感受，這才是決定未來有錢還是貧窮的關鍵。同樣的，你的錢用對地方了嗎？是用在腦袋（價值）？腸胃（美食）？慾望？還是外表？這些金錢的流向也會決定你是富足或者貧窮。

當我們想要花一筆錢購買任何一項物品時，不妨深呼吸、靜下心來想一想：「我眞的那麼需要嗎？」每一個人或多或少都有「囤積癖好」，像是家中許多東西是「供過於求」，明明之前買的洗髮精、沐浴乳、洗碗精、洗衣精還有好幾瓶沒有用，當我們看見新品上架時，心中的購物慾如同蝴蝶撞見花朵，情不自禁刷卡買了下去，讓心裡平衡一點的聲音就是：「反正以後還會用到。」不只是家庭的消耗品如此，舉凡我們花點小錢就可以買到的物品上更是。如果我們眞的打算讓靈性產生富足能量、進而存到一筆錢並獲得經濟自由與獨立，必須在一定程度上戒除「囤積癖好」。花費金錢購買物品，是爲了解決生活的不便與需要，有其必要，而將錢花在身心休養或是滋養心靈亦是值得提倡的美德。但現今許多人使用金錢並非爲了彌補生命的空缺，這不僅已成了現代人常態的消費模式，更是一種「忽視」靈魂意識的行爲。在講求身心靈協調與喚醒意識的世代中，「囤積癖好」的病毒已悄然嚴重侵害我們處理金錢的行爲而不自知。

在與無極瑤池金母請示問題時，我可以深刻感受到每段靈訊裡更深的涵意，當無極瑤池金母慈降以下的靈訊：

貧窮的人活在自己的泡泡（思維）裡時，如何經營自己的泡泡世界，才是真正的問題。

你這一生都在創造與架構你自己的泡泡。

每個人就像活在自己的泡泡圓圈圈裡頭，你在你的泡泡世界、我在我的泡泡世界，沒有任何人可以改變你我。

我感知到的是，人們窮極一生想要扭轉命運的無可奈何，但這世界眞正能夠幫助我們的只有自己，只有自己能讓自己脫貧，成爲生命自由與靈性富足的人。曾經有一位上了年紀的先生前來請示無極瑤池金母關於創業的事情。一開始他表示正等著接手長輩經營多年的店面生意，但因店面所在的街道要重劃搬遷，他想先了解何時可以等到店面搬遷，日後才能順利接手店面。無極瑤池金母告訴他明確的時間，過了一段時日，確實也如無極瑤池金母所言店面順利搬遷了，只是那位先生的長輩此時反悔不想讓出店面。他又來請示無極瑤池金母，想另尋店面、自行創業的成功機率。無極瑤池金母依照他此生天命，給予尋找店面在風水與格局上務必要處理的幾件事項，言明他命中雖有創業命但缺少貴人與大志，創業後難成大富大貴之人，僅可維持基本生計，並且再三叮囑他，所告知的風水擺設佈置務必全部做完，方能撐起微弱的創業願望。事過不到半年，他哭喪著臉前來表示生意每況愈下，細問之下才得知無極瑤池金母交待的事情沒有一項達成。

這樣的例子在多年來的通靈問事中屢見不鮮，許多人以爲只要來問事，人生就可以一帆風順，卻忘了眞正阻礙我們走入富足的依然是我們自己，不是別人。無法轉貧爲富是神明不助人？還是命中註定好？多年來看盡無極瑤池金母與上千位個案的互動經驗，我深刻感受到的答案是「處理生命的態度」才是關鍵，也就是無極瑤池金母所言的：

如何處理自己泡泡裡面的事情？而你每一天在自己的泡泡裡面做了什麼？你每天所做的事情（思維），才是你沒辦法富足的真正原因。

每一天，我們都要去檢視我們看待生命的方式，修正調整我們看待事情的角度。

我們該如何定義「貧窮」？無極瑤池金母並沒有從存款、不動產的數量來區分窮人與有錢人，誠如祂所教導的：「他只擁有一個東西，但是可以讓整個世界幻化成更多的世界，這才是真正富足的力量，也是靈魂本來具足的能力，讓世界更美好的能力。」「一個東西」指的是我們已經擁有且充沛的靈魂能量，可以是愛、智慧、才華、專長、自信……，當然也包含了金錢，以發自內心、無私的分享來創造更美好的世界，這就是富足，無關乎一個人此生金錢的多寡。倘若你的住所金碧輝煌、一身錦羅玉衣，每日遊山玩水、吃喝玩樂，過著令人稱羨的生活，卻吝於將生命已經滿溢的能量與這世間交流，生命終將匱乏，靈魂的意識也必然貧瘠枯竭。至今，我依然信奉無極瑤池金母教導我的一句話：「沒有人註定要成為貧窮的人。貧窮是什麼？貧窮就是不了解自己真正想要的是什麼，這是真正的貧窮。」不要忌妒比我們有錢的人，不要相信任何一個人過得比我們好的那一面，那無助於啓迪我們靈魂的富足意識，把心拉回到自己的生命來，看見自己所擁有的以及與眾不同的生命歷程，每一條靈魂一定有其獨一無二的特質，擦亮它便能吸引更大的富足能量。把心聚焦在自己的生命上，也就是讓靈魂進入此生的天命軌道，這就是無極瑤池金母的教導：「當你的生命、身心靈都維持在非常穩定的平衡時，靈魂本就富足的本質就會出現。」

靈修富足心法修持

培養靈魂對金錢的敏銳覺知力

隨時留意觀察自己花錢動機從何而來，一次又一次地練習覺察花錢的念頭為何。

4 沒有錢的人就要接受貧窮命運的安排嗎？

請問無極瑤池金母，對於沒有錢的人，是不是就要接受貧窮的命運，而不是痴心妄想成爲有錢人？還是本來就不應該存有這種念頭？每日爲了金錢而奮鬥的人，只能選擇這一種安逸的生活、接受如此命運的安排？或者也可以成爲有錢人，過上不再爲錢所苦的生活？這部份再請無極瑤池金母爲眾人來開示。

無極瑤池金母 如是說

你如何處理與看待生命才是最關鍵，貧窮與富裕不會決定生命最終的去向。

太多人只看見自己得不到的東西，心力只放在得不到的世界，卻忽略了自身已經擁有的東西，「這是我想要的，那不是我想要的。」問題是，世界不可能完全按照你想要的方式去走，這是不可能的事情，每一個人都要學會欣賞及悠遊在原有的生命上。如果你連當下的生命都感到不快樂，又如何有富足的意識去幻化另一個新的生命型態。

人們要在每一世的轉世中，去拓展更寬廣的意識，才能接納更多元的事物。一味地只想要世界迎合自己的心，是看不見世界更多美好事物的。就如同我在前一本書中一直在強調的，每一條的靈魂意識要學會用更富有彈性的意識來過生活，你的生命將會出現意想不到的變化，該出現的新生命自然而然就會出現。

什麼才是真正「過著不一樣的生活」呢？該如何去定義「不一樣」？貧窮不也是不一樣的生活嗎？不要厭惡你現在的生活，不要將「不一樣」狹隘地定義在「沒有錢」與「有錢」的天秤兩邊。不論你此時此刻的生活是什麼類型，人們都應該在當下爬梳一條屬於自己的路，如此生命與心靈才能走入富足。

為什麼你要跟隨有錢人的生活呢？或許你會說有錢的生活很棒，但就如同我前面所說的，不要只看見其他的泡泡世界，你要先學會處理自己的泡泡世界，這是我一直向你說明的。真正有錢的人背後所要肩負的共業更為龐大，你要看清這一點❶。

---

❶關於這部份，後文第二十章〈為什麼有人有錢，但品行道德卻為人詬病？〉有更詳細的說明。

錢，確實可以讓人買到自己想要的東西。你知道人為什麼會想要有錢、為什麼想要很多錢嗎？因為人們誤以為錢、權力、名利、價值的顯像，能創造出內心想要的東西，因此，人們透過金錢的多寡證明自己存在世界上的意義。這個世界是由很多的靈魂意識堆疊而成，當這個世界一無所有的時候，當這個世界什麼東西都沒有、空空的時候，你會想要有錢嗎？我把你放到海洋裡、我把你放到虛無太空裡，你會想要有金錢嗎？不會！因為，你無從與其他生命做意義上的比較，金錢再也無法證明什麼，金錢的價值來自於物質上的比較。在虛無的環境，你不再需要用金錢來購買物品，你追逐金錢與購買物質的一切也不再具有任何意義。

如果你不懂得以智慧來運用「錢」，「錢」的力量會反過來束縛你的靈魂。如果你擁有許多的錢，卻沒有將意識修練到富足意識與自由，金錢的力量反而會強化你內心的貪婪。你覺得有錢卻帶著貪婪的靈魂，會走入快樂嗎？擁有許多的不動產、金錢與各式各樣的財產，但內心卻充滿不快樂，如此的心會打造出純淨的生活嗎？不會的！這就是我前面所說的，金錢是中性的，端看你的靈魂意識如何去使用它。

你知道人為什麼會苦嗎？因為不斷在內心之中貪婪地向外追求得不到的東西，但是每一條靈魂的意識世界裡一切本就富足，這世界本來就是已經具足你所需要的所有一切。

當你進入一個規模非常大且設備齊全的頂級遊樂場，你還會想要用金錢另外打造其他設施來玩嗎？不會！因為規劃完備的巨大遊樂場就足以滿足你所有想玩樂的心；不同於其他遊樂場，這一座遊樂場帶給你各式各樣的安住感：寧靜、舒適、富足、喜悅……等等，已經完全滿足了你的心，因此，你會覺得不需要額外花錢去添購任何遊樂設施，這一些已經夠滿足了。

你的心宛如一座頂級遊樂場，完全具備了此生你想要創造的世界，你可以去創造你想要的世界，但不是向外追求、不斷將意識投向外界事物，這無法強化你的意識，你的富足感也不會產生，反而會令意識枯竭無力。你應該向內探求，尤其是當你感到生命匱乏之時，你必須進去內心的那一座遊樂場，它帶給你的喜悅、寧靜，會讓你停止追逐外在的世界。進入你的內心世界，富足感油然而生。

反過來說，這一個世間也是如此。

我現在不是叫一名窮人不可以有錢，人是可以有錢的，為什麼？我方才說了，錢可以幫助你創造更富足的世界。就像我前面不斷提醒的，金錢對一條靈魂在這世間的意義為何？人的錢是用來做什麼的？人又該如何去累積金錢呢？我不斷地跟你強調，錢是用來創造更大的富足感，錢是用來讓這個世界更美好的，這是我不斷強調的。

但是，如果有一個人想要錢的目的是用來滿足慾望，能夠買車子、買房子、吃更多的美食呢？如果錢是用來享受這些事情，最後就會走入沒有錢的狀態。

不會有人在擁有鉅額財富、享盡世間所有一切後而想要變得更有錢，不會！世界上不會有這種事情。為什麼？你看所有真正進入富足的有錢人，到最後會走入非常簡樸的生活；而有錢卻揮霍無度、追逐人間一切感官享受的人，最後反而會步入貧窮。有錢而富足的人不會成為錢的奴隸，因為他只是要用錢創造內心及世界更大的富足感，這個富足不是只有自己身上而已，包含家人、朋友跟不認識的人，如此一來，這個世界才是更美好的。所以你可以看看有許多公益家都是有錢人，因為他們不被金錢所矇蔽，他的富足感是滿溢的。

回到你剛才所問的問題，沒有錢的人就應該要接受命運的安排嗎？

不是！這本書從一開始就不是在跟你講這件事情，我從來沒有跟你去強調人應該要接受「沒有錢」的命運安排。我一直在強調和說明的是，你必須要先反過來思考：該如何創造富足感？不論你此時此刻有多少的財產，不要活在金錢的數字裡面，不要讓金錢干擾你想創造富足的心。

如果你有一百塊，你依然可以創造一百塊的富足感。但問題在於，如果你有一千萬卻依然感到貧窮與不足，那麼對你而言，身上擁有一千萬和一百塊有什麼差別呢？

或許你聽完我的解說後，會問我：「一百塊該如何創造財富？一百塊該如何創造富足的感覺？」

你知道嗎？人們為什麼會想要去買車子？為什麼要買某一輛車子？是因為它好開嗎？不是！有很多好開的車子，你不一定要買這輛車，你不一定要買那輛車，有很多很好開的車，為什麼你會選擇這一輛？其實就是滿足你的慾望而已。這就是我之前跟你說過的，人的靈魂是在滿足自己內心的慾望，跟這世間的金錢、財富、物質一點關係也沒有。

為什麼你會選擇這一輛車而不去選擇其他車？可能是時下流行這一種顏色、款式的車子，或者是你會衡量自己的金錢能力能不能購買這輛車子。人世間的慾望都會與金錢維持在一個水平上，這些也都會是在金錢能量平衡狀態之下所發生的事情：意識能量的交流。

不只是買車子，想要買下世間所有物質的慾望都是在此基準上。你想得到的東西一定有吸引你的地方，物慾只是去滿足你內心沒有被滿足的心理狀態；在你還沒有得到想要的東西之前，只是自我想像那樣東西可以彌補你的不滿足而已。

但是你會去衡量金錢的多寡，你身上的錢跟想購買的東西所要花費的錢，能不能讓你沒有壓力，所以你選擇它。

你不妨想想看，如果你已經有一千萬、如果你已經有一億、如果你可以買世界上所有的東西，你會去衡量需要花多少錢來購買這個東西嗎？不會！你會不斷不斷地去花錢，因為你的意識創造出的世界是「我的錢源源不絕，我可以買下世間所有一切我想要的東西。」最後這個人就會走入貧窮，因為當一個人的靈魂意識缺少衡量能量的機制，金錢能量與世間不再對等時，便會走入更大的貧窮，金錢會無盡地流失。

反過來說，如果這個人想買一個東西，可是他沒有錢，那麼有沒有其他替代呢？當然有啊！比如說，去遊樂場玩可能要花好幾千塊，他可能花不起，但是想獲得快樂、玩樂的感覺，一定要在遊樂場嗎？不一定啊！心靈非常純樸的小孩子、尚未被大人教育二元對立的小孩，不會因為他是在學校的遊樂場，或是其他任何一個地方的遊樂場，就會感覺到不一樣，不會！他只會浸潤在開心的氛圍裡。你知道嗎？跳脫外界事物的束縛，就可以營造出感覺與喜悅。

每個人都想要一夜致富，今天就算命運安排讓你得到一筆鉅款，但是在你的靈魂缺少富足意識的情況之下，終有一日你依然會走入貧窮，這也是為什麼有這麼多人在一夜致富之後，最終老了依然沒有錢。這就好像一個嚴重漏洞的水桶，雖然你不斷地將水桶加滿水，但它怎麼可能留得住這些水呢？水桶的水量怎麼可能會不斷增加呢？沒有辦法的！

那麼，富足感是什麼？富足感就是當這個漏洞的水桶還沒有水倒進來的時候，就已經先不斷地把它修繕好。沒有錢的人本身就有很多的漏洞❷，這個水桶本身就有很多漏洞。你可以想像有一個富足的人，他對待水桶的態度是，不論水桶大小，都盡心地修補、保持乾淨，他可以把它修補到很好、沒有漏洞，不管是雨水、露水，任何一種水進到水桶裡時，水會慢慢、慢慢地積累，最終變成他的財富。

也就是說，有錢人可能天生有一個很大的水桶，裡面也可能已經有錢了，但是有錢人就一定是富足的嗎？不是！最後還是會有漏洞，錢就會沒有了，這個水桶裡面就變得沒有水了。

那麼，對於一些沒有錢的人來說，該如何走出貧窮的命運呢？

❷指匱乏之感。

我會給你一個建議：你不要去想有什麼方法可以更有錢，這外求的心會讓你更為貧窮匱乏。從鍛鍊靈魂的富足意識來說，你應該慢慢修補你桶子裡❸的一些漏洞，也就是你的富足感到底有沒有被營造出來，不一定要用一千萬才能夠買到富足感，錢的多寡與營造富足感沒有關係，一百塊也可以有富足感。喝一杯咖啡也能感覺很開心，這無關乎身份。

你可以用很低價的方式享受跟有錢人一樣的感受，比如說：去看一場名家畫展、去海邊散步，在一個黃昏的下午，跟你所愛的人牽手漫步在沙灘。這些事情看起來很平凡，難道有錢人就不做嗎？不會！他們還是要做的；難道窮的人就不可以做這些事情嗎？依然是可以的！

我在這本書中所宣說的靈修致富法，不是讓你瞬間有錢；我希望每一個人都能夠真正創造出留在生命當中的富足與財富，那是要依靠意識慢慢轉化而來——以理財方式賺取的金錢，只是一時；但轉動靈魂意識後所體悟到的富足感，則是一世。每一個人都可以將靈魂意識修練到優美與豐盛，以及創造這個世界更美好的一面，這是本章結尾我想要再一次向你說明的。

把生命當成心的修練場，包含金錢也是，不要去追求金錢的多寡，而是要以錢來修練靈魂富足意識。這就是我向你解說靈魂、富足、財富三者之間的關係：

富足的靈性必能帶領你解縛靈魂的輪迴課題。

　宇色，先向你說明到這裡，你的元神意識須要一段時間吸收我所傳遞的靈訊，才能轉動你的元神意識。日後，你的思想、行為、言語將與靈訊同步一致，以後你在教授靈修富足法時，才能轉動每一位想修練富足意識的有緣人。

❸請參閱第五章〈什麼是真正的富足，我們該如何看待富足？〉與第十八章〈該如何破除努力工作卻依然存不到錢的魔咒？〉。

無極瑤池金母　靈修富足諦語

- 錢是用來創造更大的富足感、用來讓世界更美好的。
- 若只是將錢建構在無止盡的滿足與慾望之上，最後一定是沒有錢。
- 進入富足的有錢人，最後會走入簡樸的生活。
- 你該如何創造富足感？不論你擁有多少金錢，不要一生都活在金錢數字裡面。
- 人的靈魂是在滿足自己內心的慾望。

- 滿足慾望是必須在一種平衡狀態之下才會發生的事情。
- 當一個人的意識缺少了衡量的機制、金錢能量與世間不再對等時，便會走入更大的貧窮，金錢會無盡地流失。
- 開心的感覺是可以營造的，不論場地與形式。
- 富足感就是當水尚未倒入水桶前，預先修繕水桶、等待水的到來。
- 對於沒有錢的人，不要盡想如何有錢，應該先修補你的桶子（身心）。
- 錢的多寡與營造富足感沒有關係，一百塊也可以有富足感。
- 每一個人都可以將靈魂意識修練到優美與豐盛，創造這個世界更美好的一面。
- 把生命當成心的修練場，包含金錢也是，不要去追求金錢的多寡，要以錢來修練靈魂富足意識。

當西方身心靈界開始一窩蜂流行祕密法則時，我曾向無極瑤池金母請示：「人人都可以心想事成嗎？」祂的回答值得反覆玩味：

你可曾想過「心想事成」的，其實是命中註定擁有的東西。

命中沒有註定的事，如何去想也不會出現，
你所想之事，皆是在你命運所及之事，
超過「命」的範圍，你不敢奢望，
心想事成，只是你在說服自己更有力量去達成原本就註定好之事。
命中註定「無」之事，如何想也不會成真。

換言之，人的慾望大多以能力所及的事情爲主，例如車子、房子、結婚、生小孩、升遷……等等，超過心的範圍之外，一般人是不奢望的。一般小老百姓不會想成爲統領國家的總統，月入幾萬的人會想要再多賺一點錢、但或許不敢想要成爲大集團的總裁，「你所想之事，皆是在你命運所及之事。」不是命定論、也不是否定了人的自由意識，而是明確地點出了，我們終其一生都活在我們的思想範圍中。坦白說，我並不是非常相信心想之事能夠百分之百成眞。無極瑤池金母曾說：

如果人人心想之事皆成，世界會更為混亂。世界有其規律運作，人的意識依循天命與世界的運行，如此，世界才能維持在協調的平衡中運行著。

靈魂意識改變，就能改變命運？就能心想事成嗎？祂的回答是：

你們人終其一生無法得知命中「註定」的事情有多少，人要徹底顛覆「意識」是要非常努力才能達成。心有所想，一部份是讓註定之事出現，而改變意識後的命運會在未來世發生，不一定會在這一世出現。

無極瑤池金母並不是說人不可以有夢想，而是不要用太多頭腦來看待生命，頭腦所看到的世界是從自身觀點來看待兩極的世界，好壞、對錯、美醜……，以頭腦處理生命就會陷入兩極搖擺中，因此，無極瑤池金母才說：「太多人只看見自己得不到的東西，心力只放在得不到的世界，卻忽略了自身已經擁有的東西，『這是我想要的，那不是我想要的。』」搖擺不確定的態度無法進入天命軌道、喚醒靈魂裡的富足意識。富足的另一個名字是感恩與知足，每一個人眼前的生命都是最符合我們靈魂意識的頻率狀態，不會太多也不會太少，以覺知過生活，方能在富足意識之下逐漸走出貧窮：「不要厭惡你現在的生活，不要將『不一樣』狹隘地定義在『沒有錢』與『有錢』的天秤兩邊。不論你此時此刻的生活是什麼類型，人們都應該在當下爬梳一條屬於自己的路，如此生命與心靈才能走入富足。」以純然的感受覺知生命，會完全超越頭腦的兩極世界，覺知會整合兩極分化的大腦，你看一個人不再只有黨派、性別、性向、宗教之分，你的覺知會看見一個人完整的生命。以覺知走入生命的身心靈會被統攝合一，會更眞實地活在生命當中，「覺知」不是厭惡貧窮與嚮往有錢，而是純然地活在當下，如此將不再帶著恐懼過生活。

貧窮是思維頻率放錯位置，
你可以重新校準它，
以全新的觀點跳出舊的生命，
剩下的，就交由天命安排。

金錢的力量是趨向善或惡的世界，關鍵在於處理金錢時的自由意識；再來就是當人心是惡時，金錢對人的影響便不會是善的。換位思考，當你希望金錢能夠帶著龐大的富足意識回流到生命時，應該要思考的是，你是以何種思維賺取金錢，以及所花費的每一分錢對身心是傷害、還是照顧。如果你覺得賺錢很辛苦、花錢像割肉一樣很痛苦，如此陷入矛盾循環的心理很難產出富足感。

導致長期陷入貧窮瞎忙的思維，往往與傳統的生活態度有關係，例如：

- 節儉是一種美德。
- 人應該非常認眞地對待每一件事。
- 人應該努力存錢爲以後打算。
- 金錢花費要量入爲出。
- 不要去妄想有錢人的生活。
- 要節省金錢，以備不時之須。
- 對每一分錢的流向都要清楚掌握。
- 多存一點錢，老了才有錢花。

以上這一些觀點是不是很眼熟？應該有不少人看完以上的觀點依然覺得：沒錯啊！這些不就是老祖宗教導我們累積財富的生活哲學嗎？甚至有一些人會牢牢地刻印在心頭、奉爲座右銘，以避免落入貧窮的萬丈深淵、錯過擠進有錢人的行列。若想要找到扼殺你滋養富足意識的病毒碼（觀念），首先，你就必須先知道深深植入你腦海、奉爲圭臬的生命態度是什麼？我並非說這些觀念是錯誤不可信，只是時代快速變化，有一些「幸福與致富原則」需要被修潤調整。先不要急著要我回答以上的問題，再繼續看下去。

昨天，你可以那樣過生活，
今日，你可以這樣過生活，
如此，才是稱爲自由的人生。

接下來，我就先以自身經驗爲例來分享，我是如何發現阻礙我走入富足的生活態度。

當我離開職場、選擇以教導靈修與塔羅牌爲主要的收入來源後，幾年過去，我沒有享受到金錢與時間帶來的自由。這些工作的事前準備花費我更多的時間，扣除掉每天的定課（閱讀、靈修、瑜伽、靜坐）後，能夠用來休息的時間所剩無幾。

當時我相信節省與努力會帶來富裕。爲了節省時間與金錢花費，優酪乳、地瓜、一個十五元麵包加養樂多、便利商店裡的三明治……等等，成爲我解決一餐的方法。我絕對不會將金錢浪費在大餐上，對當時的我來說，「吃」只是爲了圖溫飽，如果一百元就能吃飽，何必花一百一十元呢？

這樣省吃儉用、一天當兩天用的日子過了幾年，忙碌且緊湊的生活並沒有爲存款增加太多的數字，卻是換來無盡的空虛感，而且健康指數再度亮起紅燈，嗜睡、專注力不集中、慢性胃潰瘍、長期偏頭痛、牙周病、肥胖都開始找上了我。每日我工作結束回到家，根本無力處理家裡所有的事務，更遑論閱讀、瑜伽與靈修。有看過我前幾本著作的讀者，應該都很清楚我曾經羅患嚴重的猛爆性肝炎❹，健康指數嚴重低於水平線。有一天，我再度驚覺不能再繼續這樣的生活模式，我早已失去以身體取換金錢的本錢，這樣的生活態度讓我離靈修越來越遠，也完全脫離了當初離開公司的初衷，那完全不能帶來經濟與心靈上的自由。

我徹底地意識到脫窮致富不在於做了多少努力，而是需先調整自己看待生命與使用金錢的態度，財富能量的意識才能源源不絕地流洩。

意識宛如流動星體，

流暢穿梭在宇宙的引力間，

富足意識也必然遵循其和諧法則。

意識到我的生命與金錢出現了嚴重失衡後，對於錢這一檔事我必須打掉重練，重新聚焦賺錢與花錢的對等關係。當時無極瑤池金母對我開示：

將錢投入龐大的金錢能量中，藉由滾動產生更大的金錢能量……照顧你的身體才能創造金錢……要懂得利用金錢消除心理與身體障礙，讓靈修更為平順……❺。

金錢與生命不再對等時，便會走入更大的貧窮，金錢會無盡地流失。

這段靈訊是第十八章〈該如何破除努力工作卻依然存不到錢的魔咒？〉裡面提及「對於拚命工作依然存不到錢的人，該如何做才能化解金錢貧乏的問題。」的精華版。

第一，你必須先學會照顧好你的身體……。第二，你餵給身體的食物一定要是純淨的，這是非常重要的！……**將匱乏的靈魂意識轉化為富足意識體的祕訣**，就是追求知性，這必須仰賴閱讀以及對美的鑑賞能力。

將錢拿來善待身心靈即是修練富足意識，必能吸引更大能量的金錢光源❻。我重新調整檢視生命態度與理財觀念，進一步修正生活方式，好好善待自己的身體，不再過著縮衣節食與錙

---

❹請參閱《靈修訓體與瑜伽的精采對話》。

❺無極瑤池金母對我的教導皆簡明扼要，但因祂深知此書日後將利益於眾人，故，在此書之靈訊才會如此詳盡，以利於讀者了解金錢富足的奧妙。

❻「金錢光源」一詞是無極瑤池金母所宣說之重要訊息，請參閱第二十二章。

銖必較的生活，把「辛苦賺錢、極度存錢、節儉花錢」的理財公式調整「認眞工作、花費平衡、適度享受」，以此當成我的理財準則，也不再刻薄地對待自己。在生活上，我會檢視富足能量的天秤是否失衡。

我並不是心想事成的信仰者，心想事成須建立在「力行」才能發揮功效；我也不是狂熱的宗教追隨著，對宗教的虔誠來自於親身的實證，因為無極瑤池金母的教導，我才意識到，既然原本的金錢觀念無法帶來富裕的生活、舊版的理財程式碼無法帶來靈性與金錢上的自由，所以我決定升級無極瑤池金母所教導的全新2.0版富足程式碼：**「以金錢創造靈魂真正的富足感」**。我重新檢視生命並且徹底打掉重練，以下是我當時重新校準後的生活準則：

- 生命是去體驗不同的生活方式，如果錢有助於跨越不同生活體驗的門檻，我可以很輕鬆地擁有它。
- 賺錢不用很辛苦，我可以用很輕鬆的方式賺取應得的報酬。
- 每一天認眞地看待生命，財富會隨之而來。
- 我會以很愉悅的心情來花費每一分錢，不會感到有任何的缺乏。
- 富足是以輕鬆及花費最少的時間來取得。
- 對於身體、健康與大腦上的花費，我絕不手軟。
- 我只專心在研究與興趣上，必能吸引更多財富。

升級與重整大腦裡的舊有生活模式是一項挑戰，尤其是「花錢」這檔事，清理金錢意識、啓動富足能量、開啓金錢自動回流機制、由貧轉富的關鍵，就在於「改變花錢的心態」。

確定了全新的七項生活方針後，我對舊有的生活方式進行大刀闊斧地調整，我謝絕電台訪問、刪減課程教學、減少通靈問事、風水堪輿、命名與神明開光等案主邀約。我開始研究一日一餐的飲食方式、每日鍛鍊身體、奉行十八到二十四小時的間歇斷食法、不碰零食與加工食物、將靈修冥想與瑜伽列入每日定課中。我必須向你揭露一個眞相，**你的心靈與金錢是在穩定的能量交換之下所構成**，收穫與付出一定會走入能量平衡，前提是你務必狠下心來先捨掉你最在意的事情。我所做的一切就是在進行修補水桶的工程，當我用心修補水桶的破損，應該屬於我天命的財富必然被留下來，同時創造出取之不盡、用之不竭的富足意識場。

近年來我還是會不定期開設課程，前提是必須在付出與回收的能量平衡基礎上，更重要的是必須能夠照顧到每一位學員，而不是爲了開課賺錢。爬梳心靈雜質、點化靈魂意識的課程，以及幫助學員釐清生命意義與認識靈修的課程及講座，成爲我教學的核心。同時我也將心力專注在道場懺儀與私人密修上。

我必須坦言，當時我不確定如此改變是否眞能爲我帶來鉅額財富，但我堅信無極瑤池金母的教導，**停止追求金錢多寡，以錢修補身心的漏洞**，必能注入源源不絕的**靈魂富足意識**。

在改變生活型態後，身邊開始出現一些社經地位中上階層、經濟能力較豐裕、心靈朝富足之路邁進的人，我在這一群人身上觀察到他們的用錢方式、投資理財觀念、生活態度等等，例如：

- 對食材有一定程度的堅持與挑選。
- 在美食上有其敏銳度與品味。
- 對於朋友、家人絕不會吝嗇。
- 有一定程度的鑑賞力。
- 不會在對身體與心理好的事物上節省。
- 絕對專心投入興趣，並且有一技之長。
- 不會將時間花在不必要的交際應酬。
- 朋友不會太多，但有幾個興趣相同的知心好友。
- 對於藝術、美學、音樂有不同程度的興趣與鑑賞力。
- 非常尊重人的自由度與完整性。
- 與人保持一定的社交距離空間。

生命改變後的甜蜜，都是在對生命大徹大悟之後發生。

想要找到專屬自己的脫離貧窮意識、轉化富足意識的方法，首先必須先找到方便且好入手的改變之道。我在參考前述近身觀察的有錢人特質後，幾經思忖，挑選了閱讀和美食。閱讀是我畢生也是唯一的興趣，將金錢完全投入到興趣當中是快速營造快樂幸福、同時開啓富足意識流最便捷的方法。

前文中我有分享，爲了培養、集中龐大的意識場，我會一次購買一系列相關書籍，單次最高記錄是購買近十多本書，完全是在「**知識能換取更高財富，不要太著墨在金錢上，要去修練的是內在富足感。**」的信仰之下才達到。坦白說，一開始並不是那麼簡單，知識的回收效應不是立即性的，發酵期可能要在一到三年後，大部份的人仍可將錢花在購物和美食上，畢竟在花錢的同時，內心已經得到了滿足。這裡要說的就是從貧窮走入富足的關鍵：金錢發酵期❼。翻開世界富人榜，他們的共同特質都是願意將金錢投入到對的事物，等待它們的發酵。一條匱乏的靈魂意識是不可能有耐心等待這麼長的一段時間，這便是富足與貧窮意識最大的差別。

而美食則是我最不願意將錢投入太多的地方，但卻也是改變貧窮成爲富足意識相當重要的一部份，無極瑤池金母曾說：

❼這是我自創的名詞。

如果一個人的靈性是非常漂亮的，他對食物的挑選也一定是非常漂亮的。

為什麼有努力工作存不到錢的人……他們也還是會在辛苦工作後享受美食……但是卻不曾想過照顧好自己的身心靈，這是一件非常愚蠢的事情❽。

千萬要記得，想要滋養富足的靈性，得先嘗試改變你的味覺，「建構內在富足的世界才能做個眞正的有錢人，一條完全充滿富足感的靈魂，必然富有彈性與對世界擁有絕對適應性。」這一點可以從飲食來做判斷。你不妨觀察自身或朋友、家人，會發現，固執者的飲食習慣一成不變，越懂得變通的人越容易接受不同文化的異國料理。如果你想改變意識，就從嘗試改變飲食習慣開始，因爲味蕾的結構與你的大腦功能分布區有很大的關係。改變飲食不是指購買昂貴的有機食材、精緻料理，而是勇於去嘗試不同的飲食習慣，以及謹愼挑選食材。有機會留意你所購買的食材的成份表，你會發現一個驚人的事實：你不知已經吃進去多少年的「假食物」。自從我開始留心「**修補會漏掉富足感的水桶**」（身體與心理）後，已經有五年以上不曾吃過便利商店的東西，也不再吃人工假食物（包含化學粉調製而成的搖搖杯）。如果都是要花錢塡飽肚子，爲什麼要將錢花在傷害身體上面？

將錢投入富足意識場，

你必然得到富足意識。

將錢投入何處可以換取更大的富足能量？

1. 營造舒適的家庭環境。
2. 維持健康的身體。
3. 自由寧靜的心理空間。
4. 投資大腦的知識庫。

將金錢圍繞在這四件事情上，便能創造出強烈的富足感。如此，你將不再拚命去賺錢填補看不見的慾望無底洞，而是全心投入營造你的富足泡泡世界。以上四項：家庭、身體、心理與大腦，就是無極瑤池金母在這段靈訊中所指的：「**從鍛鍊靈魂的富足意識來說，你應該去慢慢修補你桶子的一些漏洞。**」如果你已經能夠理解，或許再閱讀這一段靈訊，你會更有感覺：

❽請參閱第十八章〈該如何破除努力工作卻依然存不到錢的魔咒？〉

你的心宛如一座頂級遊樂場，完全具備了此生你想要創造的世界，你可以去創造你想要的世界，但不是向外去追求……你必須進去內心的那一座遊樂場，它帶給你的喜悅、寧靜，會讓你停止追逐外在的世界。進入你的內心世界，富足感油然而生。

在意識裡營造富足的遊樂場不用花上大筆金錢，卻是**疏通貧窮意識通往富足的重要樞紐**。**另外**，我想補充一個轉掉貧窮意識、化成富足能量的觀念：**不帶恐懼地在有限的金錢向度創造無限富足感，日後必能靈活運用更大筆的財富**。

最後我要爲你一一解封本文一開始所說的舊版理財魔咒：

- 節儉是一種美德——美德來自於善待，如果過分節儉、乃至已經嚴重虧待自己與家人身心，便是偏離了德性軌道。
- 人應該非常認眞地對待每一件事——要認眞、但切勿事事過於當眞，我們只能盡本份，卻不能要求所有的人與最終結果都要盡如己意。
- 人應該努力存錢爲以後打算——存錢是爲了創造更大的富足世界，包含自己、他人與所處的環境，錢不應該拿來囤積。

- 金錢花費要量入為出——懂得在金錢與富足感之間取得平衡，必然不墜入貧窮，此人必然不會浪費所賺的每一分錢。
- 不要去妄想有錢人的生活——勇於去追求與有錢人相似的某一部份生命體驗，也是滋養富足意識。
- 要節省金錢，以備不時之須——不要將恐懼與不安植入金錢思維中，時時刻刻修補好水桶，生命不會有所虧缺。
- 對每一分錢的流向都要清楚掌握——只要掌握金錢的投入是創造快樂、富足、是為平衡身心的不足即可。
- 多存一點錢，老了才有錢花——眞正威脅老年生活的不是金錢貧窮，而是心靈上的匱乏；此時懂得以金錢善待家人與自己，步入老年必有依靠。

當你建立正確的花錢方法，富足意識便能宛如永不枯竭的泉源，為你生命注入富足感與財富，同時還會為你創造更美好的未來。試想看看，你今年幾歲了？省吃儉用的日子為你帶來多少物質與心靈富足？從今日起請拋棄「花錢導致貧窮」的念頭，應該要去思考的是：如何將金錢投入創造家庭、大腦與心理的幸福，而不是帶著擔心花每一分錢，**「不要去追求金錢的多寡，要以錢來修練靈魂富足意識，找到屬於自己靈魂、富足、財富三者之間的平衡，此靈性必能帶領你解縛靈魂的輪迴課題。」**

靈修富足心法修持

全新2.0版富足程式碼

停止追求金錢的多寡，以錢修補家庭、大腦、身體與心理的漏洞，必能注入源源不絕的靈魂富足意識。

5 什麼是真正的富足？我們該如何看待富足？

無極瑤池金母在以上三段靈訊中，不斷地提及「富足」兩字，祢說：「富足與金錢是不同的觀念。」似乎我們人生若是無法區分富足與金錢，就會陷入追逐金錢的遊戲中，像是在一望無際、寸草不生的沙漠中尋找水源。請問無極瑤池金母，「富足」對於靈魂轉世的意義是什麼？我們又該如何看待富足？

無極瑤池金母 如是說

是什麼讓靈魂幻化出這一生所有的一切？今天你轉世到人世間，是什麼幻化出這世間所有的一切？是你的思維跟身體！靈魂唯有透過色身才能夠讓世界看見它的存在，也因為色身，靈魂才足以行使它的天命！

人的靈魂就像雞蛋一樣，如果是一顆沒有蛋殼的蛋，不會有機會孵化成一隻雞，這個道理你一定懂；而你的身體就是包覆在雞蛋外層的蛋殼，保護著這一顆雞蛋。身體讓靈魂顯現力量，讓靈性轉化成更高層次的意識體，這就是身體與靈魂、靈性之間微妙的運作關係。

你們人常常會說：「我要進入到更高意識層的空間。」但是卻沒人想過「身體準備好了嗎？」就好像宇色你常常會提醒學員：「當你的靈魂投生進入你的身體時，身體就是靈魂的載具。」這句話講對了，但還有一個很大的重點沒有講清楚，就是，**靈魂必須要依靠身體的保護與乘載**，而每一條靈魂所幻化出的世界，關鍵的動力是依靠著身體而來，靈魂與身體是依附關係，沒有這一副後天生成的身體，靈魂會在這個空間裡面散掉，身體具有讓靈魂凝聚的力量，好比放在鐵盤裡的一堆鐵砂（意識體），當磁鐵（身體）出現的時候，鐵砂就會吸附聚集在磁鐵上。

所以這是另外一個問題了，到底是身體吸引靈魂、還是靈魂進入到這個身體？這個問題從來沒有人想過。你以為精子跟卵子、父親跟母親結合之後，身體就自然產生嗎？不是！身體以何種樣貌存在人世間，是另外一個很高層次的課題，你們人從來不去討論，你們人只是去探討靈魂的部份，討論更多摸不著的東西，卻從來不去思考「身體」，也就是靈魂必須依附的載具。

你認為身體本來就長這樣子嗎？不是的。靈魂裝載著無數你想像不到的意識，**而身體則是扮演著強化靈魂意識、將之轉化為物質世界的一個絕大力量。**

好！回到剛才你問的問題，富足的概念是什麼？「富足」是你必須要先維繫好你身體所需的能量，這是很基本的，維繫好身體最基本的能量、最基本的需求，就是富足。你餓了，就應該去吃；不懂吃的人，不懂得富足。倘若有人該休息卻不休息，就是在殘害自己的生命，這不是富足。

你知道嗎？有很多人過的是行屍走肉般的生活。**什麼是行屍走肉渡過此生？**你們人常常會被工作綁住，很多人來問我怎麼樣才能在工作上高升、能夠賺更多的錢？這就是行屍走肉般地被生活綁住啊！你要想一想的是，你的身體需要的、心理需要的，到底是什麼東西？你必須要回到身體最少的基本需求來思考。你們人常常會忽略身體需要的東西，人心會被所追求的事物綁架，而忽略了身體真正的需要。我想要這個、想要那個、我想吃什麼東西……，這是妄為慾望，不是身體所發出的需求；真正的需求是傾聽身體機能所需的物質，流動呼吸、均衡營養、充足休養、適切運動……等等，人們都不太重視這一些身體最基本的需要。

你要知道的是，讓靈魂有足夠力量將意識幻化成世界的身體所需能量，是非常少的。只要給身體我前面所說的基本東西，靈魂就能夠幻化出你想要的世界。

開啟富足能量的關鍵就在你的體內。你靜靜的坐著，會感覺到有股能量從你的手開始蔓延出來，但是你必須要先把心靜下來，這股從體內經由手部向外擴散的能量具有不可思議的力量，會引導你去思考許多事情，你只要靜靜坐著就好了，你的生命會進到一種軌道當中（就好像行星會繞行恆星的軌跡），會進入到一個空間體、能量場當中，此生你所需要的東西都會在此刻孕育而生。你們人常說：進入靈魂的源頭、一切都不匱乏，所指的就是這種由寧靜帶入生命軌道的狀況。

但是要進入生命應有的軌道前，你必須要先照顧好身體，你必須要知道自己的身體到底需要什麼？身體需要安安靜靜的坐著，也可能只是需要喝一杯水，或者只要一點點食物，身體的需求是非常少的，但是你們人卻不斷地對身體塞入太多不必要的東西。

富足是什麼？富足就是照顧你的身體、滿足其最基本需求，讓身體能夠在這個混亂的世界當中，身心能穩定下來，這就是富足。

太多人被世間事務干擾，所以並不清楚身體真正需要的是什麼。我還是回到前面不斷告訴你的，正在閱讀這一本書的你要聽清楚這句話，「能量如果沒有藉由物質、能量如果沒有透過這個身體，就沒辦法在地球上幻化出你心裡的世界。」這句話你要放在心裡面，富足概念必須從這裡來。

無極瑤池金母

靈修富足諦語

- 你的思維跟身體，幻化了世間上的一切。
- 要進入到更高意識的空間必須仰賴肉身。
- 靈魂（意識體）必須要靠身體的保護。
- 身體是足以幻化這些意識的絕大力量。
- 富足的基本概念是，你必須要先維繫好身體所需要的能量。
- 富足是你必須先傾聽身體需要，但身體需要的通常非常少。
- 靜靜坐著，你的生命會進到天命的軌道中。
- 能量如果沒有透過身體，物質世界沒有辦法被幻化。

身體就是你的聚寶盆

某一年，有一位從事進出口貿易的案主，請我爲他們家新請來的神明開光。靈山派開光法非常殊勝與奇特，要爲哪一尊神明開光，就要以元神之力將那一尊神明的靈氣引接下來，很類似一般人所知的起乩附身請神，但以簡單易懂的邏輯來說，就是——爲哪一尊神像開光，就引接這一尊神明的靈識下來。有時，神尊會在儀式進行中爲請主與家人開示一些未來的注意事項，以及未來請主應該如何拜這一尊神像，才能與祂的願力相應得到庇佑。

那一次請神開光儀式即將進入尾聲時，降在我身上的神尊靈識突然要我問請主一個與請神毫無關係的問題：「如果你有一個聚寶盆，你會如何處理？」請主丈二金剛摸不著頭腦，在毫無準備之下一整個矇傻了，只能愣愣地站著，久久答不出話來（你可以先闔起書來，想一想，如果是你會如何回答），神尊深知請主不知其意，又換了另一個方式問他：「若你這一生的財富與榮華富貴都出於此聚寶盆，你會怎麼對待它？」雖然神尊已經換了方式問，但請主依然答不出話來，神尊笑笑地說：「如果你連這個問題都答不出來，你如何去處理錢的問題呢？」相信看到這裡的你應該也和請主一樣，一整個傻了，怎麼神尊會這麼問？不急，我們再慢慢看下去。

請主家的神尊透過我說：「如果這個聚寶盆會帶給你一生的榮華富貴，讓你不愁吃喝也不愁穿，你是不是應該要將這一個與眾不同的聚寶盆好好供起來，盡全力呵護它，將它擦拭到盆身光可鑑人、一塵不染？」請主聽後猛點頭表示認同，這時，神尊笑了笑後、指了指他的老婆說：「我方才所說的聚寶盆就是你的老婆啊！」神尊言下之意是，他的老婆命中帶財，會為夫家與經營的公司帶來不可限量的富貴；換一個角度去揣摩神尊之意是，請主在夫妻相處之道上有許多值得再修練的地方。事實上也是如此。自從請主多年前娶了太太後，事業經營蒸蒸日上，其努力與成果也贏得同業的認可及讚許；然而，就算真的知道娶了老婆後事業亨通，可是人的情緒與處事方式一向被業力牽著走，所以在夫妻相處上難免帶著習氣。因此，請主家的神尊才會特別在開光後，以聚寶盆為譬喻點醒請主：「應該好好疼惜累世修來方能得之的聚寶盆（老婆）。」

聽到這裡，或許你也希望另一半就是帶給你榮華富貴的聚寶盆，但你大可不必羨慕這一位請主，其實你就有一個專屬且別人拿不走的聚財聖物，你的聚寶盆就是你這一副身體！無極瑤池金母在這一段靈訊中一直強調的重點是，富足的世界要靠靈魂意識才能夠幻化出來，開啓它的方法就是把自己的身體照顧好：「你的身體就是包覆在雞蛋外層的蛋殼，保護著這一顆雞蛋，身體讓靈魂幻化一切，讓靈性轉化成更高層次的意識體，這就是身體與靈魂、靈性之間微妙的運作關係。」

身體機能運轉良好，
便是為靈魂注入更強大的力量，
你怎能不更珍惜它呢？
身體與靈魂都是富足的源頭。

在前面文章中有說道，靈魂的本質是意識、思想、信念、頻率。你一定有聽過激勵理論、自我暗示、催眠，還有一些自稱能夠激發財富能量、重組今生財富藍圖的音樂，這一些技巧都是環繞在靈魂意識的議題上。換言之，只要調整好富足頻率就能改寫你靈魂的富足意識，只是甚少人去思考的是，這一些能量依附在哪裡？絕對不可能憑空出現與消失，所以在這一段靈訊中，無極瑤池金母已經為我們破解了大家未曾深入去思考過的問題：「**靈魂必須要依靠身體的保護與乘載**，同時靈魂所幻化的動力也必須依靠身體，靈魂與身體是依附關係，沒有這一副**後天生成的身體，靈魂會在這個空間裡面散掉，身體具有讓靈魂凝聚的力量**。」

關於身體、氣脈、思想與能量之間相互影響的關係，如有興趣不妨參閱我之前的著作《靈修訓體與瑜伽的精采對話：靈動、脈輪、炁感與亢達里尼背後隱藏的共同祕密》，在這本書當中有我從瑜伽與靈修角度的切入與分析。在這裡我想進一步解讀無極瑤池金母此段靈訊所透露出的重要訊息。

身體與靈魂意識的關係

與心同在所產生的寧靜可能無法帶來白花花的銀兩，但其帶來的洞見足以讓你的生命不墜入貧窮中。以我自己的情況爲例，我修習靜坐與瑜伽將近二十年，直至這幾年，我才眞正領教它們所帶來的強大富足力量。我在靜坐時能在瞬間進入寧靜狀態，從內在深處湧現喜悅，每一次我都捨不得離開，上坐一至二小時往往是彈指間之事。更神奇的是，靜坐當下總是有一股感知引導我以更高頻率的洞見處理世俗的事情，我從未做出錯誤而導致貧窮的判斷。當你與內在的寧靜有了第一次相遇的經驗，你在事業、理財、投資以及生活的各種環境中，都不會做出偏離富足的決定，每下一個決策皆如有神助般的果斷與清晰。「……**開啟富足能量的關鍵就在你的體內。你靜靜的坐著，會感覺到有股能量從你的手開始蔓延出來，但是你必須要先把心靜下來……，會引導你去思考許多事情，你就只要靜靜坐著就好了，你的生命會進到一種軌道當中……。**」靜心不需要講究各式各樣的姿勢，你所要做的就是願意讓自己每一天空出一段時間，讓心靜靜地陪伴身體，去感受掌心細微的變化。或許一開始並不容易，倦了，站起來走一走，再坐回去回到原先的狀態，反覆練習，直到你完全不想離開座位。告訴你一個從未對外公開的祕密，多年來，這個方法幫助了我規劃所有的課程、人生計劃，甚至每一本書的發想皆由此展開。

身體以何種樣貌存在人世間，
是另外一個很高層次的課題，你們人從來不去討論，
你們人只是去探討靈魂的部份。

無極瑤池金母祂在提示我們一個「靈魂意識走出貧窮、進入富足」的重要訊息——身體與靈魂意識有絕對的關係。如果你此生註定好要成爲富貴的人，你的身體、樣貌就會長成符合你靈魂意識的身形。這樣的概念套用在我們華人相術學上就是摸骨術、面相、手相。那麼，靈魂意識可以改變嗎？人們的確可以透過後天的努力改寫靈魂意識，不然古人不會說「相由心生」這裡的心指的就是意識、想法、觀念、態度、思維，也就是我們的靈魂❶。

所以，當靈魂的富足意識開始走入匱乏之時，最明顯的特徵就是會先從身體開始出現狀況，你是否仔細觀察過一些生命歷程由富轉衰的例子，曾經富極一時、最後卻走入貧窮的人們，晚年大多都會罹患重大疾病。一般來說，由富裕轉入貧窮的人們都會在身體先顯現衰敗的跡象，爲什麼呢？無極瑤池金母說：

富足是你必須要先維繫好身體所需要的能量。
有很多人過的是行屍走肉般的生活。

在在說明一件事，我們常常沒有覺知地在過生活。

當我請示無極瑤池金母此段靈訊時，我明確地感受到沒有保持覺知過生活的人，其生命就與「矇眼驢子」非常相似。

＊＊＊

有一頭成年卻非常懶惰、不願推磨麵石的驢子，主人想了一個方法想讓這一頭驢子為他工作。主人知道驢子貪吃紅蘿蔔，就先將驢子綁在磨麵石旁邊，用黑布緊實地矇住牠的眼睛，並綁了一支桿子在驢子面前，桿子前方懸掛了一根新採收且香味濃郁的紅蘿蔔，驢子被紅蘿蔔的香味誘惑，想吃到紅蘿蔔，就只能拚命往前邁進，也因此順勢推動了磨麵石。

但是，不論牠如何拚命向前走，依然吃不到紅蘿蔔。有一天牠終於按捺不住疑惑而大發火，牠停下來對主人發怒，「為什麼我一直吃不到眼前的紅蘿蔔？」主人安撫牠，「因為那一根紅蘿蔔太香了，你以為很近，其實離你還有一段很長的距離，你只要再向前走幾步就可以吃到了。」驢子聽聽覺得很有道理，就繼續往前走，還是拚命地想吃到紅蘿蔔。

❶關於命運是否有可改變的空間，請參考第十九章〈錢是命中註定好，那麼人們還要努力嗎？〉

主人擔心日子久了驢子還是會再起疑心，因此，久久一段期間便將桿子收回來靠近驢子一點。但是，就算如此，聞得到吃不到也是事實。當牠又起疑心時，主人就會說：「你怎麼這麼沒有耐性？再往前走就可以吃到了。」有一天，當驢子已經被折磨到骨頭快散時，主人便解開掛在桿子上多日的紅蘿蔔，此時，驢子終於吃到了紅蘿蔔，只是，吃在嘴裡的紅蘿蔔已經不像早些時日那麼香甜，不僅乾扁還有一股臭酸味。

過些時日，主人又繼續以這方式引誘驢子推磨麵石，這一次驢子心想，「我再也不上當了，我不想把自己累死，就爲了吃那一條又臭又乾的紅蘿蔔！」只是，聰明的牠卻沒有想到另一件事：業力不消，很難克服外界誘惑，更何況是牲畜。當香氣四散的紅蘿蔔擺在牠面前時，驢子就又自然而然向前邁進了……。

這一則故事大家都聽過，但是，結局你一定不知道。

一年過一年，年輕力壯的驢子轉眼就變成了一頭老驢，牠依然爲了吃到紅蘿蔔而拚了老命、推著永遠不可能停止的磨麵石，不同的是，現在的牠已經又老又瞎、全身都是病了。

有一天，牠終於在推磨麵石時病倒了，主人再度拿出新鮮的紅蘿蔔，這一次是眞心要給這一頭賣命一輩子、爲主人賺進大把金錢的老驢子，只是此時，不論紅蘿蔔如何香甜，老驢子再也咬不動了。

每一種生物、不論是人還是牲畜，都有等待被喚醒的靈魂。當老驢子即將閉上眼睛離開人世間時，牠的靈性出現了，此時老驢子陷入了深長的思考中——眞正綁住我、讓我無法自由的，究竟是紅蘿蔔？磨麵石？還是我的業力？

＊＊＊

看完了這一則故事，你有什麼感想？

什麼是行屍走肉渡過此生？你們人常常會被工作綁住，很多人來問我怎麼樣才能在工作上高升、能夠賺更多的錢？這就是行屍走肉般地被生活綁住啊！

當我們還未能眞正意識到生命存在的意義，以及時時刻刻觀照這一副陪伴我們一生的身體時，我們不就是那一頭驢子嗎？

「紅蘿蔔」是我們這輩子想要追求的事物，大筆的金錢、豪宅、名車……，我們深信只要拚了老命、努力工作就能獲得。或許，有一日我們終會得到想要的，只是，我們的業又會驅使我們再去追求新的東西。驢子愛吃紅蘿蔔是改變不了的事實，人愛財與名利也是事實，兩者不同之處在於，人有絕對的意識足以去消弭自己累世的習氣。以下靈訊看起來毫無重量，卻是無極瑤池金母此大段靈訊的富足眞諦：

你必須要回到身體最少的基本需求來思考。你們人常常會忽略身體需要的東西，人心會被所追求的事物綁架，而忽略了身體真正的需要，我想要這個、想要那個、想吃什麼東西……。

這是妄為慾望，不是身體所發出的需求；真正的需求是傾聽身體機能所需的物質，流動呼吸、均衡營養、充足休養、適切運動……等等，人們都不太重視這一些身體最基本的需要，讓靈魂有足夠力量將意識幻化成世界的身體所需能量，是非常少的。

「富足」是你必須要先維繫好你身體所需的能量，這是很基本的，維繫好身體最基本的能量、最基本的需求，就是富足。你餓了，就應該去吃；不懂吃的人，不懂得富足。倘若有人該休息卻不休息，就是在殘害自己的生命，這不是富足。你知道嗎？有很多人過的是行屍走肉般的生活。

人與驢子最大的差別是，驢子要到臨終那一刻才能覺醒，但人的靈魂意識是自由且寬廣的，你隨時都能覺醒，忽視身體與感受就等同對金錢視而不見。我從多年來無極瑤池金母所教導的經驗中得知，如果長年忽略小病與積累惡習，財富金流就像被一群心術不正的人圍繞著，終有一日必被掏空。盡全力照顧好身心絕對是由貧轉富的第一優先條件，行宗教修法或身心靈修練者更應該是如此。

富足的覺醒，

乃是回歸覺知的心，找到你自己。

靈修富足心法修持

激活體內隱藏的富足能量

你靜靜的坐著，會感覺到有股能量從你的手開始蔓延出來，但是你必須要先把心靜下來，這股從體內經由手部向外擴散的能量具有不可思議的力量，會引導你去思考許多事情，你只要靜靜坐著就好了。

6 金錢與業力的關連是什麼？

我曾經向無極瑤池金母詢問「金錢與這輩子的業力」此道金錢問題。當時，祢簡明地表示：「金錢對於靈魂轉世來說，眞正的用途是用來消除這輩子的業力以跳脫輪迴。」關於這個部份，再請無極瑤池金母開示，讓我們可以了解金錢與業力這兩者之間的關係爲何。

無極瑤池金母 如是說

什麼是業力？我現在就用水的波紋來跟你解釋。

當水沒有任何雜質、完全沒有任何干擾時，它是非常平靜的，彷彿鏡面的狀態，這就是靈魂最初的本質：靜。這也就是我在《請問輪迴》及這一本書中不斷提到的那一條靈。靈魂初轉世來到人世間，靈魂剛從「那一條靈」分化出來的時候❶，它的特質就像是鏡面一樣的湖面，連一絲絲的波紋都沒有，就是靜靜的、靜靜的，平靜得能夠反射世界所有一切，它是非常寧靜的，沒有快樂跟不快樂、沒有痛苦，就是非常平靜，靜到一種空無的狀態。

但是在靈魂經過一世又一世的轉世輪迴之後，這水（靈魂）會開始受到干擾，任何一小片葉子、一小顆石頭、甚至人們看不見的碎片，都會讓原本平靜的水面產生波紋，這個道理你一定懂。石頭、碎片是生生世世遭逢的際遇，刻劃在靈魂的印記；而這個波紋是什麼？就是你們人所講的業力。任何人說你如何又如何、任何人對你身心的攻擊，或者你認定自己欠缺什麼樣的東西，思考、言語、心緒都是一條又一條擾亂湖面平靜的波紋，皆不屬於湖面原本的本質，但卻會慢慢佔滿整個湖面，雖然終有一日會散去消失，但要歷經非常長久的時間。

那麼，該怎麼做才能回到平靜的湖面？當波紋不斷不斷地產生時，心就開始混亂了；也因為波紋不斷地出現，靈魂受到干擾便膠著在世間，沒有辦法斷掉輪迴的束縛、解脫苦，如此便是永陷世間的開始。

---

❶關於那一條靈，請參閱《請問輪迴》Q1〈什麼是靈魂？靈魂跟我的關係是什麼？〉文中無極瑤池金母有詳細的說明。「那一條靈」將在本書中重覆出現多次，尚未釐清與了解的你，不妨再閱讀前著作第一章，在閱讀本書時無極瑤池金母的靈訊，會更快速帶領你走入財富意識層。

當波紋在每一世消除一些、但再一次輪迴轉世時又產生新的波紋，這個鏡面慢慢地便回不到原來的狀態。這樣的狀況出現時，靈魂很難再意識到「離開世間、斷輪迴」的思維，靈魂會將世間誤以為是家，從此靈魂淪陷在世間離不開。

這麼多年的問事經驗中，我最常聽到人們來請示無極瑤池金母：我該如何回家？關於這一點我甚少聽見祢正面回應，反而會引導人們去思考生命的意義，以及如何更有力地活在人世間，這又是爲什麼？

這問題本就問得不正確，你們人應該問我，該怎麼把這個波紋（業力）去掉？讓它（靈魂）回到原本平靜如湖面的狀態，回復到靈魂的本質，這是去除業力、斷掉輪迴回家的方法。

但是從來沒有人想過，每個人都只想要回到我的身邊（靈界）來。當你要去到更好的靈界、你要去到更高層次的地方時，你要先去掉波紋！

能夠用金錢去除業力嗎？這是你一開始問我的問題：金錢與業力的關係是什

麼？

你必須看清楚，這些波紋到底是從哪裡來？這一世，你學會如何用金錢去除波紋、把它消滅，這才是「金錢」的目的。比如說很多人內心會產生恐懼，為什麼？因為內心有一種對太多事情不確定的焦慮，有一種無明的狀態，人的內心或多或少都會出現無明的不安狀態，害怕跟別人不一樣、害怕沒有大家都有的東西，這也是導致平靜的靈魂波紋越來越多的緣故，靈魂已經有太多的波紋❷。

那麼金錢要拿來幹嘛？你必須要去思維的是，能夠去掉波紋的方法是什麼？你們人不是常常講說要看書嗎？對！看書就是消除湖面波紋的方法之一。此外，也有些人說心很混亂時，會想看場電影讓心平靜下來，那就去做吧！這就是用金錢來消除波紋的方法，就是這麼簡單。看見內心不平的狀態，用錢消除不平、換取平靜，這就是金錢與業力的關係。

你知道嗎？很多人忘記了自己真正的需求是什麼。我們不要講需求，我們來講波紋好了，你要知道真正造成你波紋的原因是什麼？波紋包含哪些東西？

❷這裡指當一個人投入到社會上，就很容易被貼上標籤，以及害怕走出屬於自己的路，成為真正的自己。

你們人看到尚未結婚的人，內心會說「你為什麼不結婚？」你們看沒有小孩的人，會說「你為什麼不生小孩？」當你看到生活過得跟別人不一樣的人時，你會說「這個人怎麼跟別人不一樣？」可是你知道嗎？你這樣是在干擾別人的生命，**當你干擾別人的時候，你也在干擾你自己的湖面，就會產生更多的波紋了。**這是一件非常有趣的事情，卻沒有人思考過。當你在干擾別人的波紋、介入他人的生命，就是一種業力；當你批評一個人的波紋跟別人不一樣的時候，在你本身的意識中又產生一道接一道的新波紋了。

這也就是沒有辦法斷掉輪迴、沒辦法從這一個大齒輪當中脫離的重要原因，當你不斷去看到別人的波紋❸時，你也產生新的波紋了。

如何懂得花錢又能消業呢？金錢的目的，是你必須要懂得用錢來減少自己的波紋，就像我前面所說，當你對一件事情、對人生感到很難過時，你會想花錢做什麼？或許你會說只想去度假，或許你會說想買張好床讓自己好睡，或許你會說想吃能夠讓自己感覺舒服的食物。這個就是金錢跟業力的關係，金錢是用來消除自己負面與低落的情緒，就是這麼簡單而已，這又再一次地解釋你先前不斷問我關於「富足」的問題，也是這一本書的核心。

你有沒有思考過「金錢」，它就只是一個減少波紋產生的方法，這個又回到靈魂富足的意識，回到富足的概念了。

從來沒有人思考過為什麼波紋（業力）會越來越多？為什麼會一直沒有辦法累積財富？這是因為波紋干擾你去相信自己會有錢以及賺錢的能力。什麼是賺錢的能力呢？相信自己值得擁有，會讓你找回金山銀礦，而打開它的那把鑰匙是回到你內心上的需求，回到那一條靈的狀態裡，這是非常基本的。

宇色，你是不是會覺得我好像不斷地、不斷地將所有問題又統統纏繞進來，我把之前關於金錢的問題都串連在一起，你的思維模式必須要跟著我一起跑，你才能夠創造更高層次的富足意識，觀念性的問題必須綁在一起。

我來舉一個例子——

有一個小孩的家裡是做貿易的，非常有錢。他是與眾不同的，從小在店裡長大並且看見世間許許多多的事情。因為家裡做貿易的關係，必須要跟許多人往來，他也因此看到了現在環境所沒有的東西，所看見的事情是更遙遠、更寬廣的，這個城市還沒有的東西，他已經先看到了。他只是個特別的小孩子，我再澄

❸干擾他人走自己的路、成為真正的自己時，也就增加自己更多的不善業。

清一次，他就只是個小孩子，但是他的思維模式會跟別人不一樣，他看見別人所沒有的東西。喔！他會說「我吃得夠多了，我看得夠多了，你們玩的都是小把戲。」如果這個孩子是帶著一種非常清明、沒有想要混濁自己的心態，他就能用清明的態度看待他自己的生命、工作及店鋪。

你想想這個孩子會有什麼樣的思維模式？我告訴你，他的腦袋會很清楚看見兩個世界，**一個是他在店裡所看見的世界、另一個則是他聽見與感受到的另一個世界**[4]。對他的意識來說在這一個世間就是現實，也就是他從小生活的店面環境、這個國家。

另外的思維模式是什麼？他從大人口中所聽來的世界、從大人交流中會感受到另一個遙遠且從未去過的世界，他清明的思維會清楚明瞭，除了眼前的世界，原來還有另一個更寬廣的世界存在，雖然他尚無法親身抵達，但它仍然存在。

如果有一個人從小的心境就如同這孩子一樣，那麼，他長大後，他的心境與其他人有何不同呢？他的靈魂意識會非常輕盈，一顆清明的心會令他不受所處世間的干擾，也不受另一個世界的影響；這一名如此特殊的人長大後，他的心不會著墨在世間太多，他的意識會對世間有一種抽離感，他的意識會站在兩個世間的中間，他不太在意任何一方的世界所發生的事情，他輕盈的靈魂會明瞭，任何一方的世界即不是真也不是假，如此的心境即是「富足」，亦即不被所處世間干擾，也不被另一個更不一樣的世間影響——看見世間的多樣貌，心仍保持悠遊在其中的感覺，就是富足❺。

人要如何做才能脫離苦且同時富足呢？這又回到富足的概念了，人要怎麼富足呢？你要看清你所處的世界，以及看到你想要達到的世界，若你的腦袋將它們分化成兩個世界，你的心也就會跟著抽離；從現實與夢想中抽離的意識會產生一種富足感，感受不到苦。如同我方才所說的，任何一個世界既不是真也不是假。換言之，要跟那一個小孩一樣，明瞭眼前的世界不是唯一，也看見了另一個更美好的世界，但它也不是唯一。他的心是清明的。

他不會因為知道有一個更美好的世界而對眼前世界感到厭離，也不會因為尚未親自經歷那一個聽來的美好世界而感到痛苦，他的心就在這兩者之間，不偏不倚，不墜落任何一方，這就是富足。

❹轉化至高意識層的靈魂意識是著墨在真實與虛幻，隱喻以宏觀的心來看待內在與外在世界。

❺不把任何一個世界當成真實的，就是純粹地感受其中。

你的意識也要時時刻刻維持在這一種狀態當中。

什麼叫「苦」？你把「所處的世界」與「想要的世界」都當成真，就是痛苦的開始，喜厭任何一個世界都是苦，你的意識要不偏倚地站在兩個世界的中間。

什麼是富足呢？是你看到另外一個你想要的世界，但是你不會認為那就是真的世界，你依然知道有兩個不同的世界。用更高層次的意識去思考、去處理這兩個世界的問題，當你站在更高的位置去看兩個世界時，你的思維就更不一樣。

就好像有個人站在天空中，當他看著地面所有一切的苦難，他不會感到痛苦，因他看到的就只是世間的一部份。

所以你問我金錢如何消除業力？我說了，如果金錢讓你把這個世界更當真，你就會開始痛苦了。如果你花了金錢是讓你的富足感產生，你的苦便不會一直增加，如同不斷地減少湖面的波紋漣漪，經過不斷地修持，此人的心不再受苦。

貪婪與慾望會佔滿你的心，誤將眼前的世界視為真實，最終導致一條靈魂將世間視為真實而無法跳脫。金錢的目的是用來化解業力，以智慧來使用金錢，便能以洞見破除輪迴。

無極瑤池金母

靈修富足諦語

- 靈魂最初的本質是「靜」。
- 業力不斷產生時，靈魂意識就很難再萌起離開世間、斷輪迴的思維。
- 害怕跟別人不一樣時，業力就會越來越多。
- 你在干擾別人的生命，你也在干擾你自己的生命。
- 金錢的目的是：你必須要懂得用錢讓自己的波紋減少。
- 打開專屬你金山銀礦的鑰匙，是先回到你內心的基本需求。
- 金錢讓你把這個世界當得更真時，你就開始痛苦了。
- 花了金錢讓你的富足感產生，苦就不會一直增加。

以下的圖是我向無極瑤池金母請示此道靈訊時所感知的畫面，也是我在觀察一條靈魂業力時所呈現的靈視圖。身體四周散發出一條又一條類似白煙的物質是氣場，它與業力習習相關，思維、情緒、能量等皆是構成業力的一部份。

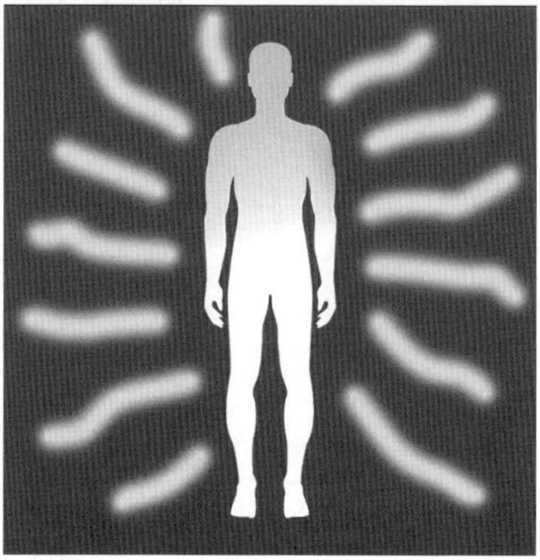

在我的經驗中，財運不佳、靈性貧瘠的靈魂所呈現的氣場幾乎都是厚重、黏濁、雜亂，無一例外，這樣的氣場也就是你常常聽到的：業障深厚。靈性能量如此混沌的人，在與人溝通上往往有一種明顯特徵：鬼擋牆，會非常容易困在某個思維裡出不來，不論你費盡多少喉舌依然進不了他的心靈世界，外人所說的話老是被他解讀成另一種版本。另一個特徵是，生活中永遠有解決不完的問題，靈魂就像被藤蔓死死纏繞住一般——一下被騙錢、倒會錢，一下又與公司主管、同事相處不融洽，對工作內容抱怨連連，勸他離職又總有不願（敢）離職的好理由（藉口），永遠找不到符合心目中的好工作；在感情中，不是被劈腿就是爛桃花不斷，當你給予一些衷心建議時，他們又往往有上百條理由告訴你：沒辦法。相信你或多或少遇過這樣的人，對於靈魂積累惡業甚深的人❻，就算是神明降乩也難以消除那一道又一道的惡業濃煙。意識深陷在貧困心靈太久，往往是因爲生命少了流動性，處在低頻能量的狀態會嚴重導致金錢留不住而流向其他地方，有時是車子壞了、家人突然急需用錢、借錢出去卻討不回來、突然間冒出好幾筆錢需要支付……等等，最終都無法自主性地將錢用於增長靈性的富足頻率。要讓這樣的人瞬間跳離貧窮魔掌的最直接方法，就是用錢來切割干擾其靈性富足的業力。

打破金錢的慣性時，
即已改寫未來的命運。

有時遇到這樣的人來請示無極瑤池金母問題時，無極瑤池金母會告訴我，他們的靈魂意識尚未覺醒，要等時機成熟後，他們才會意識到問題的癥結點並不在問題本身，而是他們處理與看待事情的角度。有時，無極瑤池金母也會依照每一位個案的業力與累世因緣，指示他們去做一些事情，例如：每個月去投資股票，兩年內都不要賣；今年努力買一間房子，不論房子的大小；要是想要換房卻遲遲下不了決定、又遭逢工作不順時，無極瑤池金母會跟他說：「先將你的房子賣了，再來問下一步。」無極瑤池金母也曾跟一些習氣較重、跳脫不了生活舒適圈的人

❻這裡的惡是指偏頗的態度與觀念。

說：「想要改變命運？今年先安排幾趟旅行，回來再問下一步。」無極瑤池金母的說法常常令個案摸不著頭緒，但祂所說的每一句話背後都隱含著非常深厚的用意。有一次，我終於按捺不住心中的疑問向祂詢問，解決問題的方法要用錢？他們的問題爲什麼要繞這麼一大圈呢？

無極瑤池金母此時才向我宣說道：「**金錢與人的意志有很大的關係，人們此生最在意的是金錢，越是被心性綑綁的人，越是捨不得花費金錢，心性即是命運也是業力，徹底打破他們慣用金錢的方式，便是敲碎他們的業力。**」

多年下來，我從這麼多來請示無極瑤池金母的人身上觀察到，確實有依照無極瑤池金母指示而做的人[7]，原本全身周圍充斥一條又一條混沌的能量場就會清明許多。但無奈的是，大部份的人都不太會去做，他們仍想選擇走捷徑，相信祭改、喝符水或是點靈認主。

心靈貧瘠的人，在生活中不會馬上金錢匱乏，但是心靈狀態最終會與生活處於相對等的頻率，可能是三年或十年後，依照每一個人今世的福報與修持不同，發生的時間點也就不同。

我見過許多人的生活並非處於眞正的貧窮，但他們似乎永遠在擔心終有一日會貧窮到四處向人借錢才能過活。我也見過一些在金錢財富方面屬於社會中上階層的人，但他們非常「吝嗇」花錢，只要多花一點錢就像在割他們的肉一樣，甚至對待自己與家人也是如此。

他們都有一個共同特徵，就是非常容易怨天尤人，只要發生一點點不順心的事就像天塌下來般嚴重。我相信這類型的人你應該也看過不少，「**有一種無明的狀態，人的內心或多或少**

都會出現無明的不安狀態，害怕跟別人不一樣、害怕沒有大家都有的東西，所以波紋越來越多，身上已經有太多的波紋。」全球有大量的人處於這樣的頻率當中而不自知，主要的原因出在人們不信任自己太久了，從小便活在別人的意識世界中。有趣的是，我們所接受到的世界大多是被包裝且不眞實的。無極瑤池金母曾經告訴我：

你眼前所見到的每一個人，都是隨著他們業力在生活，你所見的只是他們的業力，是片面、零散的意識，不是完整的人。

回到我們自己身上不也是如此嗎？社群媒體上並不是眞實的。上頭只有帳號不是人，離眞正的生活還有一大段距離，沒有作爲的人是完美的，一旦有所行動便呈現二元性的某一面向，這也是無極瑤池金母此段靈訊所教導的富足概念：

保持一顆清明的心、不受所處世間的干擾，也不受另一個世界的影響，他的心會分離，他的意識會在兩個世間的中間……如此的心境即是「富足」。

❼無極瑤池金母的指示不一定是花錢，有時是每日多喝水促進身體代謝。

人們不可能沒有行動，只要平靜、如實地觀照心的起伏與世界脈動，便是涅槃，也是富足。

要將生活轉向為全然地自我意識，是相當大的挑戰。想一想，我們真的想要依心而活嗎？怨天尤人、憤世嫉俗是因為我們認同外在世界、否定了自己。對我來說，苦與貧窮都是相同的意義，都是靈魂正處於匱乏的意識，「什麼叫『苦』？你把『所處的世界』與『想要的世界』都當成真，就是痛苦的開始，喜厭任何一個世界都是苦，你的意識要不偏倚地站在兩個世界的中間。」保持覺知是維持意識平衡的方法，覺知會適時地中止過度自憐自艾的心，也會將過度關注外界事物的力量拉回內在，「就在這兩者之間，不偏不倚，不墜落任何一方，這就是富足。」

對我來說，如何在金錢、生活與靈性之間取得和諧的平衡感是一輩子的課題。由於我二十多年來在靈修上的訓練，非常容易從一個人身上看見這三者是否維持在穩定的水平上。讓自己學習以金錢來解決生活的不便以及化解心中的焦慮，我相信是每一個人應該學習的目標。

在此段靈訊中值得注意的是，無極瑤池金母以一位孩童的視野教導我們富足的心法。許多寓言故事都會以孩童為主人翁，人們眼中的孩童對世界的貢獻微不足道，但孩童象徵著不畏懼未來、包容一切的未知，孩童也意味著真誠、無私、希望，這些都是靈魂在成長過程中逐漸失去的原始創造力，也正是未來協助靈魂走入合一的人格；未進入青春期的孩童有著男性與女性的特質，靈魂尚未被分化為男性的陽性、積極、勇猛、剛強的能量，以及女性的陰柔、智慧、內斂、包容，是在整合與對立的界線之上。

無極瑤池金母以孩童來做這一段的譬喻，是在提醒我們，意識層無時無刻要處於中立的視野角度，**保持一顆清明的心、不受所處世間的干擾，也不受另一個他所看見的世界影響。**

太在意苦是危險的，
懂得讓生活輕鬆一點，
生命會走出一條康莊大道。

人之所以苦，是因我們太將目前的生活當眞，不論此時的生活是富裕還是貧窮，**把現在所處世間與達不到的世界都當成真的了，討厭或想要任何一個都是苦**，將所處的環境、所發生的一切事物皆「當眞」，就會產生苦的心境。孩童也是靈魂走入圓滿個體化的象徵意涵，以這一段靈訊來說，無極瑤池金母傳遞的重要訊息是：

生而爲人希望不可滅，
希望的力量將帶我們走出此刻的世界，
不論是否會達到，
終將不可斷除人本就具有的希望力量。

＊＊＊

仁傑是一位三十多歲已婚的上班族❽，他預約了宇色靈性美學工坊的線上占卜❾，他想了解該如何轉運、開運、增加財富，他說這麼多年來被房貸、車貸和一些貸款壓得非常痛苦，生活是還過得去，但一想到負債這麼多就喘不過氣來！他在「我在人間——宇色」的臉書粉專上看過不少占卜解惑的個案實例，他想了解該如何轉運、開運、增加財富，希望幫助他指點迷津化解心中的苦。

占卜牌面明確地顯示個案的未來財富意識流每況愈下，給予適切建議的牌面位置卻是出現諸事大吉的好牌。如此違和的牌面，顯示出仁傑在

處理金錢上隱藏著外人所不知的貧窮心理，才會導致如此的結果。

不要鄙視靈魂裡的惡魔，
它是顯現物質的力量，
去除掉貪婪，
邪惡將得以轉化進入精神層面。

XV惡魔牌，顯示了他的靈魂意識正在經歷如何看穿物質世界、進而顯現靈性的美麗光輝。被動的土元素XV惡魔，卻也隱藏著一股待爆發、陽性、侵略性的力量。XV惡魔也是精神與物質的交融試煉場，是一個前意識與潛意識生命交會的場域。

從個體化的英雄之旅來解釋仁傑此時的生命歷程，生命課題走入XV惡魔的他，必須學習臣服生命韻律與降伏慾望魔性的雙重性。靈魂的變動性讓生命不停地轉動，位處於生命高峰應體悟收斂與謙卑，墜落低谷時則依舊怡然自得。魔鬼醜陋猙獰，但卻可以滿足人性的物慾渴求；

❽為顧及個案隱私，此為化名。
❾塔羅牌線上占卜，均由我親自訓練後挑選合格之占卜師進行占卜。

天使與魔鬼均隱藏在人性之中，不能厭喜選擇單一面。統攝靈魂善與惡、解脫與貪求、精神與物質的兩面本質，是靈魂轉世的必經之路。人類意識裡每天都在上演著天、龍、夜叉、乾闥婆、阿修羅、迦樓羅、緊那羅、摩睺羅伽、人、非人等龍爭虎鬥的戲碼，哪一界勝出就端看我們如何對治當下的心。

仁傑的占卜牌面破解了他一生靈性貧窮的密碼，此時的他尚未眞正地領悟到物質金錢、心靈富足與生命品質三者平衡的關係，忽略任何一方都將導致生活崩塌瓦解。

所有的事情都可以有不同的詮釋，
只要站的角度不是讓自己痛苦，
所有問題都會在當下迎刃而解。

從金錢能量的角度來看待財富，有房貸與貸款並不代表貧窮，貸款考驗著我們對生命的承擔力，全球哪一個大企業家、創業家沒有貸款？我並非指人生一定要貸款，應該反向思考的是，當初貸款的目的是爲了讓未來生活有更好的品質，只要每月金錢流能維持在償還的水平上，何不將專注力放在「提前享受」的快樂，而不是去放大「當初選擇」後的痛苦感受呢？這無關乎金錢，而是選擇後的心態問題。

＊＊＊

我們身陷痛苦時，不可能對未來有美好的想像。人們必須「願意」靜下來、傾聽靈魂的聲音，嶄新的觀點與態度才能創造心靈轉圜的空間。不論仁傑或是其他正處於貧困的人，在每一世中都必須去化解對金錢的莫名恐懼，也唯有克服金錢對靈魂本質的干擾，才能淨化心靈進入更高層次的意識層。**「你要看清你所處的世界，以及看到那一個你想要達到的世界，若你的腦袋將它們分化成兩個世界，你的心也就會跟著抽離；從現實與夢想中抽離的意識會產生一種富足感，感受不到苦。」**此境界聽起來非常不可思議，似乎已經進入到非常人的心境，其實，不用想得太遙不可及，此境界即隱喻著「冥想」的意識狀態，修練冥想最終的目的，即是不著墨於虛幻與現實兩者之間。

長期修練冥想，你的靈魂意識會更加富有彈性，意識會自由地穿梭在虛幻與現實之間，你的心不再被生活所引發的種種不順所影響，你的意識也不會陷入冥想的虛幻當中，你的心會抽離生活與虛幻之間，此時，隱藏在靈魂意識裡的富足感會乍現而出，心不再對苦作出強烈的反應，即是富足。

過多的恐懼、不安、害怕與沒有安全感，勢必要與寧靜、安住、恬淡做適當地調和。接受並且承擔金錢所帶來的壓力，便已經在利用它消除業力。

不懂得心靈富足的財富心法，生命最終會走入經濟困頓的窘境，這是無極瑤池金母在這一段靈訊中不斷提醒的重要訊息。

夢想會將我們的視野無限延伸擴大，會促使我們邁出探索未知世間的第一步，就是走出被自我意識侷限的生命格局。重要的是，你的心必須保持清明輕盈，優雅地處在夢想世界與現實生活之間，富足的意識會從這兩者之間冒出來，過於執取一方都是苦，也就無法了解如何以更高的意識層看清世界的眞相。

冥想，是強而有力的武器，受到恐懼與焦慮的威脅時，拿出它來捍衛自己。

靈性修練者不斷地向內在探索，剷除遮蔽意識光明的陰翳，挖掘埋藏於靈魂深處的富足寶藏。而要進入更高層次與站在更高的意識層，最快速且有效的方法是「冥想」。每日十分鐘讓意識在冥想空間沉澱，冥想的力量像是強大的濾波器，過濾出對應靈魂寧靜本質的意識。瞬間意識會進入到更高層次的意識層，便會發現自己與所處的環境是多麼截然不同。我們依然會繼續過著日子，意識會觸及到更多的事物，生命更具廣度與深度。冥想，是培養意識不著墨眼前任何一個世界的訓練，在如此的訓練之下，生命會吸引一些足以鬆動僵固意識的事物，例如：一本書、一句話、一個人、一首歌……，你不再與大量消耗並吸收你靈魂能量、處於低頻意識的人為伍，小人、爛桃花、衰事、厄運……，糾纏你甚久的煩惱會遠離你，而你看待與處理事物的方式將有所不同。轉眼瞬間，我們會告別舊有的生活型態。如果你眞的不知道該如何冥想，最簡單且便利的方法是每日清晨給自己十分鐘放空獨處的時間，廁所或許是不錯的選擇，坐在浴缸邊緣發呆、緩慢地梳洗儀容、坐在馬桶上靜思……，形式不要太拘謹，放空是跟自己對話，有許多思想家、科學家與哲學家都是在廁所找到靈感。

以意識悠遊夢想與現實之間，便會激發出靈魂的富足意識。

斷除苦的心境，富足由此萌芽。

當我們嘗試暫時捨下世俗張貼在我們身上的有色標籤，回歸到「不受所處世間的干擾，也不受另一個世界的影響。」意味著我們正邁向富足之路。從今天起，別再用「我只能這樣過人生」來催眠自己，勇敢去規劃想要或想望的人生吧！

靈修富足心法修持

進入更高層次與站在更高的意識層

每日清晨給自己十分鐘放空獨處的時間，廁所或許是不錯的選擇，坐在浴缸邊緣發呆、緩慢地梳洗儀容、坐在馬桶上靜思⋯⋯。

〈第二篇〉

一語道破拜神靈致富的運轉祕密

7 拜財神爺、土地公可以改變我們今生的財運，讓我們致富嗎？

在台灣，財神廟宇應該可以列入香火最鼎盛的前幾名，每到過年期間，主尊與財有關的廟宇必是大排長龍。我們都非常相信財神爺、土地公可以賜財、讓我們更有錢。瑤池金母說「今生財富是註定的」，但也有人拜了與財有關的神明，確實變得更有錢，這是怎麼一回事？我們該如何來看待「拜財神求財」呢？

無極瑤池金母　如是說

每一尊神明是獨立的能量場域，彼此之間無關連，卻又融合為一體。

你可以假想生存在人世間三種極端身份的人——

一生為錢苦惱，在工作上毫無成就的窮忙上班族。

自小在優渥環境長大的音樂家。

靠天吃飯、努力工作賺取微薄收入的農夫。

這三種人的世界完全不一樣，我所謂的不一樣並非他們的生活不會有交集，而是他們的世界建構在各自的思維當中、他們從各自的思維看待這個世界。你聽得懂我之前跟你解釋過的「泡泡」說嗎？每個人就在自己的泡泡（意識）裡面長大，泡泡就是一個人的世界觀，也是他看待世界的全部。

靈修與今生命運的關係是什麼？靈修的目的就是要讓你的泡泡（意識世界）變得更多元，而不是只用一種方式在過生命，這是我一直在強調的❶。現在很多修行人無法突破的障礙是：我只要在我的泡泡裡面長大、我不想要改變，但是我卻希望得到我想要的——這是非常奇怪的思維❷。

回到你的問題，拜財神爺與土地公可以增加財富嗎？

❶此時我聯想到某些修行人執著於某種宗教觀，是否也算是以一種方式在過活？無極瑤池金母馬上解析我心中的疑問。

❷意指未經實證、一味地相信某一教派的信仰教條，也不願意去思考與研究其他信仰的觀念。

你拿一塊布去染色，我相信你一定會說，布可以染出跟染缸裡面一樣的顏色。但問題是，你拿去染的布必須是乾淨潔白的啊，如果不是如此，布的顏色只會越來越髒，不是嗎？我這樣解釋，你大概聽得懂我在講什麼了。如果你的心是平靜的，就像你要把一塊布放進去染缸，你得先讓自己的那一塊布（心）變得純淨，你要先漂白它；如果你不先漂白它，如何讓染缸裡有顏色的水，去改變你布的顏色呢？這是不可能的事情，你有聽懂我在講什麼嗎？

在這裡我向你透露一個靈界真相——

每一尊神明都是一個獨立的能量場域，靈界數以萬計的神靈，就像是無數個獨立泡泡飄浮在異度空間裡。

你要進到這尊神明的場域裡，讓神明的場域能量去改變你的泡泡（意識）。要領是：你的心要平靜。如果你有很多的慾望妄念，想要這個、不想做那個⋯⋯，就只是把自己的世界框得更緊而已。不要說借助別人的力量來改變你的生命，你連自己都走不出自己的泡泡了，別人又如何能改變你呢？

我想明確地告訴你，神明不會去改變任何一個人，你一定要記住：所有的神明都不會去改變任何一個人。如果有哪一尊神明有想要改變任何一個人的念頭，祂便不是神明。雖然有很多人來敬拜我，但是我也沒有改變任何一個人；不是不可以，而是這麼做有違宇宙運行法則。我只能看著你要做什麼，如此而已。

沒有任何一尊神明會去改變你，你要做的就是讓心純淨沒有妄念，如此一來，拜神就如同進入神明的場域中，你就會跟祂們一樣。這不是改變，這是自然而然發生的事情。

你在一個世界待久了，就會被薰染成那個世界的人，這是宇宙運轉之下的定律，人的靈魂本質本來就很容易被改變❸。但是，有很多很多人的思維太僵固，累世習氣真的太深了，靈魂意識沒有辦法一下子改變得那麼多、無法轉動得那麼快速。你想想，像這樣子的人，就算今生命格所帶財富多如金山銀礦，但是每天不斷地喊著「貧窮、貧窮、貧窮……，我缺那個、想要這個，這不是我想要的、這才是我想要的……。」當心裡不斷重複這些時，思維會因此變得更富足嗎？答案是不會的！「妄念」會將你與富足天命完全拉開。

拜財神爺和土地公真的可以讓一個人變得更有錢嗎？

還是要回到修行去思考。修行主要是為了改變你的世界觀，幫助你將你的

---

❸關於靈魂的特徵請參閱《請問輪迴》Q6〈人往生之後會變成鬼，鬼又跟人長得很像，那麼，一開始的靈魂又像是什麼呢？〉

「泡泡」變得更多元，能完全衝破你原來的泡泡，這是修行的終極目的。不要用你的泡泡（世界）去框住任何一件事情、一個人，或是任何一件你想要的東西，那是不可能的事情。

請問無極瑤池金母，祢的解說是不是可以這麼理解：拜財神爺與土地公是可以獲得與祂們一樣的富足願力，但是，首先的條件是，必須願意自我調整、也必須要先自我調整，也就是讓「布」（心）漂白，我們便能夠進入祂們富足的世界，進而改變我們原本貧瘠的心靈世界觀，亦即自助而得天助❹。因此，拜財神想要有錢，還是得先掌握住修行的心法要領，對嗎❺？

❹真正了解自助而得天助，才能在拜拜時與神明願力相應，請參閱《靈驗！我在人間看見拜拜背後的祕密》【肆】人不自助，神佛如何助你？

❺這裡我再次向無極瑤池金母提問，是希望為正在閱讀的你釐清與整理無極瑤池金母前面所教導的觀念。

很多人會說，拜財神後變得更有錢，其實，這一些因拜拜而變得有錢的人，內心真正相信的並不是財神爺，是自己。誠如我方才所說的，神明不會想要改變任何一個人，也不可能違背因果擅自去改變一個人的命運。拜財神爺能不能更有錢？要先回到這個問題：是財神爺幫了他？還是他認為他有一天真的可以更有錢，命中是可以有錢的，所以他的心讓他的未來變得更有錢了？你要記得一句話：進入染缸之前，布必須是乾淨潔白的，這一塊布才能染得漂亮。

拜拜時先力求心的淨空，才能相應財神爺的財富願力。

如果這個人在要去拜財神爺之前，把心平靜下來，沒有那麼多的妄為與想要，對自己的生命不做任何的預設，內心沒有恐懼跟不安，連一點點的焦慮都沒有……，當他走到財神爺的面前時，心裡依然保持平靜，不會想東想西，那麼他的靈魂（能量場）會在瞬間打開，屬於他今生的金山銀礦就會開啟，就是這麼簡單而已。在財神爺的願力與此人的靈魂意識產生相同頻率的共振之下，未來不久，他的思維就會改變。你說這一個人以後會不會變得更有錢呢？

我剛才有說了，神明不會想要改變任何一個人，財神爺當然也不可能例外。因此你要知道的是，真正讓人們有錢並不是財神爺，而是要先堅信命中是可以有錢的，在拜財神爺後，對自己的信心就會相應到財神爺（領域）的能量，從而改善了未來的財運。

如果你真要問我，「拜財神爺跟土地公能不能夠增加財富？」很多東西都是人的靈魂自我幻化出來的，神明不會想改變任何人，不會！絕對不會發生[6]。

無極瑤池金母

靈修富足諦語

- 每一尊神明都是一個能量場域。
- 相應神明能量的來源是對自己的信心，如此才能改善未來命運。
- 進到神明的場域、讓神明的場域改變你的世界，要領是：心要平靜。
- 靈修的目的是要讓你的世界變得更多元，而不是只用一種方式過生命。
- 神明不會改變任何一個人，除非你先讓心純淨沒有妄念。
- 拜財神時心裡保持平靜，靈魂（能量場）會在瞬間打開，屬於今生的金山銀礦就會開啟。
- 世間很多事物都是人的靈魂自我幻化出來的。

乍看之下，這一段靈訊開頭以三種在世間完全不同的身份來切入主題，你一定會搞不懂這與「拜財神爺、土地公可以改變我們今生的財運，讓我們致富嗎？」有什麼關係？

靈訊中提到窮忙上班族、音樂家與農夫，分別代表了社會金字塔的三個階級：中產階級、富人與窮人，這三者的背景、歷練、交友圈、生命經驗是迥然不同，在生活與思維上甚難有所交集。

要如何做，才能讓這三種人看見彼此的存在而有所交集呢？

該如何做，才能夠讓自己的意識世界拓展到不同層次呢？

要想從不同身份的人身上得到寶貴的經驗，彼此的意識需要有所交流與疊加。窮忙上班族、音樂家與農夫各自處於不同意識層的泡泡世界：窮忙上班族不會有餘力去了解其他世界的人在做什麼，音樂家從小完全濡染在音符與旋律的環境中，農夫與四季的律動有著更深的連結；這三者完全不同的生命經驗，很難交織出柔和細滑的綾羅綢緞。但是，對於彼此生命歷程有著濃厚的好奇心時，便能填補這一道心靈鴻溝，在靈魂意識間搭起橋樑。

這些「不同特質的泡泡」，必須以好奇心與歸零的姿態，方能進入彼此的意識空間場域，

---

❻關於無極瑤池金母說明神靈相應的拜拜心法，請參閱《靈驗2．我在人間發現拜拜真正的力量：穿透人心與靈界的求神祕辛》與《靈驗！我在人間看見拜拜背後的祕密》。

看見世界的另一個新樣貌，只要有意願去做，就能改變原本的世界觀；因靈魂具有反射、複製、模仿的特質，所以我們能吸取彼此生命的寶貴精華。窮忙上班族的靈魂能從音樂家的意識場中體悟到美的事物，美的光輝必會從窮忙上班族心裡的苦境綻放出來；音樂家會從農夫對四季與星象的敏感度中，調整其靈魂音符，如此一來，音樂家的世界也有了無限的拓展；農夫則能從另外兩者身上看見了世界不同的層次。

美與醜、富與窮，皆不損傷任何一條靈魂的完整性，他們三者或許依然會以原來的身份度過此生，但他們的心靈世界已經被賦予全新的力量，靈魂意識也將更富有彈性。

每個人只能過自己的生活，
但是看見了其他可能性後，
他的內在從此有了不同的樣貌。

我的體證令我越來越相信，人與人的意識是可以交流的，它完全跨越身份、職業、性別的界線，去除這一層限制，從彼此的世界觀汲取養份是有可能的。否則，你如何解釋人可以透過互相學習與模仿，讓生活有更美好的改變。人的意識當然也可以與神融合為一，不然我又是如何來完成這本書的。

當你打開意識與世界交流時，
所有意想不到的事情都會隨之而來。

先來談談人該如何開啓意識空間與他人進行融合。關於這部份我必須從我另一個背景——心理諮商，來談起。在我攻讀生死教育與諮商研究所時，我學會了連通人與人心理鴻溝的溝通技巧——歸零，簡單來說，就是讓他人有更多表達空間。在學習諮商技巧時，最常使用的語言是：「可以多說一點嗎？」「你所講的這部份我很有興趣！」「你這麼做的感覺是什麼？」這一開始是有困難的，但也不會很難，主要是心態上的調整，從「我要告訴你怎麼做比較好」轉變成「我想聽你多說一點」，如此而已。

不論我是站在靈修的角度，還是爲人做生命與修行上的諮詢立場，我發現到，因爲對他人生命探索的好奇心，而卸下成見與歸零，得以進入不同的生命故事，才能打破自身所設下的泡泡層。

「好奇與歸零」有助於幫我們去探索自身之外的世界，其中還有一個非常重要的潤滑劑：靜心等待，這是我初學諮商時所體悟到的心法，只要讓「靜心」多多現身，很神奇的是，你會更加容易看見他人心靈的世界，這也就是無極瑤池金母在此段靈訊所教導的觀念——

如果你的心是平靜的，就像你要把一塊布放進去染缸，你得先讓自己的那一塊布（心）變得純淨，你要先漂白它。

為什麼人與人的意識要交流？

當一條靈魂一生在看待與處理事物的方式，皆抱持一己之見、固執、不懂變通、完全以同一種態度與價值觀（意識）度過此生時，靈魂意識終有一世必會火滅煙消❼，當一個人的意識完全失去對生命探索的熱忱，就如同失去根的花朵終將在世界枯萎。「好奇心」如同是自身所處的泡泡與其他泡泡的連結渠道，是幫助我們去認識不同靈魂意識以及世界的利器。這是在《請問輪迴》中無極瑤池金母再三地提醒我們的靈魂轉世觀點。藉由他人的生命歷程協助我們探索內在，是改變價值觀最直接的方法之一。

靜心與合一，
同時來臨。

當一條靈魂意識更具有彈性地活在世間時，也一定能夠悠遊於不同的泡泡世界當中。就好像當你心中不帶成見與恐懼時，在任何場所皆能與每一個人自由地暢談；反之，則是在心靈世界築起高壘深溝，如此，怎麼會與他人有心靈上的交流呢？因此，**將心歸零、對世間萬物抱持探索的好奇心**，有助於清除積累在靈識上過多的習氣，讓我們的心重新對焦在視而未見的事物上。放下自我的成見、身份、社會標籤，才能讓靈魂意識獲得更大的自由，與其他靈魂的意識空間進行交流。

靜默，

與神祇靈識交感合一的語言。

從人的角度向上延伸到神靈世界時，該如何從人的意識進入神靈的泡泡世界呢？

想要獲取神明的庇佑，你必須先與祂們的泡泡世界（願力）相融在一起，如此才能獲得祂們的力量；反過來說，如果你的心與人都已經欠缺流暢的交流，又豈能進入到神祇的世界呢？兩者都是相同的道理。這就是爲什麼無極瑤池金母沒有從主題破題，而是從人的角度開始談起的緣故。

❼請參閱《請問輪迴》。

簡言之，你的意識（泡泡）必須先訓練到開放且富有彈性，其信仰力便能與神明的願力調和一致。無極瑤池金母在前面從三種不同身份的譬喻爲開頭，帶領我們的意識穿越了一大片的想像叢林，揭露靈界的另一個眞相是——「每一尊神明就是一個獨立的能量場域，靈界數以萬計的神靈，就像是無數個獨立泡泡飄浮在異度空間裡。」

祂要闡明的重點是，人與人之間的交流、人與神之間的交感皆相同，皆必須先靜心等待、開放意識，放下成見慾望。無極瑤池金母教導我們的是，不要一味地膜拜神明，改變自己的生命必須先打破自我生命的侷限，並與宏觀的世界有所交流，重新建立與連繫不同的世界觀。

如果你這一條靈魂在投胎轉世到人世間時，命中註定沒有億萬資產、千萬豪宅與百萬名車，也無須爲此氣餒，無極瑤池金母已經爲我們開示了另一個與神明相應的靈修富足心法——

……把心平靜下來，沒有那麼多的妄為與想要，對自己的生命不做任何的預設，內心沒有恐懼跟不安，一點點的焦慮都沒有……，走到財神爺的面前時，心裡依然保持平靜，不會想東想西，靈魂（能量場）會在瞬間打開，屬於今生的金山銀礦就會開啟，就是這麼簡單而已……。

如果你堅信某一種信念，
你將得到「它」，
如果你堅信一尊神明，
你的生命將獲得更巨大的改變。

想要與財神爺、土地公與五路財神的願力相應，以挖掘此生尚未被開墾的財富寶藏，就要在膜拜財神爺與土地公時，心裡保持平靜無所求，清出靈魂一部份的意識空間（如同染布前先將布漂白至無瑕，放置在染缸裡才能浸染水中的顏色），省略這一道心靈漂染工續便無法與祂們有所相應。在神明前不思考，在不思考的當下已具備富足。無極瑤池金母說：**「不要想東想西、求東求西。」**妄求只是將我們推離神明到更遠的地方，那一刻的寧靜便會瞬間帶領我們的意識進入財神爺、土地公的泡泡中，尚未被開發的金山銀礦（財富能量）就會開啟。

拜神最重要的是連結仙佛的願力，只要我們靈魂的意識能夠進入祂們的場域，久而久之我們所居住的泡泡（意識）會逐漸被財神爺、土地公的財富泡泡所薰染，這就是無極瑤池金母所說的：

如果你真的要問我，

拜財神爺跟土地公到底能不能夠增加財富，

很多東西都是人的靈魂自我幻化出來的。

我想告訴你，靈魂意識是一項利器，如何操控它是一門藝術。除非你有眞正見識過它幻化的威力，否則你無法眞正相信你眞的擁有它。當你嘗試過在神明面前靜靜地什麼事都不做時，感受你的意識與祂們的相應變化，你會相信你在當下已經握有翻轉生命的力量，你不再害怕未來。只要一次就會知道該如何運用了。如果你想問我，是否眞有財神爺的存在？這答案是肯定的。

靈修富足心法修持

與神靈願力相應開啓財庫

去拜財神爺之前，把心平靜下來，沒有那麼多的妄為與想要，對自己的生命不做任何的預設，內心沒有恐懼跟不安，連一點點的焦慮都沒有……，心裡依然保持平靜，不會想東想西，靈魂（能量場）會在瞬間打開，屬於今生的金山銀礦就會開啓。

8 坊間有補財庫的術法，這些儀式真的可以增加今生的財運嗎？

台灣的佛教、道教都有增加今生財富的轉運方法，甚至坊間的身心靈課程也有啓發潛意識來創造金錢財富的課程。請問無極瑤池金母，透過這類課程的教導與招財致富的儀式，眞的能夠讓一個人從貧窮深淵輕而易舉地攀爬到富足高峰嗎？我們要如何從開運招財儀式與課程中，獲得一點脫貧力量呢？

無極瑤池金母 如是說

象徵符號，是讓我們認識世界最快速的方法。

古代的人會用很多的象徵跟譬喻來形容一個人的命運，包含你們命理常常說的星宿、占星等等。就像你問我的「補財庫」，也是古人以具體形象描繪出一個人此生財運的象徵符號。

你可以把無形的「財運」想像成世界上許多的東西，你可以用任何方式、任何你能理解的東西來譬喻這輩子的財富，不一定要用「財庫」。比方說我前面說的金山銀礦、或者是像你現在問到的「財庫」，都是讓我們快速了解今生財富的方法，讓我們清楚明瞭這輩子到底能夠賺多少錢，以及我們有沒有錢。

打開財庫的方法是什麼？在好奇補財庫到底對財運有沒有幫助之前，並沒有人思考打開財庫的方法是什麼。你必須要懂得如何打開它、拿取它，而不是只想擁有它，這是兩回事。太多人只想知道該如何擁有更多的財富，卻沒有人問我該如何打開財庫。我還是要再一次向你說明，這世間有許多物質的東西，是人的靈魂意識幻化出來的，沒有例外！是人的靈魂意識幻化出來的。打開財庫、幻化財運的源頭是你的靈魂意識。

如果這樣講你可能聽不懂，我還是回到泡泡的議題。

這個人的泡泡要變成什麼顏色？要變得多大？他要讓泡泡去影響別人、還是把泡泡封閉起來不讓任何人進來？其實都在一念之間，完全由你自己的心來做決定，這也是身為人最可貴的地方。倘若一個人鎮日抱怨命運、卻不懂運用自己的意識去改變命運，或者只想改風水、改姓名、求財拜佛就希望讓命運變得更好，不知道如何運用意識的力量，只用單一意識在生活，豈不白白浪費了身而為人最寶貴的意識❶。

你要知道的是，當一個人的習氣非常重的時候，會拖累意識的運作力量，沒辦法突破泡泡，此時做任何的儀式皆無濟於事。

我來舉一個故事，假若有個拄了拐杖的人，說他能以非常快的速度跑完一百公尺，你相信嗎？你聽了絕對不會相信的，為什麼？因為他的先天條件就是問題了。那麼，你要改變的是拐杖還是他跑步的方法呢？其實都不是，你不覺得他應該要先去治病嗎？他要先去看醫生來改善腳的問題，再來解決另外一個問題嘛！對！答案就是這樣子。

所以，你問我補財庫有沒有用？

財庫這個說法，只是古人用來譬喻讓人能夠了解這輩子的財富，事實上，財庫跟你這輩子的財富一點關係都沒有。「財庫」只是一種說法，沒有真實存在於靈界中，除非你相信它；就像我前面所說的，人與財神爺的關係。你必須先相信

❶意識可以在有限的環境中創造出極富彈性的寬廣空間。

自己的力量，補財庫就能發揮效用；無形界與人的意識有著微妙的關係，就是如此不可思議，超乎你的想像。

回到最核心、也是最基本的問題，你相信你自己嗎？你的意識是堅定的嗎？這一些都決定了它對你生命的幫助。

如果這個人活在一個山洞當中，他生活所見都在這一個小小的山洞裡頭，就算他是擁有許多錢的命，但是不願走出山洞的話，那一些命中註定的錢也無法幻化，錢對他而言有什麼用呢❷？今天若有人的生活是優渥的，但是心卻活在山洞裡面、不願意去接受其他世界，那麼他手上抱著財庫又有什麼用呢？他無法用金錢創造更美好的事物❸，他的內心還是一樣貧瘠，不可能富足啊！

要用輪迴轉世來解決金錢的問題是什麼意思？

宇色，我之前不斷強調「富足跟金錢是不同的事情」，人要追求跟了解的是富足。為什麼沒有辦法富足？人歷經無數轉世輪迴的最終目的，是要修練至富足的靈魂意識。每個人在輪迴轉世中要解決的課題，是修練到擁有富足感，而不是增加對金錢與物質的慾望。

如果坊間有人告訴你，他可以讓你增加你的財庫、能夠讓你更有錢，那麼你要回頭去問他：「是哪一尊神明答應的？」沒有任何一尊神明想要改變任何一個人，這是我前面所說過的，這也是神靈與靈界運作的基本法則，不可能改變的。

所以，「補財庫」，是人的慾望呢？還是神明的貪求？這是你要想一想的。

無極瑤池金母 靈修富足諦語

- 你要先打開財庫、懂得拿取它，而不是想要先擁有它。
- 若無法突破自身的習氣，參加開運補財庫這些儀式都是無濟於事。
- 擁有金錢卻不願走出自己世界的人，靈魂依然是貧瘠匱乏。
- 富足跟金錢是不同的事情，你要體悟的是如何感受全然的富足、不受金錢束縛。

❷ 要注意的是，無極瑤池金母所譬喻的這一個人正是在閱讀此書的你，祂意喻大部份的人都躲在山洞裡，卻寄望山洞外擁有一個屬於自己的富足世界。

❸ 如仍有不解，不妨再回到〈身而為人，我們該如何看待金錢〉此篇閱讀一下。

當無極瑤池金母降下這一則靈訊時，我的腦海浮現了一則故事。

有一位從小生活在河邊的貧窮年輕人，他的祖輩三代都以捕魚維生，偶爾載運有渡河需求的村民過河，賺取微薄的渡河費，他也是如此。他雖然因爲生活圈單純，天性比一般離開村落出外工作的同齡人要純樸許多；但也因環境關係，得要比一般人付出更多的努力才能溫飽三餐。就算是如此，他依然對遙不可及的未來保持樂觀的態度，每日起床都要自我勉勵一番：「我要更努力賺錢，有一天，我一定會成爲有錢人，我會讓我的生活過得更好。」

日出而作、日落而息，太陽與月亮周期性的升落，就好像一聲聲無言的長鞭，狠狠地打在他身上，督促他不得休息。他如此賣命工作僅得到三餐溫飽，也實在沒有多餘心思和氣力去想怎麼讓生活過得更好。

日復一日、年復一年，時間的催促，已讓他對生命的熱忱消磨了大半。漸漸地，清晨的太陽對他而言是折磨，時間的轉軸彷彿是一把利刃，在他的靈魂刻下了歲月的痕跡。不論他願不願意工作，爲了三餐他還是得要努力。「我要更努力賺錢，有一天，我一定會成爲有錢人。」這句話，他已經很久不說了，夢想似乎已隨歲月流逝。每天縈繞在他腦海的信念變成了：「我怎麼這麼窮，永遠賺不了多少錢，我看別人都過得比我好。」

（看到這裡，你的心裡是否難免爲這一位年輕人打抱不平：天底下怎麼有如此不公平的事情！或許你也不禁將此故事投射到自己身上……。故事還沒結束，我們再看下去。）

某天，有一名年輕時從事擺渡工作，至今已經成家立業、生活條件相當富足的老人，剛好搭上貧窮年輕人的船要到對岸去。在閒聊過程中，老人發現年輕人和三、四十年前的他非常相像，唯一不同的是，這位年輕人內心少了一點自信和勇氣。老人和年輕人閒聊時，深知他不可能離開這裡到外地打拚，便以過來人的經驗告訴他，如果他不願離開這一條河流，就要改變做事方式，例如：重新粉刷與修整船身，如此一來不但能調整擺渡費，日後還可以在船上賣一些具當地特色的物品及食物，藉此提高每日的收入等等。年輕人聽了老人的建言連連點頭，甚至表示過一陣子會依照老人的建議去做。幾個月後，老人再次搭上年輕人的船，就是不見年輕人當時承諾要爲更好生活所做的改變。老人問起時，年輕人一下說沒有錢去做這些事情，一下又說只有一個人做不了這麼多事，老人聽了聽就沒有再接話。

（當我們來到人世間時，生命的轉軸不會將我們一直推向地獄或天堂，在不同的階段向來會有轉折，有時是一個人、一件事，甚至是看似微不足道的一句話……。）

過了幾年，有一名員外家中的長工染病回家休養，長工剛好住在河的對岸，這位員外視家中所有的僕人與工人如自己的家人，所以想專程跑一趟渡河去看看長工的情況。當他搭上年輕人的船時，有個直覺閃過：「這名年輕人既負責又認眞，非常適合將重要的工作交代給他，又剛好家中缺一名得力的長工。」員外探聽了一下年輕人的身家背景，知道他孤身一人，而員外自小也是父母早逝，靠自己的努力打拚才有一番成就，因此就順口邀約年輕人來家中擔任長工，開出的條件和福利是年輕人努力多年也得不到的。員外心裡篤定對方會答應，想不到年輕人卻婉拒了員外的邀請。他告訴員外，他從小在河邊長大，沒有見過外面的世界，不太敢離開從小生活的地方到外面闖蕩，再加上，他自認沒見過世面，擔心做不來。或許是自卑感作祟，也或許是業力牽引，不論員外如何勸說，年輕人依然不為所動。就這樣，年輕人錯過了一次翻身的機會。

（有人直接要將年輕人從苦境拉向富足的人生，也有人直接將三、四十年寶貴的經驗傳授給他，但這一切就好像將冰霧灑向火焰中，統統被年輕人堅定的信念與業力消融，起不了作用。）

再幾年過去，年輕人的生活毫無變化，唯一不同的是，歲月完完全全帶走他的熱情活力，他也已經從壯年走到了中年、直到老年。

那一日終於到來，他虛弱地躺在床上，眼皮都快睜不開來，靈魂隨著呼氣一點一滴地消逝。在他即將離開人世間時，身旁聚集了好幾位朋友，嚴格說起來，那是比他早些年離開人世間的朋友。他聽到：「無庸置疑他真的是好人，一輩子不偷不搶。」說話的是與他一同長大的朋友；接著是一生為家人打拚的鄰居：「好人有什麼用，明明這麼認真過活，到老還是孤家寡人。」還有前幾天才剛往生的里長：「上天待他不薄了，前幾年還送給他幾位貴人，可惜啊！貴人送上門卻不懂珍惜。」以及從小看他長大的廟公也說：「好命壞命都是自己造，說穿了，還不都是自己個性使然。」

聽到這裡，這名擺渡人悄悄地流下了兩行淚，這兩行淚訴說著太多的心境，他不知該埋怨自己的乖舛人生、還是要怪自己的個性？當他的意識逐漸淡掉，再也感受不到身體時，不知從何處響起這麼一句話穿過他的腦海，也似乎是這麼一句話讓他糾結的心鬆了不少：

人要追求跟了解的是富足，爲什麼你沒有辦法富足？

人歷經無數轉世最終要走上富足這個意識。

每個人在輪迴轉世中要解決的課題，是富足感、而不是對金錢的慾望。

＊＊＊

故事裡主人翁的靈魂意識是貧瘠的，如此的意識是不可能將生命轉化成更富足的生活。「聲和則響清、形正則影直」靈魂意識與行爲進入和諧一致的頻率，才能譜出和弦美樂；內心充斥著匱乏、恐懼、嫉妒、自我否認、懷疑、焦慮……等負面思維時，將擾亂生命樂章。當一條靈魂完全充滿富足意識時，必然對生命富有彈性與柔軟的適應性，在生活中面對各式各樣的際遇時，也會勇於嘗試新的挑戰。

你必須做的是，
以更輕鬆的態度接受機會。

自由的心通往富足之路，靈性的自由是走入富足不可或缺的元素之一，它也代表了對生命的負責。我相信，生命最終的目的地是富足，前提是你要學會迎面接受不同聲音所帶來的考驗。

貧窮一向伺機而動，
時時關注你的心，
富足會穩坐在你的靈魂寶座上。

「補財庫可以增加今生的財運嗎？」無極瑤池金母先言明，在靈界中並無所謂的「財庫」，古人會以某種具像化的物品譬喻生命的一切，財庫就是其中一種。財富是內在的信念與想法的幻化。一個破了洞的聚寶盆，不論可以生出多少錢，從聚寶盆口湧出的錢財勢必從洞口流出，不是嗎？因此，無極瑤池金母才說：「假若有個拄了拐杖的人，說他能以非常快的速度跑完一百公尺，你相信嗎？你聽了絕對不會相信的。為什麼？因為他的先天條件就是問題了。那麼，你要改變的是拐杖還是他跑步的方法呢？其實都不是，你不覺得他應該要先去治病嗎？」內心貧瘠的話不可能得到富足，所以需要治癒的是我們貧窮的心，如此才能創造更有錢的世界。但是世間卻有太多人是帶著貧窮的頻率去四處拜神補財庫，這豈不是緣木求魚嗎？

我們將這一則故事裡的年輕人換一個不同的信念看看，或許就有不同的結果。

＊＊＊

他不曾停止過每一天早晨的自我勉勵：「我要更努力賺錢，有一天，我一定會成為有錢人，我會讓我的生活過得更好。」每當他的心志要被困頓的生活消磨殆盡時，他改變了原本的信念，取而代之的是更聚焦的生命，他將意識完全校準了具體的生活，不論他內心相不相信：「我一定會成為有錢人，我會讓我的生活過得更好，我擁有一間屬於自己的房子和家庭，我的生活更加美好。」

當老人給他建言時，他因過往的生命經驗而百般不願意，他知道一點點的改變都要花上不少金錢，再加上只有他一個人在做事；但或許是他每日堅定的信念所致，「否定與拒絕改變」的念頭一瞬間就瓦解了。他告訴自己，反正每日生活就是如此，或許換一下方式也不錯，就算只要每天改變一點，就會比昨天好。於是他聽從了老人的建言，跟朋友、親戚借了一點錢來整頓船身。坦白說，這段借錢的日子他內心著實難受，借錢不僅等同負債，而且還不知道何年何日可以還清。還好他天生樸實，多年來吸引了不少貴人，很多人都願意無息借他，且沒有人開口催促還錢；即便如此，善良的他仍會加上微薄利息按時還款。他整頓好船身後，再提高渡河費用，慢慢地已經還清借來的每一分錢。

努力克服心性與業力，
趨善的因緣會自動靠攏過來。

當他正苦惱該如何在船上兜售東西時，恰巧借錢給他的人當中有從事小生意買賣的，也主動與他商量在他船上寄售物品，他可以在完全沒有成本壓力下賺取價差。因爲提高渡河費以及販售商品的所得，讓他還清了負債，也讓他能漸漸地縮短每日渡船工作的時間。他也在這些省下的時間裡，無意間清除了雜亂煩躁的思緒、削減了百分之八十耗費富足能量的負面思緒和精力，他的內心空出不少的空間，富足的信念得以萌芽。

當你花在外界事物的時間與精力越少，你的心會越細膩地去感知靈魂召喚的語聲。

你的心是什麼狀態，
一切必然符合你的心，

無人能夠左右，
你的心決定了一切。

有一天，聆聽到這年輕人靈魂聲音的員外，意外地出現在他的生命中。員外發現他散發著與其他渡船夫不同的氣質。前面故事背景都相同，有所不同的是，他原本是想找長工來遞補家中的職缺，當他聽完年輕人的生命故事，以及他如何依循老人的建議改變生活方式時，不知為何員外突然萌起了另一個想法：開口邀約年輕人是否考慮來家中擔任管家一職。一方面他看到年輕人細心以及努力的一面，深覺他日後是一名得力的貼身助理；另一方面他也想從年輕人的做事方式了解他的品行、人格，是否能成為未來的女婿人選。當年輕人聽到員外的邀約時，內心依然有不安，但他努力改變生活後所積累的富足意識，已在他心中透出一絲絲的希望之光，一掃害怕與不安的陰霾。年輕人告訴員外，他雖是沒有見過世面的渡船夫，但非常願意嘗試新的挑戰，就算失敗也是寶貴經歷，至少他勇於跨出二十多年來的第一步——他的靈魂意識帶領他的生命脫離了原本的生活軌道，進入員外所創造的富裕泡泡世界裡。

＊　＊　＊

當你閱讀了兩種不同結局的故事後，再閱讀以下這一句話，想必更能體會無極瑤池金母此段靈訊裡所要傳遞的富足眞諦：

> 打開財庫的方法是什麼？這世間有許多物質的東西，絕對是人的靈魂幻化出來的，沒有例外！是人的靈魂幻化出來的。

「打開」，是指開啓富足的意識，唯有先看見阻撓走向富足的態度，才能克服心性與業力，進而一點一滴建構出堅固的富足信念，進而運用如此的靈魂意識幻化出有錢又富裕的生命。我想分享一個私藏之靈魂意識幻化富足的方法，當你看見某人的生活方式是你未曾經歷過的，只要有一絲絲感到好奇，就告訴自己：

那樣過生活好像也蠻有趣的，我也想要體驗看看那是什麼樣的生活。

不用太刻意，只要覺得某人的生活是你想要嘗試的，不要拿你當下的生活去評斷達成的機率，更不要否定自己的能力，一切的改變皆是從有趣開始，當你意識到這一點時，你已經種下了富足的種子。我所講的重點是，你的心是生命的創作家，此時生活的好與壞不應干擾它，勇敢勾勒出你想要的生命藍圖。

修行，**即是在混亂的生活中修練我們的心**，**以保持優雅且和諧的穩定**。

靈修富足心法修持

延展靈魂的多元意識

看見某人的生活方式是你未曾經歷過的，只要有一絲絲感到好奇，就告訴自己：那樣過生活好像也蠻有趣的，我也想要體驗看看那是什麼樣的生活。

9 無極瑤池金母會希望金錢匱乏的人多參加補財運的宗教儀式嗎？

無極瑤池金母前面已有解釋，坊間的宗教開運儀式是不可能讓心裡充滿貪慾與對生活不滿的人擁有富足感的；但是，在眾人的心中認定金錢與一個人在物質世界的自由有很大的關係。要讓一個身處貧窮環境的人，心靈卻依然保持富足與平靜，似乎是有困難的。對於生活貧困的人來說，無極瑤池金母會建議參加增加財運的儀式嗎？

無極瑤池金母　如是說

物質世間裡的許多事物，都是靈魂的意識所幻化出來的。我所指的幻化並不是無中生有，而是，你靈魂本來就具足的世界，你應該要靠自己的修練讓它幻化出來。

一味地貪求外在力量達到想要的目的，是活在自己幻化的慾望當中，這是非常可怕的事情。上一本書在講輪迴，造成靈魂不斷身陷輪迴中的最大癥結是什麼？人活著並不是要一直在這個世界輪迴，人在人世間活著是要領悟出跳脫這個世界的方法，這個世界只是靈魂用來修練意識與體證生命的場域。不斷地在這個世界中貪求一切物質，卻不懂得運用靈魂意識幻化世界，如此只會不斷地增加慾望，永生永世將難以跳脫這一個大輪迴，這對一條靈魂來說是非常痛苦的事。

人在這一生中要去學會的人生課題是——修練靈魂的富足意識，這是我在書中透過各種角度不斷說明的重點，生而為人不是努力積存金錢數字。

我們再將思緒回到這問題上，如果你去參加「開運招財致富」儀式，最初的目的是希望儀式增加你的財富，但是最終，它會讓你對世間物質的慾望不斷地增加，那會非常可怕，因為你貪求的心會在儀式中被放大，會讓你的靈魂因承擔過多的慾望而無法跳脫輪迴。

什麼樣的人會在遊樂場中不斷玩耍而不想出來呢？就是心智不成熟的人，因為永遠沒辦法看見人世間的運作事實❶，這非常可怕。

❶指看清遊樂場非真實世界。

當你看到有人一直在遊樂場裡玩耍、玩到不願意走出來時，你可以問他：「為什麼你不出來呢？」他會告訴你：「因為我還玩不夠。」什麼樣的人會這樣呢？沒辦法成熟看待自己生命的人，就會不停地在這個世界裡打轉，而這樣的人非常多。

我以遊樂場為比喻，是因為這樣說你會比較容易懂。許多人的心都非常著迷於人世間，這是非常可怕的。在人世間對許多事情著迷的人，就跟陷入遊樂場走不出來一樣（好比著迷於遊樂場裡某一項遊樂設施），這對靈魂來說是非常可怕的。所以你問我，「生命陷入貧窮的人應不應該參加開運招財儀式？」我必須很難過地跟你講一個事實：你知道人為什麼會不斷地受苦嗎？你知道為什麼你們居住的地球，無法進入極樂充滿善的世界嗎？因為人類一直用很多的方法不讓自己離開這個世間，是自己不願跳脫輪迴離開地球，而這樣的念頭又創造出更多慾望給其他人，這是苦的開始。

「想要增加財運」本身並沒有錯，但是你要解決的是如何提升內心的富足。所謂的富足是回到內心思考，對身外之物、對世間的一切，沒有一絲絲的著迷；但是，你卻不因此而感到苦，這已經不是有錢沒錢的問題了，你必須要了解。

錢，原是為了讓你打破「世間」這個幻境的；可是，倘若這個錢不但沒讓你打破幻境、反而是讓你更費盡心思建構一成不變又堅固紮實的泡泡，那麼這樣的金錢態度就不足以留在你的生命當中。反過來說，你要在金錢中學會如何打破你的泡泡❷，學會如何回到靈魂的出處——那一條靈的狀態裡，看透世間只是一場遊戲。也就是說，如果「金錢」讓你打破了你的泡泡，則你已經透過金錢創造出另一個更高層次的生命課題了，這才是人要去學習的。

所以，你問我「如果覺得貧困，要不要去參加開運招財儀式？」我只能以一句話來提醒你，不要增加你對金錢與物質過多的貪求，人的靈魂此生應該去探求與自我領悟的課題是「富足」，絕對不是「金錢」。

❷運用金錢創造出更美好的世界。

無極瑤池金母 靈修富足諦語

- 貪求，就是一直活在自己幻化的慾望當中。
- 人在人世間活著，其實是要領悟出跳脫這個世界的方法。

- 這輩子要學會的人生課題是「富足」，而不是金錢的累積。
- 沒辦法成熟看待自己生命的人，就會不斷在這個世界裡打轉。
- 想要增加財運，要解決的是如何提升內心的富足。
- 要懂得運用錢來讓你打破「世間」這個幻境。

有一位讀者林小姐在《靈驗2．我在人間發現拜拜眞正的力量》這本書的網路書店留言板，寫下她在閱讀此書後，照著書中所教導的拜拜與心願相應法，讓她的願望一一實現的眞實評語——

「二〇一七年的最後一天，我檢視曾經許下的願望，幾乎八成以上都實現了，這一年雖不平靜但很紮實。許願是一種交託，在自己堅定的信念下，往想要的方向努力，但將結果交給更高的安排，有時候獲得的禮物讓我們失落，但得到機會重新檢視自己；有時候方向對了、時機成熟了，則會得到超乎想像的大禮。

「來年想要前往的方向，一樣是持續清理內在自我價值的匱乏，清除罪惡感，在各方面都願意毫無恐懼的享受生命的創造。也祝願大家來年都能領到自己想要的禮物。要如何增加願望實現的機會呢……。❸」

我於《我在人間之靈驗系列》兩本書中，首次揭露無極瑤池金母傳授予我之讓夢想成眞的靈修拜拜法。但在前面的問題「拜財神爺、土地公可以改變我們今生財運，讓我們致富嗎？」裡，無極瑤池金母卻是教導我們連結仙佛願力的靈修相應法：「一個人要去拜財神爺之前，把心平靜下來，沒有那麼多的妄為與想要，對自己的生命不做任何的預設，內心沒有恐懼跟不安，連一點點的焦慮都沒有……。」

富足意識的修練次第

這兩則與仙佛願力相應的拜拜心法有明顯的差別，前者是讓我們心願達成，你必須在拜拜時很清晰地了解自己的夢想輪廓，不論你相不相信夢想有一天能順利達成，仍必須勇敢畫出你心中的生命藍圖。後者則是教導我們抱持無爲心，才能進入仙佛宏大的願力世界。而在這一段靈訊中，無極瑤池金母卻又說：「你問我『如果覺得貧困，要不要去參加開運招財儀式？』不要增加你對金錢的貪求，人的靈魂此生應該去探求與自我領悟的課題是『富足』，絕對不是『金錢』。」

❸全部內容請參閱

我們應該勇於追求財富夢想，還是棄金錢如草芥、視名利爲浮雲？乍看之下這三段內容充滿了矛盾，然而從本章節一開始的靈訊中，你可以窺見無極瑤池金母已經宣說富足意識不同的修練次第。

靈魂的意識尚未覺醒時，非常容易會以價值去物化夢想：我想要有一棟五千萬的豪宅、我想要高富帥（白富美）的另一半、我一年收入要達幾百萬……等等，這樣從外界的標準來制定自己價值的想法，在靈魂意識中屬於較低層次。「在靈魂意識尚未覺醒之下，會忽略傾聽自己內在的聲音。」這是無極瑤池金母靈訊所提醒我們的。

屬於這一頻率層的靈魂意識，在生命中常會陷入某種負面頻率的情境走不出來，例如：想換工作卻有千百種無法離開的理由；想切割一段極度消耗能量的婚姻、感情，就算另一半是人人眼中的爛人，卻還是脫不了身；晚睡、嗜酒、重度吸菸者、吸毒、作息不正常等，明明知道有一些生活習慣非常不好，但還是心有餘而力不足，脫離不了這一些「癮」的掌控，導致畢生時間與精力都在追求非靈魂頻率的事物。害怕失去、對生命沒有方向感、無法將心安頓下來好好思索生命意義……，這一些是絕大部份人或多或少都會有的心理困境。

我必須要說，這些沒有好與壞、高與低之分，就只是一種生命狀態，也是靈魂覺醒前的必經之路。

在靈魂意識的修練法上，都有適合每一種靈魂意識相對應的覺醒方法。屬於這一頻率層的靈魂，或者自覺到符合以上狀況的朋友，不妨參閱《靈驗2．我在人間發現拜拜眞正的力量》裡神靈所教導的拜拜心法，看似是希望透過拜拜讓自己的願望成眞，事實上，在這本書裡仙佛所教導我們的拜拜心法，是清除靈魂累世負面印記的靈修心法。

你的心超越金錢的追求，便能看清自己的心，才能走入真正的修行。

這句話，是無極瑤池金母曾經私下傳授予我的金錢富足修練心法。這句話神奇之處在於，文字非常輕、乍看之下還充滿矛盾，但你再仔細閱讀三到五回後，會有一股莫名的回甘香甜從心裡飄散而出。無極瑤池金母說道：

金錢是你降生到人世間必然會去追求之物，金錢是一個人能力、意識、身份、地位、安全感等等所有內在與外在的顯現。當一個人停止了追求金錢、不再與之前一樣不斷地將錢積累在身上時，就已說明，他已經看穿了世間的遊戲；停止追逐金錢的那一刻，也就是靈魂甦醒了，他會捨棄向世人證明存在感的念頭，回到靈魂本位去，終有一日必回歸靈魂軌道。

懂得以智慧使用金錢解決生活所需是靈性展露的表現，因無明的恐懼不斷囤積金錢則是一種心靈的疾病。

不妨再將以下這一段靈訊相互對照，你會更加地清楚了解「金錢」在靈魂轉世中所扮演的任務：

錢，原是為了讓你打破「世間」這個幻境的；可是，倘若這個錢不但沒讓你打破幻境、反而是讓你更費盡心思建構一成不變又堅固紮實的泡泡，那麼這樣的金錢態度就不足以留在你的生命當中。反過來說，你要在金錢中學會如何打破你的泡泡，學會如何回到靈魂的出處——那一條靈的狀態裡，看透世間只是一場遊戲。也就是說，如果「金錢」讓你打破了你的泡泡，則你已經透過金錢創造出另一個更高層次的生命課題了，這才是人要去學習的。

走回內在

無極瑤池金母講的都是同一件事：走回內在。靈魂本就擁有的富足意識會創造更為美好的世界。換言之，你的靈魂意識要幻化的是「將意識轉化為生命所需要的一切」，而不是去幻化存摺裡面的數字。一棟適合自己的房子、或者價值五千萬的豪宅，你覺得在靈魂意識中哪一項較容易成眞？前者，是靈魂意識的能量頻率幻化了相對等的世界；後者，則是忽略內在聲音後所追求的數字，那是不屬於自己的泡泡世界。

金錢是流動的能量，
世界是你靈魂幻化力量的展現，
回到源頭，
決定世界的是心，沒有其他。

基於我的靈修經驗，以及我對於生命意義與存在主義的研究，我對於滿腦子塡塞金錢的人是感到可悲的。我並不是指賺取金錢是錯誤的，我做事依然會索取應有與對等的報酬，我以能量平衡的角度來看待此事。誠如我方才所說，金錢是一種流動的能量，工作、生活、意識亦是如此，取得相對等的報酬是應該的且是成立的，它是生活的一部份。你要有錢購買食物才能塡飽肚子，以錢換取汽油加滿你的車子，才能讓你去到任何想去的地方，是的，金錢就是能量換取物質的過程，一言以蔽之——以物易物。但是我的生活絕對不會以賺取金錢爲導向。還記得前文中無極瑤池金母曾對我說：

可以了，該停下你的腳步，專心於靈修，為更多有心的靈修人做一些事情❹。

那一年我在接收這一段靈訊後，便在無極瑤池金母前立誓，從此不再爲金錢工作，此生所有的心力奉獻給靈修與神祇。因爲一個念頭的轉動，意外地，我反而以更輕鬆的方式賺取金錢。如果你也這麼做，你就會跟我有一樣的體悟，你的心放在對的位置上，所做的事情符合心裡眞正想做的事情，大筆的金錢就會隨之而來，聽從靈魂的聲音便是幻化。

如果你遵循自己的路，
喜悅會回報給你相對等的能量，
隨之而來是金錢。

如果你想要走在別人的成功之道獲得財富，我勸你要放棄這個偏離你個人生命軌道的念頭，你的財富是不可能在別人的生命中出現。你須要的是安住在靈魂內傾聽它的聲音，依循自己的腳步向前走，富足之路的目標是成爲自己。這一生我做了許多冒險的事，回想起來冥冥中都有所安排。我在二十出頭歲一頭栽入靈修的世界、拿到股票前便離開大公司、當一名收入不穩定的作家、開創一間屬於自己的靈修道場。冒險之路沒有中止的一天，走自己的路卻往往與冒險劃上等號，令人興奮的是，多年後我以經驗印證了一件事——冒險不一定要走入深山險境，而是挑戰你心中的極限。事實上，我早期在抉擇每一件事前，向來希望有人在後面有力地推我一把，告訴我這麼做就是對的，只是這一個人從來沒有出現過。你要知道的是，每一項抉擇都攸關命運未來的走向，無關成敗，僅僅只有如此而已。也正因爲左右未來的抉擇毫無前例可循，所以這一條路所發生的每一件事，都在一點一滴去除掉你的恐懼並培養勇氣。當你了解到這一點，便會對這句話有深刻的體悟：**「你靈魂本來就具足的世界，你應該要靠自己的修練讓它幻化出來。」**

如果你要問我，面對抉擇時什麼樣的選擇才是對的？我無法用一種答案回應所有的問題，但是可以提供給你，做爲日後在爲生命下決策時的兩項參考：

一、不要以金錢爲選擇的考量要件，它會遮掩住你的智慧與判斷力。

二、帶有一點點焦慮與壓力的選擇是比較好的。這意味著你正準備突破舒適圈以及做出有違外界期待之事，這在他人眼中是危險的，可是如果你堅持下去，意想不到的事情便會發生。我無法保證一定是好事，但會讓你重新檢視自己的生命，重新校準屬於自己的天命之路。

---

❹ 詳見第二章。

接著，我再來教你如何化解面對抉擇時伴隨而來的不安感，下次當你面對抉擇時，請先選擇一個僻靜的環境與獨處的時間，將問題放在心頭清楚地描繪一番，你會感受到問題就像是八爪章魚般兇猛地纏住你的心頭，令你喘不過氣來，此時，閉眼、將意念全力灌入到胸部中心點心輪的位置上，並搭配深吸……止息……緩吐……，每做一回伴隨呼吸的是默念以下語句：「我是很安全的」，直到完全淡化糾結心頭的感覺，我稱這個練習爲「萬用自保法」，它可以用在所有令你感到不舒服的事件上。

以靈魂的意識去幻化你的夢想，
幻化出符合你生命相對應的美麗世界，
而不是追求金錢數字。

富足與匱乏最大的差別是金錢的流動性，以及如何妥善地運用金錢充實生活。許多靈性貧瘠的人常常患有「金錢囤積症」，用金錢的數字與資產的多寡來衡量自我與他人的價值。「如何運用金錢」比「如何累積金錢」更爲重要，若能體悟金錢對靈魂的意義來自平衡生命、心理與靈性三者之間的和諧，在使用金錢上會顯得更加地自然，也不會爲了存摺上的數字少一分與多一分而提心吊膽。你不只要懂得以更高的意識來使用金錢，同時還必須給予金錢能量通暢的流通管道，如同本文一開始，無極瑤池金母以水來譬喻金錢，當你懂得將金錢流向大眾與社會時，它的力量反而會注入內在，轉變成更有價值的富足意識，這與一個人妥善分配能量有著密切的關係。譬如說，當你關注他人的身心自由時，將錢流向於此，你所得到的回報便是靈性的自由；當你所期待的是營造更美的環境，無庸置疑，金錢力量便會綻放你靈性的美。

與神靈相應的富足意識轉化

當你真正了解並通徹了金錢與幻化這一層的道理，再回頭來看這一段靈訊：

> **一個人要去拜財神爺之前，把心平靜下來，沒有那麼多的妄為與想要，對自己的生命不做任何的預設，內心沒有恐懼跟不安，連一點點的焦慮都沒有……。**

閱讀到這一段靈訊時，你是否難免有所疑惑，要能達到心中無所求並非一件易事。有如此心境又何必去拜神呢？呼喚神靈與你靈魂同在，你必須先與祂們保持一致的共振頻率，在神靈前，把慾望、焦慮、期待、恐懼置於一旁片刻，摒除一切雜訊，將心空出一小塊空間讓祂們可以入駐，神靈的力量會將你深藏的富足意識彰顯出來，另一個層次的靈魂意識會被啓發，所回饋的事物超乎你想像之外。這個體悟來自於有一次在我自己的道場所發生之事，那一天我獨自一人面對無極瑤池金母神像，道場外頭一堆惱人之事正等待我去處理，我跪在祂的前面，請求祂給我力量與智慧來解決。看著祂，我的心頓時安住在寧靜中，我當下竟然無法將所有事情一一向祂稟明，我的焦躁與無盡的煩惱已被祂所安撫，在那樣的氛圍下，心彷彿回到了家，靈魂也找到了自己的力量。爾後，我是帶著滿滿的喜悅與富足離開了道場，我稱之為「與神靈相應的富足意識轉化」。再回首這一條路上所得到的回饋與收穫是更為豐盛。那一刻，我體證到神靈給予你的超過你所想要的，唯有你進入寧靜，方能從神靈之處得到更為富足的轉化力量。

你必須先自我修練完成此道靈性整頓程序：「**你的心超越金錢的追求，便能看清自己的心，才能走入真正的修行。**」當仙佛菩薩、聖靈降臨時，已經覺醒的靈魂意識便會與之相應，已經開啓的純淨意識會完全浸潤在仙佛聖靈的富足場域中，「**靈魂（能量場）會在那瞬間打開，那座屬於他今生的金山銀礦就會開啟，就是這麼簡單而已，未來他的思維模式會改變。**」

走出窮困的心、進入富足路徑的條件因人而異，隨時隨地都要檢視自己的生命，時時刻刻留意我們是用什麼樣的態度在處理生命。眞正導致人生一直處於貧窮、無法致富的原因，並不在於錢本身，錢是中性的；問題出在於我們處理生命的態度，以及是否釐清富足與金錢的關係。

我就看過不少預約線上塔羅牌占卜的人們，從他們的問題中可以發現，有太多長年忽略

「感受」的人，其靈魂已經千瘡百孔，當我們嘗試爲他們梳理出一條清新的生命軌道時，他們已經毫無反應與回饋問題的能力，他們只能從外人身上得到一絲絲的氧氣，完全無法自理生命。

開運招財，或許可以爲一時的貧窮紓困，但不可能帶來一輩子的富裕。倘若遇到金錢難關時的第一反應是向外求神、拜財神、花錢做招財儀式，長期仰賴外力而不正視生命，最終就只是不斷不斷掏空靈魂的富足意識，怎麼可能轉貧爲富？

一直困在金錢難關的人忘了該先處理自己的泡泡（人生態度），拚命去瞧那一些看起來比較好的泡泡，這就是無極瑤池金母所說的：**「沒辦法成熟看待自己生命的人，就會不停地在這個世界裡打轉。」**

學習去感受我們每一天心的流動，試著一步一步正視我們忽略許久的生活態度，當你正視生命的那一刻，也就開始了清理心識雜質與靈魂意識進入整合的過程。

無極瑤池金母並不是要人們停止參加招財的宗教儀式，而是在點醒我們：不要讓意識一直陷入求財的貧窮心境當中。

該如何從開運招財的宗教儀式中轉貧爲富？

怎麼做才能避免增長貪婪的心？

又要如何在拜拜中找到富足之道？

在下一則靈訊中，無極瑤池金母將從靈魂轉世的基礎，帶領我們的靈魂進入意識的修練。

靈修富足心法修持

消除靈魂的恐懼印記

面對抉擇時，請先選擇一個僻靜的環境與獨處的時間，將問題放在心頭清楚地描繪一番，閉眼、將意念全力灌入到胸部中心點心輪的位置上，並搭配深吸……止息……緩吐……，每做一回伴隨呼吸的是默念以下語句：我是很安全的。直到完全淡化糾結心頭的感覺。

10 該如何在修持開運招財的儀式時，真正提升靈性富足，進而增加財富？

雖然在前一個問題中，無極瑤池金母已經明確地告知，當人們不斷地乞求透過求財開運術法創造金錢財富時，不但無法增加財富，還會助長貪婪的心，深陷輪迴之中。但求財致富畢竟是人的本能，尤其是遭逢缺錢的窘境時，難免會想透過外力尋找解困方法。請問無極瑤池金母是否可以教導人們藉由參加招財致富等宗教儀式、達到富足心境的心法？

無極瑤池金母 如是說

我在前面曾說過，一塊布如果沒有經過漂白，就想要染成跟染缸裡顏料一樣的顏色是不可能的，布的顏色只會變得更混濁。

我想告訴你的是，所謂「開運招財法」的功能就像是漂白水，不斷地、不斷地幫你這塊布漂白，讓你的心回到原本的狀態，也就是沒有匱乏、不缺錢的狀態。招財儀式只是短暫讓靈魂意識回到原來的狀態。許多人會說，在宗教儀式中感覺很喜悅，這樣的感受本來就是靈魂所有，儀式只是幫你過濾洗淨而已。

但是，為什麼會有人參加了之後覺得生命變有錢了，有些人卻沒有感覺呢？這是因為每一塊布原本被染色的狀況不一樣（業力）。所以參加招財開運儀式，對有些人當時的財富確實有幫助。

只不過再回到我之前跟你提過的，是否能讓人們增加、同時釐清這輩子對於生命的富足感覺，是非常重要的。

另外，人們在生活當中要不間斷地修持，讓自己的心回到樸實無瑕的狀態，人的心在世俗中無時無刻都會受干擾，修行就是要擦拭每一天被污染的心，讓它少一點灰塵。舉例來說，好比有個人拿了一塊看起來髒污的布要便宜賣你，他告訴你這塊布原本乾淨的時候價值連城，但是他沒有辦法讓布變回原本的狀態，想讓它再次變得值錢，只有你可以將它洗淨，方法只有你自己知道，你可以自己摸索，當然需要花一點點時間去處理[1]。

當你拿到布的時候，如果當它是垃圾丟了，那麼就沒有價值；但如果你聽從那個人的教導，靠自己想辦法讓這塊布變得乾淨、變回原本的材質顏色，那麼這塊布就會變成一條價值連城的絲絹，到時候就算沒有賣出去，也會招來很多人來看這塊布。如此，你的心就會越來越富足，因為你擁有受眾人重視的物品，就算有很多人不斷地出高價誘惑你將布轉賣給他們，你知道自己身上有這麼一塊價值的布並帶來富足，還會將這一塊布售出嗎？當人靠一己之力修練到擁有富足意識時，世俗的一切都不會撼動他的心，他會鄙視非經驗所得的事物。

所以，為什麼家裡要放聚寶盆、傳家之寶、奇珍異寶？原因就是這些世人視為價值連城的物品，能夠增加內在的富足感，能夠讓自己不會永遠沒有錢。

這塊布是什麼？是你的心，就是你能否開啟金山銀礦的心，也是我一直在強調的這個東西。這塊布是誰給你的？不是你這輩子的父母親給你的，也不是你的兄弟姊妹能夠給你的，是你自己給你自己的。你要告訴自己：我擁有能力讓手上這塊布回到它原本的狀態，如此就能夠染成其他顏色。

你剛剛問我，開運的儀式該如何修持？有沒有辦法呢？其實是有辦法的！但是第一個前提是，必須要先建立對生命的富足感。如果沒有釐清這個觀念、帶著一顆很貧窮的心，就像拿著一塊發臭的布，去參加許多的招財法會，或者是去參

❶這裡所講就是靈修要領，無法假借他人之手與外力，唯有靠自己的實修苦練。

加開運解厄的儀式，這塊「布」（心）只是讓整個儀式更臭而已，不僅無法讓自己的心變得富足而有錢，更會因一顆發臭的心而干擾法會的莊嚴。

這也就是說為什麼有的人富足了，他參加這個儀式會越來越富足；有的人他有錢，越參加越有錢。有些人沒有錢卻硬擠出錢去參加開運招財儀式，反而讓自己更沒有錢，原因就在這邊。富者越富，窮者越窮，出自於心態。招財儀式能滋養你修練而來的富足意識。

富足，凌駕於金錢之上。富足的人絕對不會被錢綁住，絕對不會被金錢所奴役，他會把金錢當成是穿在腳上的鞋子，是讓他更自在地行走在世間的工具。不善於利用金錢力量的貧窮人，金錢反而成為他們揹在身上的石頭、綁在腳上的石頭，非常沉重。你覺得這兩種心態的人在世間行走時，錢對他們來講是折磨？還是讓生活更便利、讓靈魂更輕盈的工具呢？這得靠自己調整觀念跟修持，沒有任何一種外力能夠取代你們人對於生命的實證體悟。

我前面說過，如果你有辦法先把你自己手上這塊布處理得非常乾淨時，那麼在你參加儀式之後，這塊布會被儀式的願力所薰染，布會與儀式的願力相應，布會逐漸變得越來越漂亮。

你問我，參加這個儀式會不會讓人更有錢？是可以的！但還有很多的前提要成立，比如說這個儀式本身要很乾淨、很純粹。如果這個儀式附帶了太多的貪婪與慾望，讓人家感覺到那只是要增加你的金錢慾望，沒有帶給你富足的觀念，不能夠讓你擺脫靈性貧窮的束縛、不能夠讓你解脫生命的束縛，那麼你的心反而會受到儀式的不淨氣場所污染，心會越來越臭。所以儀軌的進行本身很重要，一場招財開運儀式確實會召請天神護法前來，另外，主法者的心態更為重要。

你用什麼心態看待自己的生命？你要用什麼心態看待儀式？有絕大部份取決於你自身的業報，你這輩子會遇到什麼人、遇到什麼樣的修法主事者，其實也是註定好的。

很多的大師、很多的人會開設主持這樣的招財開運儀式，但是此人本身的福報業力當中，有沒有具足能夠讓他人一樣感到富足而有錢的能力，以及他本身天命中是否具有開運招財的命格呢？其實也是註定好的。有時候還是要看主法者是否已經具足天命，如果具足了，來做這件事情一定可以讓更多人同樣富足。反過來說，如果他只是把招財法會當成是個圖謀錢財的工具，那麼來參加的人們，其實也沒有辦法開啟他們的財運寶庫、進而增加本身致富的能力，這是沒有辦法的，參加者的靈魂反而會被這樣的主法者玷汙，如此是無法讓靈性更為乾淨地走向富足的路。

無極瑤池金母

靈修富足諦語

- 開運招財法是讓你的心回到原本的狀態。
- 聚寶盆與傳家之寶的用意是增加內在的富足感。
- 在生活中先建立生命富足感，才能在招財開運儀式中獲得助力。
- 富足的人讓錢幫助他行走世界，貧瘠的心如同將石頭穿在腳上。
- 主法者具有開運招財的命格，才能助你開啓自身的財運寶庫。

每一個人內在都具有兩條靈魂意識。一條靈魂離我們最原始的意識最近，意識層充滿了求知與向善的特質，相信生命會越來越好；另一條靈魂則是離我們最終要回家的路最遠，這一條靈魂的意識層充斥著猜疑、恐懼與負面否定的雜質。

有時候，你會察覺到自己尋求富足的意念非常強烈，那是因爲前一條靈魂意識產生了作用，它以獨特的狀態召喚你回到內心。但是，卻常常有另一道比它更強大的聲音出現，它會完全否定你、阻撓你、打壓你向富足攀爬的動念，那絕對是另一條想待在舒適圈的靈魂在干擾你的思緒。

邁向富足之路無須任何的動機，這是靈魂的本能。如同突然摔落湍流之人，在落水的瞬間腦袋難以去想到求生這一檔事，是與生俱來的生存本能促使你不斷抬頭呼吸、手腳拚命划水，當你意識到自己一息尚存之際，才能迸出各種求生自救的方法。

是什麼力量干擾我們的心，任其偏頗失焦無法對準富足的頻率？

若真要抽絲剝繭找出最終的答案，我相信只會讓生命越來越複雜。就像有一些人希望透過催眠、通靈問事、求神拜佛來企盼尋求最終的解答，想不到反而開啓了潘朵拉的寶盒，原本不屬於問題範疇內的其他問題也一併湧出，瞬間就淹沒了生命僅存的那一絲氣息。對此，無極瑤池金母賜給我一個富足密咒，此密咒將劃破貼在你靈魂意識上的貧窮封條，只要你每日早晚不間斷地反覆練習，你的意識最終會與那兩條靈魂合一，喚醒富足的靈魂意識。

某日早晨我向無極瑤池金母詢問：「有許多人都來問我該如何致富、走出貧窮。每一個人的問題都不盡相同，我從上千位個案的靈魂裡頭，看見他們一生希望從金錢、房子、車子得到安全感，最終導致靈魂失去了光澤。該如何做才能降低人們對生命的不安全感呢？」無極瑤池金母說道：「沒有人註定貧窮，貧窮是因為做了太多傷害自己和別人的事。」

無極瑤池金母的靈訊簡明扼要，卻深藏「由貧轉富、永不貧窮」的修心法則。以下是我所感知到這段靈訊時的領悟：

- 不要想從別人身上奪取任何事物，不要想從別人身上獲得非自身的東西，不要想去佔別人便宜，不要去忌妒，見不得別人好。
- 金錢、美貌、好處、名利、權力……，任何一項你感受到別人所擁有的東西，都是他們的靈魂所呈現的能量。
- 當你有一絲絲想從他們身上「掠取」靈魂能量的念頭時，就已經註定好你未來貧窮的結果。因爲你在暗示自己是沒有資格、也不值得擁有這一些，才會想要從別人的靈魂得到。
- 不要做出任何損害自己身體❷與心靈❸的事情，一絲絲的念頭和行爲都不可以。心靈與身體都是乘載富足的工具，傷害它們，富足與財富無法透過意識彰顯於生活。

當我了解「**貧窮是因為做太多傷害自己和別人的事**」這一個導引財富流入生命的致富眞理後，我不再恐懼金錢從我身上流失，老了沒錢花的心理恐懼再也不曾在我心中出現，全球經濟混亂、世界局勢混亂也絲毫撼動不了我的富足感❹。

由外轉向了內在，
不再到處去尋找滿足，
豐沛的顯化力量由此展開。

數年來，當我出國旅遊或爲海外個案堪輿風水時，不再購買當地紀念品；每當我要花一大筆錢時，我會先靜心反思這一筆錢是讓身體、生活或心靈更好？（例如：買書、旅遊、吃好一點的食物、讓工作更有效率的3C產品等）還是在慾望無法控制下的衝動消費？我也從來不蒐集任何物品，因爲我知道，終有一日我必離開人世間，我不想增添任何人的麻煩來處理這些帶不走的東西。

當我確定我所花的每一分錢不是用來購買奢侈品、也不是生活上用不到的物品後，我的思維模式無時無刻都處在富足的穩定頻率——

只要我不是亂花錢，
錢是讓心靈、身體與生活朝向更好的品質，
生命就會令我更加富足。

---

❷抽煙、過度酗酒、吃檳榔、作息不正常、好吃垃圾食物、晚睡等等。

❸怨天尤人、抱怨生命、批評自己與否定自己。

❹此刻正好是二〇二〇新型冠狀病毒導致全球經濟大衰退。

當我在生命中貫徹無極瑤池金母所教導的富足心法「**貧窮是因為做太多傷害自己和別人的事**」後，我不再萌起奪取別人身上金錢與好處的念頭，不屬於我天命本有的事物，命運最終會以更惡劣的方式從我身上奪回。我事事所站的立場皆是讓事情更臻致圓滿，是否有符合無極瑤池金母的靈修法？這麼多年來，我在出版書籍、通靈問事、開設課程以及舉辦靈修法仙佛祝壽儀儀上，皆不在意購書與參加的人數多寡，我也不去過問與干涉其他人的生命，我只將事情做好就好，我相信一切有其規律定數，我只要遵從天命的運行法則，傾聽當下心的聲音，以及遵守無極瑤池金母富足心法的教誨，剩下就交由命運去安排了。神奇的是，當生命型態如此改變後，我的生活步調變得非常緩慢，許多與我生命無關的人事物也就自然地離我遠去。因此，我有了更多精力從事寫作、靈修修練、瑜伽以及閱讀，生活品質也越來越精粹與優質。

在這段章節的靈訊中，無極瑤池金母說到構成一場開運招財儀軌的要素，包含主事者是否帶有轉運招財的天命、儀軌進行時是否召喚天神護法、主事者在主法時的心態……等等，都會左右著參加者能否轉運招財。關於這一點，你心中難免會想知道該如何去判斷一場儀式的好壞以及主事者的心態。其實你不用費心猜測，無極瑤池金母說道：「**你用什麼心態看待自己的生命？你要用什麼心態看待儀式？有絕大部份取決於你自身的業報，你這輩子會遇到什麼人，其實有時候也是註定好的。**」要去選擇的不是要參加哪一些儀式，或是判斷主法者的品行，應該是反過來調整你的靈魂頻率，是你選擇了他們，不是他們送上門來找你。確實有許多心術不正的人在行使宗教力量，他們可以穿戴上宗教外衣，外在的言行舉止也符合大眾對神職人員的印象；當你擦拭心，時時刻刻讓自己維持在生活與靈性的平衡狀態，你便能一眼瞧出他們是否擁有與神合一的靈性。如果你懂得這一層能量運行的道理，人生其他事物（情感、財運、事業、人際關係等等）皆適用，厄運與好運都是我們自招而來，是我們本身的靈魂意識與它們接軌上。

早些年，無極瑤池金母便以這樣一句話教導我思考命運一事：**「什麼事都不做，要如何好命呢？」**祂並不是要我們賣命工作或是滿腦子鑽研賺錢方法，無極瑤池金母提醒我們，每一時刻都要檢視自己的心，以及反思該如何經營自己的思維與靈魂頻率，這也就是前文不斷強調的**「泡泡世界是指你的思維世界，這一生你都在創造與架構你自己的泡泡。」**

要是你能夠真心相信與理解這一句話：不做出傷害自己和別人的事，我終不會貧窮，必然走入富足，並且做到我方才所說的親身實證的故事，你就已經做到無極瑤池金母所教導的：建立對生命的富足感。

富足，是將心力、時間完全統攝於一心，將念頭向其一處發出，沒有懷疑、恐懼、不安與擔憂，完全相信內在靈魂能夠帶來自給自足的力量。此時，你的靈魂意識必然也已經改變了既定的命運，日後在選擇宗教開運招財儀式時，必然會與你富足意識相對等頻率的人事物接軌。

如果你真的記不住無極瑤池金母此則靈訊或是我所分享的感受，你只要記住這兩句咒語就可以了——

不做出傷害自己和別人的事，我終不會貧窮，必然走入富足。
我所花的每一分錢是讓心靈、身體與生活朝向更好的品質。

這兩句話請務必深深烙印在心中，這也是我希望你每日早晚覆誦的護心咒語。請記得！當你再次感覺即將花一大筆金錢而坐立難安，以及對未來的不確定感再度襲捲而來時，就將這兩句話當成是護衛你的心、防止走入貧窮的咒語，每日持誦、憶念上百回。我不敢保證你的存款會有天文數字，但我確定你終有一日必會完全開啓靈魂的富足意識。

當你浸潤於靜默半刻，
將見識到儀式不可思議的神祕力量，
在那瞬間，你的富足意識將被釋放，
照亮你的生命。

靈修富足心法修持

永不墜入貧窮、增強富足感的兩句咒語

起床前，躺在床上默念：

我所花的每一分錢是讓心靈、身體與生活朝向更好的品質。

睡前默念：

不做出傷害自己和別人的事，我終不會貧窮，必然走入富足。

11 宗教上一直在教導我們布施的觀念，我們該如何看待？

人們會將「布施」視爲修行的一部份，許多人相信以金錢、物品布施給貧窮的人，會獲得相對等的福報；在佛教中也教導有財施、法施、無畏施等利益眾生的布施法門。從金錢的角度來說，布施眞的能夠帶來無限的財富嗎？古人說「有捨才有得」，此說法也適用於布施嗎？

無極瑤池金母 如是說

你對於「捨」的定義是什麼？如果你所謂的捨僅僅定義在金錢、財富，這個「捨」就不能放在「有捨才有得」這句話裡面來討論的。

「捨」，不能狹隘地定義在表相的物質層面。很多人都誤以為，當自己把錢財捐獻出去的時候，財運就會越來越旺。確實有許多人在行善布施後，增加了財富與提升賺錢能力。然而，並不是捐獻布施增加了財運，而是你打從心底就相信「布施能夠帶來功德與財富」，是此信念強化了你的布施行為，反而讓你更有自信地努力賺錢。你有看懂這個邏輯嗎？

在本書中我不斷在說明一個觀點：財富不等同於你心靈上的富足。財富與富足，此兩者是完全不一樣的東西。心靈上的富足，才能真正讓靈魂經歷無數次轉世輪迴後，將靈魂意識淬鍊至更為純粹的靈性層次。好，不是單指每一世投生到好的環境，也不是靈魂意識幻化出更為富裕的物質世界，而是修練至富足感能夠使你的靈魂意識更為輕盈。富足意識會化解你的劣根性、負面習氣以及沉重的業力。

你要知道，「靈性的富足」是我在此書中不斷向你宣說的靈修心法，也是我第二次從遙遠的靈界傳遞靈訊予你❶、透過你的身體讓世人了解：靈魂裡蘊藏著如此不可思議的富足意識。

❶指作者本身。

如果你只是在問我：「布施了金錢會使我賺更多錢嗎？」如果你認同與接受了此觀點，但此觀點卻只會害你不斷地輪迴在這世間，那麼，這樣子的問法是本末倒置。

我不是指「布施」與「有捨才有得」的說法是錯的，不是的！我要教導你去自我釐清及思考的觀點是，你口中所謂的「布施」意義到底是什麼？你是希望增加你這輩子的財富呢？還是靈性與精神的富足？布施如果能夠轉化進入到靈性與精神的富足，生命才能更為完美，不是嗎？

回到這個問題上，布施能夠創造更多財富嗎？答案是肯定的。我方才說了，「布施」在無形中會增加你的自信，而布施後財產上的金錢空缺則會再促使你去努力賺錢。但有所不同的是，布施之後，你是帶著信心與無畏的心再投入工作中，這是布施後帶給生命意想不到的動力。

「布施」還具有促使金錢能量流動的力量，這是許多人都沒有想過的。「布施」這一個簡單的動作，藏有推動賺錢與促進金錢能量流動的雙重力量。

宇色，你知道嗎？我這樣說會讓人誤以為，布施後的財富增加是因為得到我們（神靈）的保佑，所以我想要更進一步解說的是，將錢捐給我們（神靈），其實並不會增加財富，因為你還是想要從神靈身上「得」到你想要的東西、想得到我們的力量，不要這樣。還記得你曾詢問我關於招財儀式與財神爺的問題，其實這兩者和布施的觀念是雷同的：要靜靜地、不帶念頭的行動。你希望從我們（神靈）身上得到更多、以及在布施中有所得到，這一個「得」的心已經吞噬掉「捨」的力量了，所以你真正獲得的並不會太多。

如果你想要透過布施獲得財富上的增加，要布施你的精神體與靈性❷，相對地，也因為布施精神體與靈性是看不見的能量場，許多人視之為無形且沒有價值。

如果你內心並沒有想賺更多錢的念頭，也沒有想要擁有更多的錢財，你只是想安逸地在你的生活當中、什麼事也不想做，或者你連改變現有生活的念頭也未曾有過，那麼「布施」怎能幫助你創造更多財富呢？你有看懂了嗎？

我想要告訴你的是——

「布施」不要帶有私慾與目的，但是要帶著對生命的覺知、對生活的感受去布施；你只要帶著喜悅的心去做這一件事，它回流到你身上的會超乎你想像；「布施」不要帶有想從他人身上得到好處的意圖，不要想透過布施從外在世界得

---

❷對自己與世間散發好的信念。

到任何東西；但你要相信布施能夠帶給你勇氣與自信心，這完全是出於相信一個行為能帶給你的力量。你看出來這兩者有何不同嗎？在布施、捐贈、奉獻時，不要希望從人身上得到任何好處。

另外，宇色！我想要透過你來向世人說明關於「布施」非常重要的觀念。

你們人應該要布施的是無形財。布施無形財富才能夠創造這個世間更完美的流動，這個世間會因為你的布施，不斷增長流動的能量，相對地也會激發更多善的靈性力量。這一股善的力量會在宇宙、地球、大自然界流動，對居住在地球上萬種生物的靈魂運作是相當重要的一環，尤其是對於人類的全體靈魂意識來說更為重要。布施你的精神體與靈性，才能真正增加你這輩子的富足意識、改變你今生的財富，同時也會強化你靈性富足的力量，這是非常神祕、不可思議且難以理解的觀念。不要只是去捐贈物質層面及能夠看得到的東西。

善的意識能讓世界走向更為良善的境界，就是如此。想一想，你覺得水對植物是重要的，但是你不要忘了空氣跟陽光一樣重要，這些都是看不到的東西。我不是指布施物質的東西是不對的，我在跟你說明的是另一個更高意識層的觀念。不能偏頗無形與有形任一方。

請問無極瑤池金母，祢教導人們應該從布施中學會培養自信，要帶著覺知去布施，這已經讓許多人對於布施的觀點提升到更高的層次。而在最後祢說要將有形布施進入到無形財的布施，可否說明何謂無形財？我們又該如何才能做到眞正的無形財布施？

宇色，你問了一個一般人不會想要去深入了解的問題，這問題非常重要，藉由你的發問，我可以進一步向世人解說，何謂無形財與無形財的布施？

如果你看到一個正處於飢餓的人、他身無分文也無能力回饋你任何東西，你給他一碗飯吃，他雖沒有能力回報你，但因為你希望他化解飢餓的心念，已經在無形中形成一股強大的能量，你的善會化成能量回到你身上，及注入到這一名飢餓之人的靈魂中，同時還會在這世界進行流動。雖然這個人沒有能力回報給你任何東西，但你的心念已經化成一股能量在這世間流動，這就是無形財的布施，是真心給予不求回報❸。

❸一般人將「無形」定義在看不見的給予，而無極瑤池金母則是定義在：不求回報，將你的能力、金錢給予真正需要幫助或支持的人。

但是，如果你將金錢、物質布施給在公益或宗教上貪圖名利與地位、卻沒有發自內心想對世界與他人好的人，想一想，你將得到什麼？從能量交流的角度來說，你只是在貪求，貪求從這一個人身上回報予你想要的東西，只是你不自知。對你的靈魂來說，貪求的力量已經在無形中形成了，因為你布施對象的靈魂並不需要你給予的能量。我知道這個觀念已經超過一般人所能夠了解的世界❹。

該如何做到真正的布施？

第一、要布施給沒有能力回饋給你的人，這樣的人才是真正布施的對象。

第二、想積累此生的無形財（靈性、福報），就該護持真正發大願者的願。

所謂無形財、無形供養、無形回饋，是指有個人發了大願（大願是指真心去執行利益眾生的事，並非限定做多少件大事），而你想要以實際的行動護持他的大願，讓大願得以利益更多的人。去護持願意發心、讓願更為宏大的人，雖然他無法回報給你什麼，但是，這個無私發大願的力量是非常強大的，無私「護持」的心與無私「大願」所激發出的效益，會非常的巨大——發大願者的大願得以成真，會消除他內心的魔性、消弭累世的習氣業力，他的命從此有不同的樣貌；而護持者會得到與發願者相同的功德，在日後會得到更為不可思議的回報，這就是布施的功德回報。

宇色你要知道，所有能夠轉為菩薩界的眾生，都曾經立下願力，這個發願的力量是成立的。換句話說，如果你連如何發願及發願的智慧與勇氣都沒有，你們人的心很容易被世界一切的無明恐懼所吞噬。

世界一切的恐懼是指什麼？錢財、物慾、死亡，一切的無明都是構成內心恐懼的來源，都會將你的靈性吞噬。

在快樂環境中成長的小孩，長大後對於布施快樂是毫無困難的，他布施於世間的快樂是無限的，他的靈魂會知道該如何從低潮轉念為快樂，因為那是他熟悉的心境；如果是從小在恐懼中成長的小孩，恐懼會長期跟著他，就算長大了，也很難消弭內心的恐懼，又如何能布施快樂呢？這個觀念你一定懂。

如果你不是快樂的人，就應該去護持真正發願為世間好的人，你會從中獲得無形的快樂。轉動意念最快速的方法是：布施予無力回報給你的人、護持真正有發願力的人。

❹簡單來說，布施的對象若是沒有能力的人、或是真正有在發心做事的人，就形成了無形財的布施。若因為某人的宗教外相、身份或是在巧言令色之下捐獻錢財，此行為的背後則都帶有不自知的私利念頭。

我們再回到這個問題，你問：布施能夠創造更多財富嗎？是可以的，因為真正的布施，會割捨掉你對於錢財的貪婪與執著。

對於吝嗇不願付出的人、對於內心有恐懼且不善於付出的人，布施要付出錢財與時間，布施會對他們的靈魂產生一種痛，這個痛的力量是什麼？是強烈地將執著、貪婪從心中分離出來的心痛。

不帶一絲絲的利益與私慾去布施與護持時，如果你感受到的是不願、麻煩、甚至覺得會佔據你太多的時間，這一些心理反應，表示你正在改變原本的生活框架、改變舊有的意識泡泡。業力輕的人會持續下去，會改變未來的生命，會帶來更為富足的生活；業力重的人，可能就會半途而廢。

對於靈魂意識已經修練到非常富足的人而言，他們做這一些會感到痛嗎？不會的。

但是有一點你必須明白，有錢與富足是兩碼子事。非常富裕的人對於拿錢出來布施不會感到心痛，極為有錢的人去布施與護持，對他們的生命不會有所改變的。

那麼這一類型的人應該要做什麼，才能改變他們的靈魂意識、改變他們的生命？

他們此生要發大願，再將所賺取的金錢投入到所發的大願上，將錢財用來滋養他們的大願，這一個布施大願就會增加有形的財富，甚至會改變他們的靈魂意識進階到不同的層次。

你會看到許多有錢人會發大願利益眾生，他們將每年賺取的錢財投入到他們成立的公益機構，或是每年將一部份所得捐給一些發願做好事的人、機構或單位，這就是將所得再投入其自身的大願，他們的善心在無形間會增加他們的無形財，也會因富足意識的產生再積累此生有形的財富，只要他們是真正無私地利益於眾生。

所以你說布施是不是可以增加財富？你要看布施的人以及對象、你要去看說這句話的人的心態、你要去看是誰要做這件事情，這一些都對布施構成不同的意義。施者與受者的心願會創造出不同的結果。

無極瑤池金母

靈修富足諦語

- 捐獻布施能增加財運，是你打從心底相信布施能夠帶來功德與財富，這一個信念會強化你的布施行為，讓你更有自信地努力賺錢。
- 修練至富足感能夠使你的靈魂意識更為輕盈，富足意識會化解你的劣根性、負面習氣以及沉重的業力。
- 布施能夠轉化進入到靈性與精神的富足，生命才能更為完美。
- 你希望從神靈身上得到更多以及在布施中有所得，這一個「得」的心就已經吞噬掉「捨」的力量了。
- 布施不要帶有私慾與目的，但是要帶著對生命的覺知、對生活的感受。
- 帶著喜悅的心去布施，它回流到你身上的會超乎你的想像。
- 應該要去布施的是無形財，布施無形財富才能夠創造這個世間更完美的流動。
- 無形的財、無形的供養、無形的回饋，是指你以實際的行動護持他人的大願，讓大願得以利益更多的人。去護持願意發心、讓願更為宏大的人。
- 護持無力回報的發願人，護持者會得到與發願者相同的功德，在日後會得到更為不可思議的回報。

勇敢走過心裡每個關卡，
你會告別舊有的生命，
下一步，會有不同的生命樣貌呈現。

從我不少次親身驗證神明靈訊的經驗來說，「布施」最終一定會在生命上開花結果。以善心做布施，生命將結出豐碩甜美的果實。在早些年前，無極瑤池金母便曾經對我開示道：

如果布施金錢會感到心痛，你就一直做、直到無感，此行為是擴張對金錢流失的恐懼，如此，你的金錢地圖就會再一次向外延伸。

布施是柔軟心執著於金錢與物質的方法之一。

金錢能量有水的特質，無私的布施是將金錢能量推回自身。

簡單來說，對錢越不執著的人，靈魂意識在處理金錢方面的課題也就越有彈性；對錢越在意的人，使用金錢的消費範圍就會越小。布施對於前者，能夠增加其靈性的富足意識；對於後者，則是有助於消弭對於物質與金錢執著。我確實親身經歷「布施」對改變生命的神奇力量。

生命給予你的，
超過你想要的。

爲了印證無極瑤池金母對於布施的看法，在某一年我親自做了一個實驗。我個人對某兩間慈善機構陸續捐出將近六位數字的款項，這還不包含我爲這兩間機構在網路上號召勸募的金額。很奇妙的是，即便如此，我當年一整年在經濟上並沒有捉襟見肘，收入反而較前一年有大幅度的增長。「布施」讓生命有更多流動的空間。有了這一次的親自印證後，隔年我做了一個重大決定：發一個大願，將道場收入全數列入成立母娘道場的基金。這意味著我的收入將分成兩部份，一部份是個人的生活開銷、另有一大部份是列屬於成立母娘道場所用，這是我想表達對於無極瑤池金母的感恩之意所做的決定。期間，無極瑤池金母還指示我需減少問事與課程教學，專心於每日的定課與靈修。直至今年爲止⑤，已經全部暫停問事，課程平均一年僅開四到五次左右，這對以教導靈修與身心靈課程爲主要收入的我來說，等同於進入工作停擺的狀態。五年過去了，我的生活依舊，甚至走遍了將近三十幾個國家，車貸與房貸也逐漸的繳清中，重要的是，我花在工作的時間只有以前的三分之一不到。生命給予你的，超過你大腦的想像。

以上兩件事情，讓我親眼見證布施與發願如何在生命中開花結果。如果沒有對神明與信仰有強大的虔誠，一切不可能會發生。如果你問我如何做到，我會告訴你，不要吝嗇給予生命流動的空間。

貧窮與富裕藏在意識能量場。

我是一名以元神進行修練的靈乩，與仙佛交感的方式完全不同於你所知道的通靈人；當我的元神意識接收到仙佛靈訊時，往往會伴隨著某些畫面或感知。外人所不知道的是，每次運用元神與仙佛交感的修練祕法，我的思維與靈通能力就會再提升一次。

我在接收到此段靈訊時，腦海中即清晰地浮出了兩個人影，我以圖一與圖二來做說明。

圖一是貧窮意識散發出來的意識場，極為淡薄地環繞在身體周圍。有此意識場的人有以下的特徵：

圖一

❺二〇二〇年。

• 眼光比較短視，對枝微末節斤斤計較。
• 得失心非常重，常因一點點突發狀況情緒低落好幾天。
• 下班回家就躺在沙發不想動。
• 對未來絲毫沒有方向與目標。
• 生活圈較狹隘，活動範圍只有固定幾處（公司、住處、便利商店等等）。
• 最常掛在嘴邊的話是：不可能、做不到。
• 對生活樣樣不滿意，什麼都想有變化，卻改變不了自己。

有圖一氣場的人，常見的心性特徵是：固執、一意孤行、不求變通，這樣的靈魂對人生充滿了疑問、矛盾與不解，對於旁人所說、往往是聽不懂或會錯意，也容易被極小的事情困住走不出來，投資、做生意、貿易買賣、找工作都會錯過好的機會，甚至還會出現各種鬼遮眼的現象……，完全活在自己的小小世界中，如同無極瑤池金母以泡泡世界來解釋貧窮的意識世界：

貧窮的人，活在自己的泡泡（思維）裡面……沒有認清自己靈魂的本質，不是看見自己內在的金錢，不是看見自己欠缺的東西，他並不了解自己，他只看到別人的世界，他並不清楚自己想要什麼。

來找無極瑤池金母的問事者中，有自稱陰陽眼、靈擾、常撞鬼、卡到陰的人，絕大部份就是屬於這種意識頻率。坦白講，這麼多年的靈修之路教導我，心念與意識決定了世界，而這個世界包括了鬼神與靈界。你覺得，是先卡陰遇鬼才會產生低頻意識、從而導致生命中小人不斷、衰事連連？還是慣性以低頻意識思考生命，才會頻頻撞鬼、卡陰呢？請好好思考一番。

另外浮現我腦海的人是圖二。圖二的人所擁有的意識場非常輕柔且無限地向外延展擴張，如此意識場的人們也有一些共同的特徵：

- 心胸比較寬闊。
- 不爲小事、小錢與人計較。
- 不愉快的事情不會停留在身上超過一天。
- 人生方向非常明確，信念堅定不受外在環境條件干擾。
- 生活在規律的運行中。

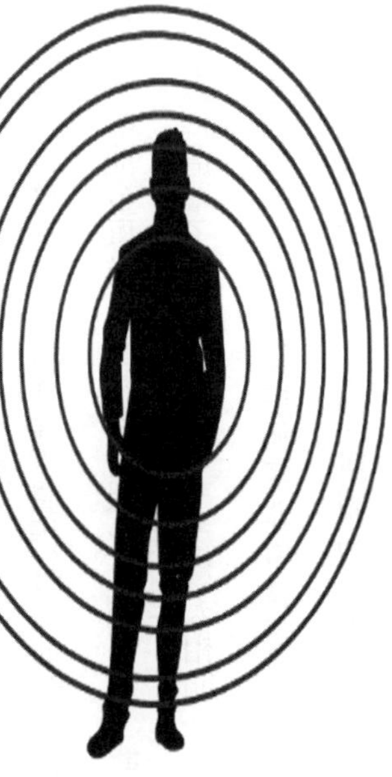

圖二

• 靈性意識富有彈性，隨時修正自己的觀念與行爲。
• 積極向外嘗試新的挑戰與機會。
• 靈魂意識自動阻擋與過濾妨礙靈性自由的閒雜人等。
• 下班後將時間花在自己與陪伴家人，絕不會浪費時間在不必要的人身上。
• 比起虛擬的網路世界，更重視眞實的生活。
• 最常說的一句話是：再試看看、不試怎麼知道好不好。

當一個人不斷地回到內心去思考生命的意義、以實際行動向外探求眞相時，他的意識場會逐漸向外擴展。我從無數個案、學員與前來無極瑤池金母道場參拜的信眾身上觀察到，能夠將意識場修練到如此境界的人，就算不是大富大貴，這輩子也不愁吃穿、不乏貴人相助。其實，無極瑤池金母就曾以佛陀爲例子來說明這樣的意識場：「富足這兩個字非常廣泛，你要說佛陀富足嗎？是！佛陀的富足是來自於祂所擁有的是全世界的心。所謂的全世界的心，是祂並沒有罣礙任何一件事情，這才是真正的富足……。意念，已經決定了你這輩子所擁有的世界，那個世界才是真正富足的世界，那個世界絕對不是金錢上的世界。❻」

在多年的問事經驗中，我見過不少沒有什麼錢、但意識場如同圖二的人，他們所問之事大多不會與金錢相關，有絕大部份是來詢問靈修、修行、生命意義等等，有更多人是懂得無私地對他人好。我也見過無數不快樂、將人生搞得一團糟，身價卻上千萬或上億的有錢人（不乏政治家第二代、企業家、富二代、公眾人物、公務員、軍官、股票投資者、炒房地產的投資客、身心靈老師、宗教老師……等等），他們滿腦子只知道讓口袋飽滿，然而他們的意識場卻是膠著、黏稠的。站在「流動的靈魂意識創造更富足生命」的角度，我轉述完無極瑤池金母的靈訊後，總不忘以過來人經驗提醒他們：有空多布施，讓生命有所流動。

＊＊＊

某個村莊裡唯一的飲用水井發出了惡臭、水面還浮滿了青苔，逐漸地，村裡的人再也不取用井水了。村民聽從了可以讓死水變活水的偏方，紛紛將一堆水晶、開運石、符籙倒入井中，甚至找來一堆童男童女選在滿月之際，在井邊燃起熊熊烈火，以載歌載舞的方式喚醒井神，希望讓井水再度清冽可鑑。但是，日子一天天過去了，井水散發出的臭味卻是越發濃烈，已經嚴重到讓住在井邊的住戶紛紛搬走。這時，村長終於想到村裡一名年歲已高、白髮皤皤的巫祝。此村最年長的耆老說，在他小時候巫祝就已經這麼老了，因此，巫祝的年齡在村子裡一直是個

❻請參閱第二章〈今生的財富是註定好的，那麼今生財富的基礎從何而來？〉。

謎。村長詢問了神通廣大的巫祝，看看是否有什麼辦法能讓井水清澈起來，巫祝仔仔細細地望了望、聞了聞井口，還不時低頭思索，有時又喃喃自語。許久，巫祝緩緩地伸出手、指了指井裡，所有村民無不屏息凝視，等待巫祝的指令，巫祝才說出：「有一隻貓死在井裡了。」

撈出貓屍後，村民們將水井整頓了一番，井水再度回復甘甜。事後，巫祝告訴村民們，他之所以成爲知名巫祝，是因爲老祖宗這麼教導他：

智慧的人，靜觀事物、洞悉本質。愚蠢的人，一心所想只會攪亂它。

* * *

對著發臭的水井做任何儀式都無助於消除臭味，應該先清除水裡的雜質以及檢查發臭的源頭❼、雜物。生命不是靜止不動、停滯不前，穩定固然是好❽，但是，穩定中依然要有所行動才能保持生命的彈性。掃除造成心靈發臭的雜質，促進富足意識的流動，試著「**布施你的精神體與靈性，才能真正增加你這輩子的富足意識，改變你今生的財富，同時也會強化你靈性富足的力量。**」

「富足」是建立在生命意識的流暢運行之中，富足的靈魂意識如同水「流動」的本質，讓它無盡的流動才能創造好的生命品質。想要有錢與富裕的生命，先「檢視」自己的生命是否順暢地流動、思想是否建立在高振幅的意識層，倘若不先自我檢討、修正與調整停滯的生活習慣，一心只想依賴外力，怎能推得動沉重的意識層呢？

善用金錢推動世間的流動，

不要成爲一名口袋有錢、心靈卻貧窮的人。

無極瑤池金母曾經說道：「此生賺多少錢是註定好的，要時時刻刻顧守賺錢的初心，不要為了不義之財而傷害自己與他人，花費每一分錢都要對得起自己的良心，修練到對心築起這一層的防護網，就已經足夠了。」

布施與行善的方式有很多種，最重要的是，你能否體悟到該如何以一顆美麗且優雅的心靈來使用金錢，如此，你已經在善用累世修持而來的富足意識以及神所創造的金錢，此生才能創造靈魂更強大的意識場。

如果你的身心正處於低潮期，不妨找到一個值得你無私布施捐獻的方式，以三個月到半年爲一期，不帶任何目的去做，半年後，你將見證到2.0版的生命型態。

---

❼意指心。

❽人的靈性從貧轉入富足，恢復其靈魂本有的樣貌，即是在穩定中向前行進。

靈修富足心法修持

以布施創造生命富裕的方法

布施精神體與靈性，才能真正增加你這輩子的富足意識，改變你今生的財富，同時也會強化你靈性富足的力量。

12 真的有正財與偏財的說法嗎？

坊間有所謂正財跟偏財的說法，例如有些人在正職工作上就能夠存到錢，可是在投資上卻無法有什麼進帳；但也有些人的正職收入無法賺到什麼錢，卻在投資理財上賺進大把錢財。真的有所謂正財和偏財的說法嗎？

無極瑤池金母 如是說

有的！安份❶，是每一條靈魂來到人世間必須做的，但是有一些人例外，他們必須要透過拓展視野、或者是挑戰內心世界的極限，才能夠回歸他們的世界。

有些人的靈魂天性就是安份守己，一生會安住在自己的生命當中，不敢妄

❶這世間有百分之八十以上的人天性是屬於體制內的，依照世間大數法則行事。

為。但是有些人卻需要挑戰自己的生命、突破自己的泡泡世界，他們不想跟別人一樣。就像天生帶財的人，他們的心性是不斷地往外發展與挑戰新鮮事物，像這樣子的人的財運、金錢觀以及使用錢的方法就是跟一般人不一樣。從這裡你就可以知道，所謂的正財與偏財的說法與一個人先天命格與天性有很大的關係。

宇色，你知道什麼樣的人正財很旺嗎？「正財」就好像大地的土，具有孕育的特質，生命中帶有正財的人必須要孕育世界所有一切的事物，去幫助世界所有生物的生長。所以如果這個人正財很旺、偏財運卻不好，他的人生價值就是建立在照顧人群，他必須要學會如何造福人群與社會。很多人不知道這樣的靈魂在轉世時與財富關係的秘密。

很多人聽到我這麼說，就會說自己是命中註定只有正財沒有偏財運，所以很消極來看待財富與生命。不是！答案不是這樣子的。

如果你清楚知道自己沒有偏財運、就只有正財運的話，該怎麼樣讓自己的財運更順暢地流動呢？要讓金錢不斷流動的方法，就是要造福社會與更多的生命。你千萬不要顧守在自己的小小世界裡，你要做的是讓更多人感受世間的美好，這就是帶有正財的靈魂能夠提升金錢財富的方法。

「造福世間」以及「讓更多靈魂感染你內心的喜悅」有很多深層的涵義。你們人常常講造橋鋪路，這只是其中一小部份。當你告訴別人這個世間有著更好的人事物、簡單地分享你心中美好的事物，發自內心希望「你能跟我一樣好」時，就是非常好的生命流動，例如：我告訴你這個東西很好、這本書很棒、到哪裡玩很棒、哪一句話很有力道……等等，讓意識自在且無私地流動會強化正財運的能量，如此一來，正財運旺的人的能量就會不斷地提升。

當你了解了帶有正財運的人的命格以及如何強化財運後，接著我要向你說明什麼是帶有偏財運的人的特質，以及他們如何增強偏財運。

偏財運是什麼？你可以以水的特質來了解它。偏財運很旺的人，天命不在於造福人群，而是要不斷地打破自己的生命格局、讓自己不斷地打破生命的框架與侷限，提起勇氣讓這一個世界更加地寬廣再寬廣。

這個道理你或許聽不太懂，我再解釋多一些。

好比有個人搭了飛機在天空翱翔，從飛機上能看到這個世界的所有一切，喔！這邊有樹、那邊有花、那邊有湖、那邊有河川，哇！這個世界好美好喔！心好開闊。

宇色，你想一想，有沒有人聽了之後覺得：「我也要跟你一樣，翱翔天空看看不同的世界。」有！而且非常多。

偏財運旺的人要用生命去做非常前衛的事情，以親身經歷幫助更多人看見現在未曾經驗的事物，其他人就會心生羨慕想跟著做。這就是偏財運很強的人的特質與天命：讓更多人看見更多自己的可能性。你仔細留意在投資理財運勢上非常好的人，他們的世界觀都非常寬廣，有一些人的生命故事是如此地多彩多姿。

這也是一種造福人群嗎？算是。他們以自身的經歷不斷地衝破生命極限，在無形中激發了流動在世間的能量！因此，偏財運旺的人，其轉世目的與天命並沒有跟人有直接的接觸，反而是在於完成自己生命的課題；只是當他走自己的路時，無意間卻也造福與影響更多的人。

如果偏財運旺的人勇於走自己的路，開創自己的生命格局，他的財運不僅很強，還會因為富足感吸引更多的美好事物來到生命中。這是一件非常不可思議的事情。

你覺得自己有沒有偏財運呢？你覺得自己有沒有正財運呢？其實每個人隱約都知道，只是因為跟別人比較而錯過認識自己的機會。該如何了解你是屬於正財運還是偏財運？從方才我的解釋做自我分析，如果你清楚了解你屬於哪一種財運格局，正代表著你了了分明自己的天命，你是帶著覺知在生活。

是否有人同時具有強大的正財運與偏財運？沒有，絕大部份人的財運會偏向其中一種，只是正財或偏財的比例多跟少而已，不會有人兩種都非常強。

偏財運很旺的人，不能說完全沒有正財運，只是比例比較少，因為他還是要有一個職業，還是需要一個穩定生命之土的力量，才能去支撐偏財運。

那麼，有正財運的人，就完全沒有偏財運嗎？其實還是有，一樣是比例不同。只是有正財運的人，累積財富的方法可能不會是在偏財（也就是你們人口中常說的投資、或是快速致富的方法），或許有一些人在正業上賺很多錢，但偏財上也累積不少財富，看起來正財與偏財兼具，但其實不是！他是以正財在支撐財富，是正財佔大多數，偏財較少。

然而，很多人搞不清楚自己到底有正財還是偏財、也搞不清楚自己需要的是什麼，這樣的人這輩子會一直覺得被金錢綁住，不斷地在金錢中打滾，以及以金錢的多寡來衡量自己與他人的生命價值與意義。這一點無助於靈魂轉世，這是讓我很痛心的地方。不了解自己的人，會陷入無止盡的金錢因果中跳脫不出來，有時，一輩子有金錢困擾的人，往往是那一群不了解自己、一味將心投注在外在事物的人。

在這裡我想要再補充前面你問我的問題：很多人會想知道到底有沒有財神爺，卻沒有人來問我拜財神爺的目的到底是什麼？我說過，財神爺、土地公、文武財神……等等，所有的神明絕對不會想、也不會改變你的生命運行，祂們都只是要讓你回到你的內心當中。

財神爺對於人世間有著什麼樣的意義？財神爺真正的目的是什麼？你絕對想像不到。

如果有人因為付出而快樂、因為看到自己的天命而快樂，那麼這個人去行走他的天命，就是財神爺存在世間的真正本質，也就是：**讓你看見真正屬於你的天命**。就是剛剛我向你說明關於偏財跟正財不同的天命部份，偏財跟正財是你們人的說法，在當靈魂從那一條靈分化來到人世間時，沒有帶偏財與正財的說法，只有天命，就是每一條靈魂來到人世間要行使的天命。每一個人都應該站在自己的位置上去做靈魂應該要做的事情。

如此，世界即有其軌跡，不斷地運轉、不斷地運轉，沒有偏頗、不會混亂。人走在自己的天命，就是順著自己獨一無二的軌跡走，這一道又一道的軌跡是富足、沒有貧窮，會帶來人們生活中所需要的一切。

現在是你們人所說的二十一世紀，你會發現這世界正處於混亂狀態，有很多的天災人禍，政治就更混亂了。那以後呢？以後還會更混亂，在未來兩年內，這個世界都是非常混亂的。

我想告訴你為什麼？因為每個人都沒有站在自己的生命軌跡裡行走，每個人都只想跟別人不一樣，或者想要擁有更多的金錢和權力。你知道嗎？金錢在某個部份是邪惡的，因為它創造了更多世間的貧窮。這是你要去思考的。

無極瑤池金母

靈修富足諦語

- 帶正財者的人生價值，是必須要照顧人群與造福人群。
- 正財，就如同大地的土，具有孕育的特質。
- 帶偏財者的天命，是突破自己的生命框架，不斷地讓世界更寬廣。
- 很多人這輩子被金錢綁住，是因為無法行使自身的錢財天命。
- 財神爺真正的本質，是讓你看見真正屬於你的天命。
- 金錢在某個部份創造了更多世間的貧窮。

一次講座中有學員分享，他的工作會遇到各式各樣的客戶，有一次因爲業務關係，他去到某位有錢的客戶家中，驚訝地看到客戶不僅住在豪宅內，家中還擺滿了無數價值連城的古董、藝術品。他接著說：

「今天的講座讓我最感動的是，讓我思考了生命的意義。那一次去到客戶的豪宅，看到一大堆收藏品，對我衝擊非常大，心中也有無限感慨。當你走了，小孩不一定會保留你生前收藏的物品，因爲你喜歡的東西小孩不一定會喜歡，或許會變賣或當成垃圾丟掉，而豪宅也有可能不是小孩想要的，搞不好會賣掉房子。那一刻我有一個很深的感觸，我們生前打拚所購買的所有東西，死後沒有一樣帶得走……。我馬上聯想到此生走這麼一遭，有許多人賺錢來囤積一些死後帶不走的東西，而往往我們視爲珍寶的，對於後代來說可能是垃圾，這樣的行爲對於我們生命的意義到底是什麼？」

「這個人如何過生活？」把這問題丟一旁，
你便擁有更大空間思考生命的意義。

當下我轉換元神意識後，順應著現場的集體意識流說了以下的內容❷：

「如果他命中註定有錢，要買這一些東西絕對是他能力所及。對許多人來說的奢侈品，其實是為了滿足他內心某一塊缺憾，是什麼？我們不知道。

「他要收藏這一些東西是由他的靈魂決定，也就是業力。此生該如何來運用他所購買的東西，完全是他的自由意識。我們可以探討他的行為但沒有辦法評斷促使他買東西的業力，因為業力是他來到人世間時就註定好的。他要買多少古董、收藏品、藝術品，也是此生註定好的。

「但是，沒有任何人可以斷定此人此時的自由意識，會帶領他將這一些東西帶往哪裡去？

「『要怎麼處理這些東西、日後要帶往何處去？』是他要面對的課題。

「可能多年後，他會轉售這些東西、將款項捐給慈善單位，可能他會捐給國家博物館，也有可能家中發生不幸之事，變賣後幫助他渡過難關。未來之事都是我們此時不可知也不可預測的。因此，我們怎能拿『未知的事件』來評斷這個人的靈魂呢？反過來說，短視豈不是顯示我們的無知嗎？

「反向思考，僅以眼前一件事評斷一個人的對錯、好壞，對於幫助我們架構與認識自身的生命是沒有意義的。

❷以下的對話是順應所有參加講座的人的意識所說，針對不同的參加者的靈魂特質，會有所調整，這也是元神意識奧妙之處。

「我們應該試著將事情拉回自身、思考自己的生命。日後，我們該如何看待我們所花的每一分錢？將錢拿來買古董、收藏品、藝術品，跟買衣服、電視、家電其實都是一樣的，皆是個人依照自己賺取金錢的能力去換取物品，只有想要與需要的不同罷了。

「靈性覺醒度高的，當下會了了分明花錢所購買的東西是想要、還是需求；反之，則是隨著業力而走，毫無覺知。

「試著以如此的態度來思考每一件衝擊我們感受的事情，一次又一次之後，感受會喚醒靈魂意識而更加地清明，我們的生命也會更具有高度。

「我如何看待生命中所花的每一分錢呢？它是淨化與提升我的靈性？還是強化了慾望、以物質囤積我的生命？這才是我們要去修習與思考的觀點。

「對你靈魂的眞正衝擊，並非有錢客戶怎會購買了你眼中的奢侈品。而是，你已離開豪宅，卻沒有將『它』拉到自身來思考：應該如何善待自己所花的每一分錢？

「如果你是站在這個角度來思考，你不僅不會困惑與難過，你的靈性反而會更加地提升。

「我日後該如何來花意識所幻化的每一分錢呢？這是增加我的靈性成長？還是囤積我的物質世界？

「不要忘了，錢是能量，錢是意識的幻化，我們只要管好與經營自己的意識，才是轉世的目的。」

每個人都是依照自己的業力行走在世間，在《請問輪迴》中，無極瑤池金母慈悲地教導我們：**「我們無法選擇生命，但我們可以選擇用什麼心態來面對生命的一切。」**「面對生命的一切」是指我們用什麼樣的態度來面對每一日所聽、所見以及所遭逢的事物。你一定聽過這麼一句話：「我們沒有立場去評斷他人，我們必須接受這世間所有一切本來的樣貌。」無論眼前所見是好是壞，皆是過去經驗與價值觀所投射，一切的評斷都是內心的幻化，世界只是依照原有的樣貌呈現，沒有好與壞之分。

避免與他人產生惡性共業、也避免助長自身不善業的方法是：如實觀照。不帶對錯的立場去觀照眼前事物，對當下所發生的一切勿太快下論斷，這也包含自己的心，要「存而不論❸」地處理眼前事物，即是保護自己也滋養靈性富足感的靈修心法，讓心與所有事物保持彈性距離而有所轉圜，便是佛陀所教導的「正念」。

「正念」是教導人們如何觀照內心的起伏，將心力全統攝於身心、使專注力不離開身心的離苦得樂之法。正念不僅是修心法，將此觀點延伸到無極瑤池金母的富足心法，也有異曲同工之妙：

---

❸保留心理空間容納對錯，不加以討論與批評。

你干擾別人的時候，你也在干擾你自己的湖面（指心湖），就會產生更多的波紋了。這是一件非常有趣的事情，卻沒有人思考過。當你在干擾別人的波紋、介入他人的生命，就是一種業力；當你批評一個人的波紋跟別人不一樣的時候，在你本身的意識中又產生一道接一道的新波紋了。

這也就是沒有辦法斷掉輪迴、沒辦法從這一個大齒輪當中脫離的重要原因，當你不斷去看到別人的波紋時，你也產生新的波紋了。

在〈金錢與業力的關連是什麼？〉一文中，無極瑤池金母已經說得非常清楚，不論是斷輪迴、或者此生期盼轉貧爲富，都應該體悟收攝身心、尊重每一條靈魂的自由意識與獨特性，是開啓內在靈性富足意識的核心精神。繼續我們應該做的事、管好自己的靈魂意識，比任何事都還要重要。

我們將話題回到本章主題上。無極瑤池金母說絕大多數的人不是正財便是偏財，甚少有人命格是正、偏財皆具足。但是，有人這輩子沒有帶正財與偏財的嗎？那是什麼情況呢？答案是：帶有修行命格的人，他們在轉世前註定此生要行走修行之路，爲發揚眾仙佛、菩薩、聖靈大願的僕人，這類型的人的信仰是站在正法上，弘揚之法是帶領人們走向解脫之道，在銜接天命後便能夠吸引無數幫助他弘法之路的財富、貴人，這就是我們常聽到的宗教財❹。水能載舟亦能覆舟，因貪求靈力與宗教權力而迷亂的人，遭逢宗教因果力量反噬的也不少，這部份不得不防。

走在靈魂來時之路，
財富與喜悅就在這一條路上。

當我順著這一股意識流分享完以上的觀點後，有一道靈訊瞬間降臨，要我傳達給方才那一位學員：

> 你此生不缺錢，你無須擔心老年因錢而貧窮，窮困潦倒不是你的命。你的錢財來自於天界，你此生將錢用於無形，錢財將源源不絕，超過你生命所需。

「這是無極瑤池金母要我轉達給你的靈訊。」我向他解釋，錢財來自於天界的意思是不屬

❹該如何界定宗教的意義，以及如何選擇屬於自己的修行之路，請參閱前著作《靈修人關鍵報告》與《我在人間的靈修迷藏》。

於人間財，也就是不要想在人世間依靠權勢而變有錢，更不用去想靠投資理財致富，應該去思考要如何將錢用在無形事物。例如：購買書籍、學習新事物充實內在、布施功德、利益眾人與社會……等等，看似是花錢，反而會推動你此生的金錢意識流、導入更豐沛的財富。聽起來不可思議難理解，但其實許多降生世間、註定要發揚正信信仰之人大多如此，你只要將這一層道理套在其他在宗教上有名望之人，就能理解。

歸屬感會帶來財富與喜悅，
找到那個地方，
接受自然發生的結果。

話才剛說完，又一道靈訊降了下來，是要傳給另一位老婆剛生完第二胎的學員。就他所言，他的工作待遇是一般人眼中的中上階層，而他每日花在工作的時間竟然長達十六小時，「將不想做的工作推給別人，已經是職場裡許多人的習慣。」他是這麼解釋他的工作，上班日永遠有處理不完的案子和推不掉的案子，回到家已經是深夜，要如何照顧小孩來分攤老婆的壓力？更不用去談論要花時間打坐修行了。此時他最希望能夠陪伴兩個小孩成長，如有多餘的時間，他更渴望用在靈修上。當他詳盡描述工作與生活的窘境時，無極瑤池金母的靈訊已經降了下來：

你如此拚命工作，打從心底的想法是想犧牲自己來成就兩名小孩，這樣的想法是每一位父母皆有的心態。但若我告訴你，你的兩個小孩無需你的金錢，他們未來的成就是由他們個人的福報所支撐，他們曾經植下的福田已經註定讓他們有一個美好的未來。

那麼你此時還要抱著「拚命賺錢、犧牲自己健康與時間、也犧牲掉陪伴小孩時間，才能夠成就小孩」的想法嗎？

我問學員說：「你的犧牲是因爲擔心小孩的未來，卻換來你無法陪伴小孩，而無極瑤池金母已說這樣的擔心是多餘的。你可以告訴我，去掉你所擔心的因素，你眞正想過的生活是什麼？」他還是重述著：「如有多餘的時間，更渴望用在靈修上。」我告訴他一個眞相（《請問輪迴》中已明確說明，他也看過此書，只是輕忽了）：

當你選擇跳入一個大齒輪中，你只能選擇一種面對問題的心態。

換言之，你不可能奢望在A齒輪的世界裡、獲得B齒輪的結果。當一個人選擇走入婚姻，免不了就必須擔負起婚姻附帶的責任。想當然爾，轉世爲人也就必須承擔起做爲一個人在世上應該面對的責任，不是嗎？

我對他言明，目前的工作環境（大齒輪）不可能讓你準時下班陪伴小孩，更不可能讓你每日還有多餘時間進行靈修。而大齒輪不可能因爲你而改變，你也無法改變它，這是所有從事與你相同工作的人都必須接受的事實。既然你跳入大齒輪的初心是想獲得更高的薪水、讓小孩無憂無慮地成長，那麼你只能在無可逃避之下調適心態。無極瑤池金母既然點破你內心的恐懼與生活的盲點，剩下的工作就又回歸到你自己身上：該如何提起勇氣放下人人稱羨的高薪工作，跳到另一個能帶給你理想生活的大齒輪？

試看看，在每一次花錢時放掉一點失去金錢的恐懼、去感受其中的喜悅，那才是金錢眞正的力量。

靈魂覺醒，
來自於空出意識裡的一道空隙。

許多人會以爲聽取仙佛指點之後，人生就能夠翻轉。如同這兩位學員，無極瑤池金母一句話就劃破了他們的生命迷霧，或許足足省下數十年對生命的摸索。勇敢走出自己生命格局的力量，仍然要靠自己努力實踐，無極瑤池金母透過這兩位學員的故事闡述這麼一個眞理：

看清自己路的那一刻，生命才真正開始。

意識層若鎮日像陀螺般不停打轉的話，是不可能帶領我們的心脫離眼前生命的。當你將專注力放在缺少的、不足的、擔心的及不欣賞的事物、工作、家庭、政治、他人生命時，這些不圓滿便將成爲你靈魂的一部份，你的生命將深陷不快樂的流沙。

要覺察此生與眾不同的財富之路與天命，就需要喚醒意識流。

對於正財與偏財，我的經驗是，當我所做的一切都是順應心的聲音，做自己喜歡的事，我就覺得此生已經擁有花不完的財富了。我有一種被上天眷顧且被無限供給的感覺，我的想法是，人必須努力依循自己的路走、放下恐懼，便能夠擁有這樣的境界，這不是遙不可及之事。信念的確創造實相，但前提是，這一個信念只能容下你自己的聲音。你不用拿著燈去找那一條路在哪裡？如果你已經走在自己天命上，一切的事情都會圓滿，因為那本來就是屬於你的路。印證是否走在天命上，最好的方法就是反覆問自己：這是我想要過的生活嗎？而不要急著問：我該怎麼做。靈魂會告訴你答案。

這便是無極瑤池金母要宣說的富足眞理：「世界即有其軌跡，不斷地運轉、不斷地運轉，沒有偏頗、不會混亂。人走在自己的天命，就是順著獨一無二的軌跡走，這一道又一道的軌跡是富足、沒有貧窮，會帶來人們生活中所需要的一切。」

靜坐、冥想、藝術、美學……，皆是喚醒全然意識與覺察自身生命獨特性的生活修練，讓你的意識停駐在半刻寧靜中，才有可能看見自己的財富之路。

靈修富足心法修持

滋養靈性富足感

如實觀照，不帶對錯的立場去觀照眼前事物，對當下所發生的一切勿太快下論斷，以「存而不論」的態度處理眼前事物。

13 有人天生帶著財來到人世間嗎？

許多人會在小孩剛出生時，拿孩子的出生年月日時去批八字、算流年，有些命理師會說某些小孩八字帶財，確實也有不少例子是家境財運在孩子出生後好轉。眞的有帶財來到人世間的人嗎？這樣的人在今世又有什麼特質呢？

無極瑤池金母　如是說

這個問題非常好回答。之前你不是有問過我，為什麼有人在今世會有錢？是天生就有錢嗎？一個人的錢財到底從何而來？答案就在這個問題裡面。

帶財來到人世間的小孩，背後有著什麼樣的天命與特質？每個靈魂所乘載的業力福報本來就不相同，「帶財」來的孩子，跟他的心性有很大的關係，但卻沒有人想去探討這個部份，因為人們只看到「財」的好處，人人都希望家中小孩是帶財投胎來到家裡，卻沒有去想過這樣孩子的心性以及日後的教育問題。

我會從帶財來到人世間的靈子特質來說明，你才會明瞭其天命、天性與後天教育的關係。

確實有些人是帶著財來到人世間，他們有什麼特質呢？

第一個特質，他跟父母親的關係一定是非常特別的。他可能必須承擔起一部份的家業。也就是說，他可能是長子、或是父母最寵愛的小孩、又或者以後必須繼承家業，無論如何，他會符合以上其中一項條件。這個帶財的小孩子，跟父母關係會非常深，跟祖業更有著深遠的連結。想一想，這樣的人真的會比較快樂嗎？不一定！快樂、金錢以及帶財來到人世間，是完全不同的東西。

第二個特質，他的思維模式會和一般人不一樣。有很多這樣的人來到人世間時，具有強烈與眾不同的特質，天性較為一意孤行、特立獨行，你可以觀察第二種特質的小孩，他們從小就會特別想要做一些跟其他小孩不一樣的事情。可是這樣的小孩子，他有一些行為與思考角度是不被外人所認同，有時候他是孤單的，因為他也必須承擔家業與家人的期望，他同時還必須花心思去處理他內心不被了解的世界。

第三，最後一個特質，雖然這些人不一定會跟神明有相應的因緣而走入宗教修行，但是他們的敏銳度是夠高的，可能是顯現在藝術天份、可能是對世間事物微細的觀察、也可能是對人的觀察、或是對食物的敏銳度。

當你從這些特質去觀察人世間所有的人時，你就會了解有哪些人從母胎出生時就帶著錢來到人世間。

所以你問我有沒有人是天生帶財來到人世間，當然有啊！怎麼會沒有，一定有！

無極瑤池金母

靈修富足諦語

- 每一條靈魂乘載的業力與福報本就不盡相同。
- 帶財來到人世間的小孩，不一定就比較快樂與幸福。
- 他們所承擔的家業與父母期待，會比一般小孩高許多。
- 帶財來到人世間的人，其思維模式與看待事物的角度，與他人相較之下是特殊的。
- 此類型的靈魂並不一定會有宗教信仰與修持。

祖靈是子孫共同的語言，
深深地影響著我們一生，
超越傳統上的意義，
才能夠以全新的觀點看待自己的人生。

「祖先業力」是你我熟悉的名詞，「祖業」兩字背後蘊含多重的意義：祖先習氣的遺傳、心性、行事作風、處事態度、婚姻家庭觀、兩性觀點、金錢處理觀念……等等。當我們說到一個人帶有祖先業力時，也就代表他的靈魂裡頭隱藏著家族一脈相傳的習氣，這是存在我們靈魂裡無法抹煞的事實。

當你仔細觀察過自己、或是某一些人與家庭的關係時，是否有發現同一家族裡往往有許多人帶著非常相似的「習氣」，你可能會說這是因為同一家族、生活相近的關係，更深層的說法是：這一群人活在一脈相傳的祖業中，且深受祖業不同程度的影響與操弄。當我越深入、越耗費精力與時間在靈修上時，就越清楚看見，一個人之所以無法順利回復靈魂本有的自由性與清明、擺脫低潮命運束縛，根本原因是：祖業對一個人的影響。

你是否曾有過以下的疑問：在華人祭祖的傳統觀念中，祖先靈、祖業、祖墳陰宅與陽宅風水等等，對於子子孫孫有著一定程度的影響；但是，為什麼出於同一家庭的小孩、後代，其發展卻是大相逕庭？無極瑤池金母在此段靈訊裡，已經破解了一個千年來不為人知的輪迴奧祕：祖先業力與子孫的財富。

為了讓你更清楚無極瑤池金母的此段靈訊，我從幾位與祖業關係甚深的個案特徵，集結虛擬出以下兩個人，讓你從他們身上了解到「祖業、帶財與心性」三者重疊又複雜的關係。我還是重申，以下所舉個案是從幾百位個案的特質所杜撰出的人物，如果你曾來找過我請示無極瑤池金母，或是上過我的課程、講座，切勿對號入座。

＊＊＊

轉化不了的心性，
承擔不起的家業，
掙脫不了的枷鎖。

銘軒是一名四十來歲的中年人，離婚、育有一名女兒。他的父親經營一間頗具規模的中型貿易公司，他與姊姊均在父親的公司擔任要職；而銘軒的兄長在結婚前便離家在公家機關工作，與當老師的太太自組家庭，多年來已不干涉家族事業。銘軒在前妻介紹下前來預約無極瑤池金母問事。

原來他罹患酗酒上癮症多年，不喝酒手就會嚴重顫抖，而多年酗酒也導致他的肝腎失去正常功能，干擾了工作。醫生對他下最後通牒，如再繼續酗酒下去，會連命都沒了。但是，當身心被酒癮所縛，豈能說改就改。

因爲每晚睡前嚴重酗酒，他根本無力負擔隔日的工作量。初期，只要因酗酒導致無法正常工作，父親便會對他破口大罵，逐漸轉爲失望、放任。或許也因對父親感到內疚，加上姊姊曾經多次利用職務之便竊取公司鉅款，去填補婆家與家庭上的財務大漏洞，爸媽的處理卻是採取放任態度、視若無睹，如此，更加深了他對酒精的依賴。他告訴我，多年下來他爲公司努力打拚，甚至爲了工作進度與發展，願意犧牲陪伴小孩與妻子的時間，仍無法換來父親的認同，甚至連正視他一眼的努力都不曾有過，而姊姊多次偷竊的行爲，父親卻是包容與原諒，在多重打擊與不公之下，嫉惡如仇的他更爲抑鬱，只能藉酒澆愁。當他來找無極瑤池金母問事時，已經嚴重到上班要偷藏酒在身上，再趁公司員工不注意時偷喝，如此才能進行每一日的工作。

無極瑤池金母靈訊如此說道：

家業沉重，自身心性業力甚深，無法承擔祖先靈之業力與父親期待，以酒釋放壓力。

從這一段簡短靈訊就可以猜測出，銘軒的父親是傳統父權主義下的嚴父，從小便以高壓方式來教育他，以期待、要求取代對子女的愛，長期下來卻導致他身心壓力無法宣洩。銘軒內心對父親充滿矛盾與失衡，不滿父親的作爲，又一心想達成父親的期望，長子、獨子會不自覺將父親的價值觀投射到自身，視爲未來的生命樣板。在他更深層的意識裡會模仿父親，一肩扛起照料妻小與子孫的責任。然而，對現實的無力與無奈，加深了他對自己的譴責與內疚。或許你會認爲因爲過度依賴某項物品、事物（毒品、藥、菸、酒等）而嚴重地傷害身心，是一件非常可恥的事，其實，站在靈魂意識的立場來看，「上癮症」背後傳遞的訊息是「我要活下去」。換言之，一個連生存意志都沒有的人，何必要靠這一些嚴重損傷身心又會造成上癮的物品呢？只要是過度依賴一些剝奪你身心自由、讓你言行無法一致的都是屬於「上癮症」的範疇。

每一個人的靈魂，
都有一條連結祖靈的靈力線，
它與祖靈連繫，也顯化了世間。

第二個故事是一位剛生第三胎的可馨來找無極瑤池金母問事。可馨的第一胎和老么是兒子，老二則是女兒。可馨想知道這三名兒女未來與家庭的關係。

無極瑤池金母靈訊說道：

老大心性最像父親與爺爺，溫文儒雅、包容性大，會照顧弟妹一生，此生與父母連結甚深，承擔祖業，轉世在此家庭為穩定家業。

老二安份守己、慧黠，自小善於察言觀色，心性像其母，婚後依然心繫婆家與父母、兄弟。

老么心性完全不同於家中任何成員，獨立、自主，心性與其兄姐迥異，自小特立獨行、外緣極佳，成年後便會離家到外地謀生，帶財轉世、此生不愁吃穿。

＊＊＊

接著，我從無極瑤池金母這一章節的靈訊切入這兩則故事，你會更加地明瞭：「快樂、金錢以及帶財來到人世間，是完全不同的東西。」

一、家族的祖業一般會傳承到後代子孫某一人身上。換言之，不是全部的小孩都會繼承祖先業力。

二、延續前一項，此人選大多以男性爲主，這是民族性與文化特質的結果，也僅僅適用於華人世界以及重男輕女的傳統社會。

三、從家庭當中的排行來說，長子、獨子與么子是繼承祖業較常見的排序。排行在中間的小孩就比較不受祖業影響，但仍視小孩與家庭的依附關係而定。

四、心性最像父親、爺爺的孩子，往往繼承祖業甚深。

五、承接祖業最深的小孩，往往會以父親、爺爺的行事風格作爲榜樣。

那麼，什麼樣特質的小孩受到祖先靈影響幅度最小？

一、自小有濃厚的宗教信仰，或是對探索生命意義有著極高度的熱忱。

二、從小遠離家庭到外地就讀、求職。

三、心性與父親以及其他兄弟姐妹最不像者。

四、自小就擁有獨特的興趣、癖好。

擁有以上特質的小孩長大後會自立門戶，靈魂意識是較容易跳脫祖靈業力的正負面影響。

叛逆的人格特質，
是靈魂意識想要逆轉家族的權威秩序。

第一則故事裡的銘軒是非常典型繼承祖業的例子。兄長早早脫離家庭業力向外發展自立門戶，銘軒在家中的排序便從老么變成了獨子，自然而然就必須承接父親的事業。他想做出一番成就搏得父親的認同，更想讓公司未來有更好的發展，一心期盼在工作上的努力能夠獲得家族的讚許與認同，無奈的是他累世心性習氣，已經耗費他太多的精神與體力（生活耐受力、自我否定、壓抑……等等），須自我承受與處理，如未能處理好，如何能承擔起家族的業力。銘軒一個人身上就有前述受祖先靈影響的五個特質。

帶財轉世的小孩人人想要。換位思考，倘若一名小孩帶財又能承擔家業，那麼，他此生就必須付出更多的努力。試想一下，在你心目中符合「有成就、扛起家業、青出於藍勝於藍」的富商、藝人、藝術家等第二代，就可以大概可以猜出來他們要付出比一般人不知多少倍的努力，才能站在被家族與世人認同的舞台上。這樣帶財又扛家業的靈魂，要非常努力降伏自身習氣，才有空間進一步談論承擔家業，以及發掘自身的財庫天命，因此，無極瑤池金母才說：

這個帶財的小孩子，跟父母關係會非常深，跟祖業更有著深遠的關係。想一

想，這樣的人真的會比較快樂嗎？不一定！快樂、金錢以及帶財來到人世間，是完全不同的東西。

那麼，可馨的三個兒女哪一個帶財呢？就無極瑤池金母的教導，三個小孩此生均有不同程度與屬性的帶財命，差別是，老大屬於守家業型的靈魂特質，他日後可能不是一般人眼中創業致富型的人才，但他會像父親一樣守護家庭和睦，如無極瑤池金母所言：「包容性大、照顧弟妹一生。」如此特質的孩子自然而然會將自己的情緒與感受壓抑在心裡深處，如何在他小時候便讓他懂釋放壓力以及快樂成長，即是可馨夫妻要思考的。而老三的特質就完全符合了「先天帶財」的第二個特質：

他的思維模式絕對和一般人不一樣。有很多這樣的人來到人世間時，具有強烈與眾不同的特質，其天性是一意孤行的，會特別想要做一些事情。

爲什麼無極瑤池金母會在此段靈訊裡，特別點出這句話：

可是這樣的小孩子，有時候是很痛苦的，他有一些行為與思考角度是不被外人所認同，有時候他是孤單的，因為他也必須乘載家業、要去承擔家人帶給他的期望，他同時還必須花心思去處理他內心不被了解的世界。

這類型的小孩在父母、師長的眼中，很容易被歸類爲不乖、叛逆、調皮、思想偏差，這樣的孩子的靈魂特質本就不能用常態與標準化來看待。極具成就的人，在小時候與就學期間便會表現出常人所沒有的思維及行爲，你也一定見過不少實例：小時候特別乖舛、叛逆，長大後突然變了個人，不僅事業有聲有色，還一肩撐起家中財務。對於老三的教導，可馨夫妻得付出更大的包容力來接納他的特異獨行，如此靈魂深層的意識才有空間冒出頭來，帶領他跳脫社會常規的束縛，發展出一般世俗所沒有的創意與謀財能力。至於老二，終有一日必嫁出門，雖然嫁出去後，原生家庭的祖先業力對她的影響幅度會削弱不少，但是背後等著她的是必須去承接夫家的祖先業力。

至於我對於老二先天命格帶財的看法，則是來自無極瑤池金母靈訊中所提及的：「安份守己、慧黠，自小善於察言觀色，心性像其母。」可馨是守財又顧家的好老婆，做事有條不紊，將家裡打點得無話可說，老二的心性自小就像可馨，再加上老二個性也符合無極瑤池金母所說的：

不一定會跟神明有相應的因緣而走入宗教修行，但是他們的敏銳度是夠高的，可能是顯現在藝術天份，可能是對世間事物微細的觀察，也可能是對人的觀察，或是對食物的敏銳度。

敏銳的觀察力不僅僅是針對人，還包含了對金錢數字、股票投資、理財、人際互動等等，再加上她在不同時期來問事時，老公均帶這三名子女前來，從老公與小孩的面相，以及以上種種就可以判斷可馨三名小孩均有不同程度的帶財能力。

過度重視金錢，將看不見靈魂的完整性，

接納生命的不完美，

靈魂意識會從分裂走入合一。

我們總是會希望自己轉世時帶著一卡車的金銀財寶來到人世間，這輩子不愁吃穿、不爲金錢煩惱；倘若沒這福報，就會把希望寄託在小孩身上，期盼他出生含著金湯匙，日後全家都可以靠這小孩吃穿一輩子。台灣有句俚語說：「有一好，無兩好。」世間每一件事情的發生本就有平衡定律，「命中帶財」無人不想，但「帶財命」的背後卻要揹負著無數人的期待、壓力與眼光，當我們羨慕他人帶財時，真的不得不先捫心自問：「我們承受得起『帶財』背後要去化解的更龐大業力與祖業嗎？」

你可曾發現許多對社會有極度貢獻與成就的人，絕大部份並非出生於極富裕的家庭，靈性極高的宗教家、修行者也似乎有著類似的家庭背景。當一條靈魂的韌性與負荷強度尚未被開發與訓練時，金錢往往會使頭腦鈍化，阻礙靈性向上提升。

誤用金錢有時是危險的，
不要太認真看待金錢，
輕鬆一點，
你更能掌握與善用它。

無極瑤池金母曾經如此教導我：

發生在生命中的每一件事，不論好與壞，皆在我們能力所及的範圍，絕不會超出一分，也不會缺少一毫。導致命運極其困厄的，往往是人心貪求過甚。

去深入探討你自身或是孩子是否帶財來到人世間，不是無極瑤池金母此段靈訊背後所要傳遞的意涵。帶財來到人世間的靈魂或許人人稱羨，但他們所要面對的心靈課題也比一般人還要沉重與複雜。其實，我在請示無極瑤池金母這問題前，更深層的動機是想分享一個觀念：不要盲目地追求「帶財」。

「帶財」的觀念傷害了許多人。當父母聽到命理師說自己的小孩帶財時，免不了沾沾自喜；但若是命理師口中說這是剋父剋母、命中又不帶財的小孩呢？我們是否會因此鄙視而產生偏頗的教育行爲？

坦白說，我對於「帶財轉世」這一個說法是鄙視的。我聽過不少個案小時候被安上「天生不帶財」的話，自此在家族中過著抬不起頭來的日子，也有不少人在生活與事業不順遂下，常常陷入自我否定的情緒中，懷疑自己天生不帶財，才會遭逢乖舛的人生。

靈魂意識中如果一直帶著「命中帶不帶財」的觀念在生活，它就像孫悟空頭上的緊箍兒，當唐三藏的緊箍咒（負面情緒）一出現，靈魂便被綑綁地死死，什麼事也做不了。

如果你從小被認定命中不帶財、不旺家族，或者你正像銘軒一樣被沉重家業壓的喘不過氣來，無力感與厭世感常常盤踞在心頭，令你難以呼吸，以下這一個靈山派化解詛咒的方法，可以幫助你撕掉那一道多年的詛咒，這個方法即簡單又有效：

1. 閉眼默念幾回：我XXX（名字），召請我的祖靈前來。

2. 持續閉眼、統攝專注力，觀察腦海中是否有任何人影或影像浮現，有時祖靈會以一團黑影或白光呈現。以我帶領的經驗，被喚醒的靈魂印記以最親密的人居多，例如：父親、爺爺、直系親戚中的長輩。

3. 如果仍然感受不到，請再持續默念第一項後，靜待幾分鐘。如果你感受到生命壓力與某人、某事有關連，請接著下一步驟，召請主神。

4. 召請主神降臨：我誠心地祈請我XXX（名字）的主神來到此處❶。（不論你有沒有看見，請相信你的虔誠心）

5. 持續觀想方才浮現的人或事，專注並且配合呼吸、默念：我已經找到了祖業的源頭，在我的主神協助之下，已經化解掉我與祖業的關係（這句話重覆三次），從今天起，我釋放掉我的祖業，我做回我自己、不受祖業干擾。

6. 整個流程持續做六至八回，可能每次的感覺都不盡相同，沒關係，直到呼吸轉變成舒暢。

7. 最後感謝主神：感謝祢的協助。

❶你也可以召請無極瑤池金母，祂的願力無所不在。

我相信每一個孩子來到人世間，都有其特殊性，每一條靈魂投生在這世間，也都有自身要去完成的靈性課題。家庭，是父母與孩子共同的靈魂修練道場。多年前，一對父母找無極瑤池金母為剛出生的兒子命名，當時無極瑤池金母降下的靈訊有這麼一句話：

夫妻二人從小均未能從家長身上學習到正確的家庭教育觀念，為人父母後，在親子教養上會因觀念與互動磨合甚多。

或許，透過此篇靈訊與兩則真實故事，我們不妨試著用更全面的角度來處理「命中帶財」這一個議題，與其期待天生帶財，不如以更包容與彈性的生命來看待自身與他人的生命，如此的未來會更美好。

靈修富足心法修持

化解祖先業力的詛咒

1. 閉眼默念幾回：我XXX（名字），召請我的祖靈前來。
2. 持續閉眼、統攝專注力，觀察腦海中是否有任何人影或影像浮現，有時祖靈會以一團黑影或白光呈現。以我帶領的經驗，被喚醒的靈魂印記以最親密的人居多，例如：父親、爺爺、直系親戚中的長輩。

3. 如果仍然感受不到，請再持續默念第一項後，靜待幾分鐘。如果你感受到生命壓力與某人、某事有關連，請接著下一步驟，召請主神。

4. 召請主神降臨：我誠心地祈請我XXX（名字）的主神來到此處。（不論你有沒有看見，請相信你的虔誠心）

5. 持續觀想方才浮現的人或事，專注並且配合呼吸、默念：我已經找到了祖業的源頭，在我的主神協助之下，已經化解掉我與祖業的關係（這句話重覆三次），從今天起，我釋放掉我的祖業，我做回我自己、不受祖業干擾。

6. 整個流程持續做六至八回，可能每次的感覺都不盡相同，沒關係，直到呼吸轉變成舒暢。

7. 最後感謝主神：感謝祢的協助。

14 該抱持何種正信態度來看待風水命理的開運法？

風水術法流傳在華人世間千年，具有扭轉一個人甚至全家族命運之能力。在我們靈山派，我也親眼見過無極瑤池金母以風水之術改變一個人的心性、財運與乖舛命運，由此可知，風水術法的效應是存在且可信的。請問無極瑤池金母，我們要以何種態度來看待風水術法，才不會過度迷信，又能從中獲得改善生命的力量？

無極瑤池金母 如是說

宇色，你知道嗎？當有人希望透過你來問我，如何藉由調整風水來改變財富命運的時候，在那一刻，他就是在把他這輩子的功德福報簿攤開，昭然若揭地來討論他個人的功德財富問題。

倘若有個人想跟你或銀行借錢，你們一定會去看他的信用、資產、過去的歷史以及人品，這是衡量此人的還款能力、再決定能不能幫助他的基本判斷方法，是吧？也就是說，當想要改變財富與命運時，就是要在我們（神靈）面前攤開你過去所做的一切善與惡。

我站在這裡，能夠以術法讓一個人的生命由貧轉富，風水術就是最快速的方法之一。

風水的功能是什麼？風水是用來調整你的靈魂進入它應有的天命軌道中，當你的靈魂偏離此生應該走的軌道，風水能夠將它調回到對的位置。靈魂包含了意識、思想，它影響你的運勢；靈魂走到不對的位置便會讓財富、事業、婚姻、感情、精神等發生一連串諸多的問題。人世間種種的問題與靈魂有著密不可分的關係，風水能讓靈魂回到天命軌道，人生會逐漸好轉順利。

要用風水的方法讓這個人的靈魂回歸到應該走的軌道，前提是他的先天命格與後天福報要具足。福報不具足，就好像前面我所舉的例子，一個人已經破產或是沒有信用，卻還想再跟你借錢，你會想要借他嗎？就算你願意，他的心也沒辦法將借來的金錢積累更多的財富，這是品德與福報的問題，記得，**品行是一種靈魂意識的表現，良好的品行道德就是福德**。你們人口中常說植福田，另一層的意思是端正品行、顧守本份、做好此生應盡之事、不妄為，這就是在植福田，不要以為做好事才是植福田，把生命顧好就會積累更多的福報。

靈魂意識是維持在無形的平衡基準上。世間所有一切都是維持在平衡的狀態，包括由靈魂意識所投射出的世界，它也必須在宇宙間維持某一種平衡。也就是說，想要依靠風水達到致富，你的靈魂意識須與風水、財富站在同等的平衡穩定狀態。這樣你便可以了解到，風水對靈魂的幫助在於安神，神是指元神，當風水格局調和至一致，元神才能安穩坐在天命軌道上，心才能明辨是非、不妄為，如此才能在面對各種抉擇時做出對生命最有利、且利益世間與自己的決策，如此之下，運勢就會逐漸好轉。

前提是，想靠風水轉運要先植福田積累福報，我們（指神靈）給予的幫助才能透過風水達到效果。一條沒有福報的靈魂，風水難以發揮功效。

想靠風水來致富，必須先拿出資產（福報），要是自身沒有積累品行福報，甚至連命中也註定無貴人，要怎麼積累財富呢？這就是我前面所說的：若有人來問我如何透過調整風水改變他的財富命運時，就是攤開他這輩子功德福報簿的時候。

想靠風水開拓財源，你自己要不斷與世間、與人交流互動，**財富積累與人的良善互動有絕對大的關係。**

如果有一個人與世間在意識上交流是匱乏的，且本身缺少善根、慧根與福報，卻有一名風水大師說他可以靠風水改變命運，這是妄想、不可能的。在靈魂能量與宇宙不平衡之下，這種事不可能發生。秉持著助人良善的心與世界交流的人，風水要改變他命運的幅度是非常大的。

你不妨想像一下全世界的每一個人，都是由許多能量體與意識體組成，有混濁、有清明、有高貴、有低賤，也就是每一個人的靈魂是由無數的意識、能量所組成，如同我前文所說，每一個人就是一顆泡泡的世界。相對於人不穩定的意識狀態，宇宙則處於永恆穩定的狀態，倘若有個人不吝嗇於跟世界與無數人進行良善的交流，就會在無形間產生強大的淨化力量，不僅會洗淨彼此不淨的靈魂意識，甚至能驅除掉依附在靈魂意識的不善因緣與邪靈。這是一般人所不知的靈界運作祕密，「無私地與人及世間進行交流」對靈魂來說相當重要，這更是轉動運勢的方法之一。

如果你了解了這一層的道理，便能夠理解為什麼跟修行大師或是悟性非常高的人在一起，你會感覺到意識被淨化，這是因為彼此的靈魂在無形空間場域進行著交流淨化，在善能量交流之下所產生的轉化力量，會洗滌掉靈魂深處的不安跟焦慮。

宇色，我想進一步告訴你另一個風水的真相——以風水而致富是因為靈魂意識本就具足。對於已經將靈魂修練到富足意識的人來說，任何風水老師都可以透過風水讓他更為富有，並不是老師的能力特別強，而是這一個人本來就具足富足的意識，風水只是順水推舟罷了，就算他不去依靠風水，最終也會成為一名富有的人，富足能量會自然地流入他的生命中。你們人所說的：福地福人居，意思就是，並不是風水選擇了人、或是人去挑選一塊風水寶地，而是無私地與世界交流的靈魂，本已具有富足的意識，它幻化出一個富足的世界、一塊極好的風水寶地，順應富足的生命而來。你有看懂這一層的關係嗎？

智慧的靈魂，修持福報與意識，創造富足的生命。

愚昧的人，依賴外在事物，想達到致富的人生。

「風水」本身並沒有使人致富的神奇力量，是人的作為與思維啟動了風水。當有人告訴你：「來！有一座金山銀礦的寶藏任你拿取，可是裡面卻沒有任何有價值的東西！」你不覺得這句話非常有趣嗎？這一座金山銀礦裡的東西其價值從何而來？還是要靠你自己啊！（轉動富足意識）

一名真正了悟宇宙、靈魂與福報三者關係的風水老師，就會誠實地告訴你：我懂得堪輿之術，但我卻沒辦法單單以風水幫助你致富，因為你須要先去執行三件事情，風水才能幫助你開創出屬於你命中的金山銀礦，這是促成風水、達到轉運的三件事：

第一、不要吝嗇與他人交流。人跟人的交流是一種生命的流動，是非常強大的助緣力，這非常重要。

第二、不要向任何人散播你內心的恐懼、威脅跟恐嚇，那完全會阻礙人與人之間的善緣交流。

第三、多說好話。

做到這三件事情，就算你沒有風水助力，你這輩子最終將是富足的。

該如何確認你所遇到的風水大師是真正了悟宇宙與靈魂的運作法則呢？如果你命中註定將會有錢，當你巧遇一名真正的堪輿大師時，他會告訴你：你與財富就差臨門一腳，只要你去做三件促成風水、達到轉運的事情後，我才能夠以風水堪輿助你致富。

如果你在過去或未來遇到這樣的人對你說過類似的話，表示轉動運勢的善因緣已經來到。你了解其中的意涵嗎？真正懂風水的老師是命中註定才會遇到，好的風水老師不會誇大堪輿對你的助力，他反而會勸誘你去做對世間與他人好的事情，他也不會一味將運的好壞，全部都放在風水上面來討論。

最後我想告訴你一個真相，不要隨便花錢找風水老師，這一件事非常的關鍵，你要等待一名真正能觀察你福報業力的風水老師，這對你在轉運上是重要的一件事，這個「等待」是非常磨人的，卻是唯一的要領。這就是我方才所說的，真正懂風水的老師是你命中要有註定才會遇到。如果你命中註定遇到一名好的風水老師，你不用費心去找，因緣來時他會出現在你生命中。另外，他還必須懂得我方才所說的那三項，才是一名有福報且懂得堪輿的風水大師，他為你所做的每件事情都是依照個人的福報業力去做，而不是放大風水的功效，這一名風水大師只是讓你的靈魂回歸應有的軌道，這樣就足夠了，富裕的生命自然會被吸引而來。

你會感恩這樣的安排，也因為感恩，你才有機會解脫貧乏的生命，以及跳脫你的輪迴束縛啊！

今日，我透過宇色的身體傳訊此段關於富足的真相是：你的福報善業要先具足，財富就會不請自來，風水堪輿術法只是助力而已。

最後，我必須要再次說明一個觀念，這一生不要將所有力氣花在累積財富之上，身為人，要努力去耕植你的福報與善業，下一世才會降生在更好的環境，朝解脫之路前去。

無極瑤池金母

靈修富足諦語

- 風水術法是調整一個人的生命回歸到應有的軌道。
- 風水術法的效能與福報業力成正比。
- 財富積累跟人的良善交流有很大的關係。
- 開啓生命源源不絕的聚寶盆的三個方法：

第一、不要吝嗇與他人交流。人跟人的交流是一種生命的流動，是非常強大的助緣力，這非常重要。

第二、不要向任何人散播你內心的恐懼、威脅跟恐嚇。

第三、多說好話。

- 不要隨便花錢去找風水老師，你要等一個真正能觀察你福報業力的風水老師。
- 福報善業具足時，便會吸引財富與諸多好事，風水術法只是助緣力。

這本書寫到這裡，如果你對於前面文章裡無極瑤池金母所降的靈訊，以及每一則故事、文章，在不了解的情況下，皆反覆仔細閱讀，相信你的意識已經逐步地進入無極瑤池金母的靈修富足心法世界當中。在這裡，我必須先再度喚醒你的記憶，將專注力拉回到前面幾個章節裡，無極瑤池金母所傳授的富足諦語，如此我們才能繼續下去。無極瑤池金母曾如此說道：

靈魂只是一個能量體、一個頻率而已。這世間有許多物質的東西，絕對是人的靈魂幻化出來的，沒有例外！是人的靈魂幻化出來的。

如果你的邏輯思考夠強，相信你已經發現，無極瑤池金母所傳遞的富足心法一直圍繞在一個核心：是你的靈魂意識建構出物質世界以及金錢能量。物質、金錢與意識這三者之間存在著微妙的平衡關連。金錢是靈魂意識所幻化，它顯現在你眼前之前，金錢能量早已經在你的靈魂意識裡頭形成了。

宇宙的中心是穩定的能量，

人類的內在與外在以平衡在運行著，

人類與宇宙是同步的。

命理風水大師只是依照你的「靈魂頻率」去規劃外在的風水格局，自稱具有通天本領、能逆轉乾坤的命理風水師，要不是誇大了人為的能力，便是不甚通徹風水與福禍業報的關係。

將無極瑤池金母的靈訊重新組成排序，你會發現，風水格局的源頭，依舊是靈魂意識所投射出的結果。

外在世界是靈魂意識所幻化出來，你所居住的環境與你的靈魂有最直接的關連，尤其是臥室。你曾有過走入陌生的環境與空間時，卻感受到莫名的困窘與不安嗎？舉一個比較淺顯的例子，若你畢生從未踏足過、但現在有機會進到一棟豪宅裡，屋內屋外盡是富麗堂皇的裝潢，宛若瑤臺瓊室，還有雙車位與獨立電梯，客廳更擺滿價值連城的傢具、飾品與藝術品，你當下會有什麼感覺？是忐忑不安、走起路來躡手躡腳、小心翼翼？再換到另一個場景，如果你自小就身處優渥富裕環境，出入皆是名車接送、享盡天下美食，某日走進環境髒亂、衛生條件極度惡劣的貧民窟，甚至還要低頭才能鑽進擁擠不堪、三坪大卻住滿了五個人的屋子，你的心裡又是什麼感受？是衝擊、恐懼、坐立難安？會造成內心巨大衝擊的感受，是出自於你的靈魂意識與環境的能量正處在不對等的頻率上。

由此便可以了解，風水師要為案主調整居家風水時，就算他知道哪一種的風水格局最適合這一間屋子，且能夠創造出極度富裕的氣場能量，但依然要配合此間屋主的先天格局、心理狀態、經濟能力與品行，才能讓風水達到最大的效益。風水難以逆轉一個人註定好的命運、財運、家運、事業，風水對一個人的助力必須是以福報、業力爲基礎。

無極瑤池金母是從一個人的福報業力來衡量風水的助力，因此祂才說；「**風水本身沒有致富的神奇力量，是人的作為啟動了風水。**」「作爲」是指一個人在世間的行爲、舉止、意念、思維、表達等等。而人的意識、宇宙、因果、業力存在著複雜難解的關係，其實背後依然是在和諧的機制底下運行著，不會有一分一毫的閃失。

世間萬物都是能量的展現，
最終，走入平衡、和諧、穩定。

無極瑤池金母如何來看待意識、財富與風水三者之間的因果關係?

你可以試想意識就好比一條流動的河水，水本身不會流動，它只是順勢而動的一種能量，因果也是如此。因果只是順著意識與宇宙無形波而行走，當人的意識介入時，因果便會改變流動的方向。

世間進入空無狀態，因果便不存在，因果本身不會有所作為。當宇宙萬物有了運轉，因果便產生了作用，你們人的意念亦是驅動因果的動力之一。

因果與意識是如此、財富也是如此，金錢具有水的特質，當大自然環境有所變動，水便順勢而動；當意識介入，金錢流動、因果也就轉動。而風水只是順應意識的東西而已。

意識牽動因果，一切即是當下。

以一句簡單的話來解釋，財富是最終靈魂幻化的物質，你的靈魂意識才是眞正促成它發生的源頭，意識是因、財富是果，你必須往內在走去檢視你的意識，它才是促成你今生財富的主因，而不是本末倒置、妄求外在事物（風水）達成你想要的世界。這就是無極瑤池金母在前面提及的——

他們又是如何處理自己泡泡裡面的事情？而你每一天在自己的泡泡裡面做了什麼？你每天所做的事情（思維），才是你沒辦法富足的真正原因。

因果是由無以計數的物質、意念、能量組合後所運行的產物，風水格局則是一條靈魂的意識、思維、業力投射後所集結而成的物質世界，看似完全不同的背景卻都在述說著宇宙萬物以和諧、對等、平衡、陰陽、互補的運行法則。

靈乩選擇以元神為高等靈修法門，以此開啓神靈與幽冥之門，領悟生命的眞正意義。那麼，終其一生，凡行使通靈能力必須環繞在「探索宇宙本源」當中，沒有其他。以堪輿來探討生命與輪迴的奧祕，也是靈乩的修練法門之一。在這一則靈訊中，我想要首次公開我在堪輿過程所看見的案主福報業力與風水格局的神祕面紗。

＊＊＊

某年，一位在南部行醫多年的醫師前來詢問無極瑤池金母。當時他陷入兩難，不知是要回台北自行開業、還是留在已耕耘將近二十多年的醫院，一方面考量想就近照顧家人與陪伴小孩長大，另一方面則是與老東家有些理念上的問題。在他稍有年紀之下，面對挾帶事業與人生的雙重抉擇時，遲遲做不了決定、一拖再拖，一晃眼又過了好幾年。當時無極瑤池金母當著他面，說出了一個隱藏在他心裡深處、從未對外人說過的話，這句話無意間銜接了他此生的天命大願：

沒有治不好的病人，只有不用心的醫生。

我問他，行醫至今你有許過什麼願嗎？或類似希望有益於病患的話嗎？是否無意間說了這麼一句？陪他前來的太太驚訝不已地說：「我先生對病人非常的好，視病如親。」而他本人則是點頭表示確實有說過這句話，對於無極瑤池金母點出了他行醫的志向，他深覺不可思議。無極瑤池金母再度地點出只有他自己才知道的用藥準則，例如：若病人不需用藥、打針，他會坦言告知；如病人堅持打針吃藥，他會站在醫德的角度婉拒病人。對於以上所述，他也都點頭表示認同。他進一步說道，在南部行醫時，就常遇到經濟能力不堪負荷長期醫藥費的慢性病患，偶爾也遇到弱勢家庭的家屬前來看診，因爲他不忍這些人受生活與病體折磨，常會自掏腰包爲這些病患看病，或是使用超過健保給付的藥品予以治療，私下再自付超額費用，他說：「因爲我還有點能力幫助他們，不希望看到他們因爲身體的病痛，連看診也要變成負擔，我還有能力幫得上忙就幫一點。」太太在一旁表示，自掏腰包是常態了，有時他放心不下病人，就算休假期間回到台北，仍然掛心著病人。對於他在行醫職涯上的重大抉擇，無極瑤池金母僅就一句話指點：

南部，廣為人知，名利雙得；北部，名利稍弱，勿忘小兒。

無極瑤池金母靈訊說得明明白白，在南部行醫享有高知名度，名聲與醫德廣傳南部，名利雙收；如果到北部行醫兩者必然不如以往，最後一句則暗藏玄機，「勿忘小兒」。好似寺廟籤詩般的靈訊透露了難以事事盡如人意，名與利固然重要，但醫師一生疼愛的兒子也請務必考處。太太聽後點頭如搗蒜：「對，他只有這麼一個兒子，是一生的最愛。」無極瑤池金母當時的靈訊預言了他兒子的未來❶。

無極瑤池金母的靈訊面面俱到、字字直擊心坎，他直呼不可思議，說道：「早先年爲了這個問題，我去問了點靈認主、接主神的老師，做了儀式後也不了了之。今天來問事，一次就解決了我心上多年的石頭。」問事結束後，他遵照無極瑤池金母指示離開老東家。一開始他爲了找到適合的店面開業也是苦惱不已，畢竟台北寸土寸金，兼具便利的交通地理位置、適宜的空間與符合預算租金的店面，老早被人相中租走了，怎會輪到他呢？無極瑤池金母明確地表示何時會有著落，地點就在他住家不遠處，甚至連日後開診所的病患屬性、特徵以及看診方針等等，無極瑤池金母均一一指點迷津與預言未來一切。從無極瑤池金母的靈訊中可以得知此位醫師有醫德且宅心仁厚，在問事時我當著無極瑤池金母的面允諾他，日後開業時無償免費爲他看風水、診所命名以及請示無極瑤池金母診間內的陳列規劃，以我本就擅長的靈修堪輿支持醫師的大願❷，即便當時我已經不再接受靈修派風水術的預約。歷經幾個月的尋找店面、搬遷與前東家的合約問題等波折後，最後診所座落在醫師住家步行約十分鐘左右的地方，且診所就位

❶一年後兒子在就學出現了嚴重的問題，事後他們表示，一年前慶幸聽從無極瑤池金母的建言，這位醫師才有能力每天陪伴小孩，幫助小孩與太太渡過低潮期，因故事後續已超過此篇討論的範疇，故省略之。

在台北某熱門捷運站的出口處，令他們夫妻感到喜出望外，不但省去開車之苦，還能就近照顧家人。這對他們而言簡直是天上掉下來的禮物，不論租金、地點、環境，他們都相當滿意。

從決定職場生涯的轉換、搬遷、前東家合約問題、尋找店面到命名，一切都非常順利的進行，每當醫師來請示無極瑤池金母問題時，我特別感受到靈訊來得又快又準，沒有任何中斷與困難。這種情況並不會出現在每一位來向無極瑤池金母尋求生命解惑的人身上，主因出自這位醫師待病人如己出，寧可虧錢也願天下無病人，其品行厚德載物、天道酬勤，如此醫德必得仙佛相助。

那一日我前往規劃診所風水時，我一站定診間祈請土地公前來，請示此診所是否接應財氣或有其他不好的外靈，經土地公告知屋子的地脈屬旺地氣盛，有助於醫師日後行醫助人的格局。原本空無一物的空間，在我轉動元神請示無極瑤池金母靈訊後，問診間、倉庫、櫃台、病患等候區……，所有隔間與設備就像3D立體圖般地乍現，不可思議的還在後頭，開運擺飾品、氣場流通處、何處聚氣……等等細節，均一一現前。忘了說明一事，我們靈乩堪輿是完全不用羅盤，全憑仙佛菩薩當下給予的靈訊，以及轉動元神意識後幻化的畫面。以我多年來爲無數人堪輿的經驗來說，有福報之人才能有如此的幻化；心胸狹隘且無發大願的人，就算是大通靈人、大靈乩、神明願意傾力相助，助力也相當有限，這就是無極瑤池金母所言：

來問我如何透過調整風水改變他的財富命運時，就是攤開他這輩子功德福報簿的時候。

＊＊＊

人們知道有許多事情是註定好的，包括財富，但是卻沒有人知道，人生還留有一大片可以自由揮灑的空間。從小，我們的靈魂意識就被某些狹隘的風水與命理所框限，但是從這一名個案身上，你卻可以體悟到無極瑤池金母所傳遞的風水與人之間重要且微妙的關係：「透過風水而致富，只是將靈魂回歸正常的軌道，他命中要有註定，且要有福報，我們給予的幫助就能透過風水起了效果。」

從這一段靈訊與故事中，我們不妨可以歸納出以下「致富」公式：

命中註定＋（德性＋富足意識＋生命流動）＝致富的人生

或許前一項我們此生無法改變，但我們還有後三項百分之七十五的決定權，仔細想一想，我們還是有相當大的人生主導權，不是嗎？

---

❷醫生仍按禮俗包紅包感謝無極瑤池金母的幫助。

掌握百分之七十五，你便可以投射富足能量到外在世界，這一股能量會再回流至你身上——想要創造更爲富足的人生，這就是一項非常重要的靈修修練課題。

看完前面的故事，如果你內心升起找無極瑤池金母、通靈人、風水大師一解命運貧窶的念頭，強烈建議你暫緩，先靜下心來，捫心自問是否做到無極瑤池金母前面所教導「開啓生命源源不絕的聚寶盆」的三個方法，也請不要忘了無極瑤池金母最後的交待：「不要隨便花錢去找風水老師……，你要等真正能觀察你福報業力的風水老師，這才是真正重要的。」

靈修富足心法修持

判斷一名好的風水大師的四個方法

1. 一名真正懂風水的大師不是花錢就可以請到。
2. 要耐心等待真正能觀察你福報業力的風水老師。
3. 不會誇大風水堪輿的能力。
4. 會規勸你抱持一顆良善心與人交流。

〈第三篇〉

破解人生、修行與金錢的迷思

15 對於沒有錢的人，要先解決錢的問題還是先修行？

我看過不少人現實生活中苦惱著每個月的支出，想修行的心也被現實生活中的貧瘠生活干擾而無法清明。請問無極瑤池金母，金錢與修行孰重孰輕？沒有錢的時候應該先處理金錢？還是仍以修行爲重？

無極瑤池金母 如是說

錢與修行這兩件事，要先處理的是：**如何看待「富足」**。什麼是你看待富足的態度呢？就是你要很清楚知道自己此時此刻需要的是什麼、此時此刻身心到底想要的是什麼、又是什麼造成生命的匱乏。

我之前曾說，當你腳痛時，怎麼能渴望成功地爬上喜馬拉雅山，那是不可能的事情。喜馬拉雅山上確實有許多令人嚮往的聖境，是許多人一輩子想要朝聖之地，但是你在爬山之前必須先解決你腳的問題才能攀登它。（意喻修行與成為有錢人都必須培養富足的意識）

相信我講解這一個譬喻以後，你大概可以理解金錢與修行兩者的關係。金錢與修行的核心都與靈魂意識的富足有很大的關係，錢不是決定靈魂意識成為富足的關鍵，你們人也不會因為沒有錢而無法修練富足的靈魂意識，那完全是兩回事。你有聽懂這一層的關係嗎？富足的靈魂意識與金錢無關。

要先解決的是錢或修行的問題？真正要先處理的是如何看待富足。真正的「有錢人」擁有富足的靈魂意識，富足的意識會為世界帶來無遠弗屆的正面影響力，能夠解決身邊無數人的問題，帶領他們一同走向富足的世界。而真正走在修行路上的人，他們了悟的心會牽動起無數人的共業，他們的靈魂意識依然是富足的，富足的心會帶領更多有心想看穿輪迴的人，從苦難的世界中抽離，他們對於世界存在著某種正面的影響力，除非這一個人的修行路是選擇隱居的修行。

如何看待「金錢」與「修行」這兩者的關係？修行是為了解決你清貧的靈魂。有許多人將修行視為清貧的生活態度，以為鄙視金錢的清修生活才是修行，你不能夠把修行當成清貧，不是的！不是要修練清貧的心才走入修行，修行是要回到那一條靈的狀態去。找一個靜謐空間，與靜默共處，逐漸與那一條靈產生共振時，富足意識就會產生，自然而然就會吸引金錢能量。這不是我一直在對你說的嗎？

人生存在世間需要錢是常理，生活需要金錢購買基本的需求，這是很自然的結果，只要解決了生活的基本，對修行還沒有很強定力的人來說，才能靜下心來思考修行的問題❶。

沒有錢的人到底要先選擇修行還是賺錢？最源頭是要先處理如何看待「富足」，你們處理金錢的態度哪裡出了問題？你有沒有處理眼前的那一些小問題呢？現在你漠視身心的小問題，日後就會變成阻礙你走入富足的大問題，而這些大問題如果沒有進一步處理，走入修行後，躲藏在你靈魂裡、沉睡千年的魔障就會甦醒。

如何處理錢與修行，這兩者一定要放在一起討論，但是，你們人卻往往只以存摺裡的數字來評斷一切，那是不對的。

無極瑤池金母

靈修富足諦語

- 無論錢或修行，都須先處理如何看待「富足」這一件事。
- 真正的「有錢人」是擁有富足的靈魂意識。
- 真正走在修行路上的人，其了悟的心會牽動起無數人的共業，會帶領有心想看穿輪迴的人。
- 與那一條靈產生共振時，富足意識就會產生，自然而然就會吸引金錢能量。
- 人生存在世間需要錢是常理，生活需要金錢購買基本的需求。
- 漠視身心的小問題，日後就會變成阻礙你走入富足的大問題。

❶金錢能夠解決生活基本所需，這對於一名修行初學者來說有相當助力；而一名心境已經修練到一定程度的人，生活上需求的短缺並不會干擾他們的心。因此，金錢對於不同層次的修行人來說具有不同的意義。

順應靈魂即將覺醒的呼喚，
伴隨而來是富足的生命。

靈魂意識要進入覺醒、成長與轉變，就必須掙脫社會世俗的觀點，但是這一條靈魂的成長之路不能避免現實與夢想的衝突拉扯。由貧轉富、改變命運，總是發生在意識覺醒之後。

舉一個發生在我身上的實例。多年前我選擇跳離上班族行列，是在靈修啓靈❷後多年，我在意識覺醒那一刻，內在燃起一股力量催促我必須對生命做一些改變，這股力量莫名重重地敲擊我的心、帶我看見世界循環的眞相。

「不要再等了，職場就是如此，要走自己的路！」內在的意識呼喚著我：「去做你眞正想做的事，你的天命不在職場。」我靜下心來好好地傾聽它說的：「不要再等了，你命中不會有貧窮，你應該放手一搏，去做你想做的事，去打破這一道不對等的框架！」最後一句話令我眞正驚醒，原來我在職場上只是像一隻在滾輪上奮力奔跑的倉鼠，以爲在人生這一條路上已經跑得很遠、將一些人狠狠抛在身後，殊不知，職場根本沒有最後的輸家與贏家，在那瞬間我竟然清楚看見生命與職場充斥著不對等的能量流動。那股內在的衝動繼續向我說道：「職場的成功不是你天命所在，去做你此生應該要做的事；去做靈修的事，讓更多人從靈修中受益。」突然，我再也忍受不了被工作逼迫的生活，我意識到，生命不應該只是在工作、金錢、家庭三者之間無盡地來回奔跑，人生該有不同的選擇。成爲一名不受薪的獨立工作者是充滿危險與挑戰的，但是附加價值是自由。那一年，我離開了職場，也離開了舒適圈，卻沒有將恐懼與不安一起帶走。我選擇相信一切都是最好的安排，那一刻起，我醒覺——意識覺醒必然是命運改變的開始。

信仰是喚醒內在的泉源所在，
修行是信仰，是神聖力量的顯現。

只要你有強大的信仰力，就能夠清楚聽見內在意識的呼喚，它會對你的生命起相當大的推力。意識覺醒的心對於選擇是毫無恐懼與懷疑的，當心中對於選擇仍有一絲的不安，便是意識尚未走到覺醒。該如何做才能喚醒意識、不再渾渾噩噩過一生？以下從生活就可以輕鬆做到的六個內省方法，提供給你：

❷關於我的啓靈故事請參閱《我在人間與靈界對話》、《我在人間的靈界事件簿》柿子文化出版。

• 每日撥一些時間和精力給自己，不要全部投入工作中。
• 每天睡前反問自己「我滿意現在的生活嗎？」不要去想答案，只是反問自己。
• 每日留一小時給自己，什麼事都不做也很棒。
• 把錢用力花在良好的興趣和嗜好上。
• 不要把意識能量浪費在不必要的人事太久，例如手遊、小說、通訊軟體。
• 停止詢問別人「我的人生問題該怎麼辦」，別人的經驗不是你的人生。

所有的事情都是建立在能量交流之上，你想「取得」好的人生，就必須先「拿出」原本的生活慣性來「交換」，這道理就像是購物一樣：你先「努力」工作賺取「金錢」，才能夠「購買」你想要的東西。千萬不要以為執行以上六點是一種看不到成果的犧牲，你要知道的是，心法練習與成為運動選手、舞蹈家所付出的努力一樣，皆是走在相同的修習之路。要成為一名頂尖的人士，除了自身擁有的天份，後天持續不間斷的努力更不可少，把所有的精力與時間花在一件事情上，絕對不容許將心分神在其他事物，如此才能換來優異的成就與表現。越是用以上六點來檢視每日的言行，就越能夠擦亮金錢光源，所吸引來的機會與好運也會越多。此六道練習何時會在你的生命中開展？只要你觀察到身邊不斷吞噬你靈魂能量的人事逐漸減少時，就代表你已經啓動靈魂意識。

透過以上練習，你會開始意識到「我的人生不應該只有如此」，這是意識進入轉化階段的開始。不要停止以上的練習，所得到的體證是取之不盡，也是別人拿不走的。

- 思想就是能量，專注力決定了回收的效應。
- 對某種物品投入最大的專注力，必會反饋於你相對等的滿足感與效用。
- 讓喜好、興趣、嗜好轉化成富足能量，成爲取之不盡、用之不竭的金錢光源。

用心在自己身上，靈魂會以更爲豐盛的形式回饋給你；將我們靈魂意識創造出來的金錢用於社會、眾生，以及自己的內在價值，才是金錢對於靈魂轉世的重大意義。

匱乏感，滋養魔性，
吞噬掉你的靈性。

你到佛寺看見一尊尊的大佛像，每一尊佛像的笑容、眼神與表情都散發著圓滿的氣息。如果你仔細觀察過祂們，你的心會有一種被了解的撫慰感。神像彰顯神明的願力，膜拜神像也是人最靠近神的一種途徑，人們期盼透過膜拜神像，摒除掉人性裡的慾望、恐懼、貪婪與執著，走入神的圓滿境界，在宗教儀式中轉化人性是一種淨化靈魂的概念，也是超越業力束縛的象徵意義。修行淨化人性、拉近與神的關係，那要如何達到？唯有在虔誠信仰下，持續對身心的鍛鍊及特別強大的內省力才能達到。

我在某次修練靈修功法時，感受到前所未有的寧靜，彷彿置身於宇宙間空無的狀態，金錢、名利、情慾在那瞬間都被消融，我向無極瑤池金母請示，此套靈修功法是否可以外傳？無極瑤池金母說：「不可。心未能修至富足境界，世俗的煩惱、情色、貪婪、慾望在修練中皆會顯現，幻化為魔，傾巢而出，不可不慎。」祂接著說道：「迷戀權、利，靈修密法的神祕性容易聚眾，將被有心人拿來操縱人心；尚未看穿金錢的把戲，靈修密法則會成為囤積財富的工具；情色與男女關係尚未被轉化昇華，不可思議的靈修法會吸引無力把持的有心人，修行者與信眾間的男女關係將糾纏不清。」無極瑤池金母語重心長地叮囑道：「情、色、名、財在修行路上伺機而動，修法的基礎是在教導人們如何去面對它，心魔未除盡，得靈修法是禍不是福，日後將後患無窮。」從那一日起，我不再於公開場合談論靈修法。

在靈修路上，我從不少人身上親眼見證到無極瑤池金母所說的「漠視身心的小問題，日後就會變成阻礙你走入富足的大問題。」因這句話的威力，有許多人抱持著觀望的態度與對玄學的好奇心進入修行，內心尚未被處理的心性問題反被它勾出來：喜歡聽八卦流言、談論他人是非、超越正常的男女關係、複雜的金錢往來……，這一些人性問題在修行世界中不斷上演。在我的認知中，修行道場即像是人性大染缸，卻又具有漂白的功能，端看你如何去抗衡魔性與滋養神性。誠如無極瑤池金母所言，「**這些大問題如果沒有進一步處理，走入修行後，躲藏在你靈魂裡、沉睡千年的魔障就會甦醒。**」

在西藏宗教修法中非常重視師徒之間的密傳，建立在師徒互信的基礎之上，當一名徒弟歷經多年完全盡到老師所交待的功課後，密傳儀式才得以進行，用意是讓老師幫助徒弟去除掉躲藏在心裡的魔性，這一道鍛鍊心的工序對於修法來說非常重要，在經過師父嚴格且系統地訓練後，未來修法路上，徒弟的修法功力日後更突飛猛進。這對靈魂的修練來說是一件非常美的事情。密傳是在隆重儀式下進行，代表徒弟透過重重考驗燃盡業力，正準備進入下一階段的開始，也是一名老師驗證了徒弟的心，象徵著密法傳承的不可侵犯性，更意味著徒弟將從人性中脫胎換骨蛻變成神性。

從生活體證的生命，
才能看見生命的完美，
修行與金錢的核心價值來自靈性的富足。

在這段討論金錢與修行的靈訊中，無極瑤池金母重新詮釋「富足的靈魂意識」概念，富足不再侷限在金錢、財富等物質層面；它意味著情愛❸、名聲、權利等世俗問題已經處理，靈性圓滿不欠缺。

靈修富足心法修持

自動吸引金錢能量的方法

找一個靜謐空間，與靜默共處，逐漸與那一條靈產生共振時，富足意識就會產生，自然而然就會吸引金錢能量。

❸泛指親情、愛情、友情。

16 靈修可以增加財富、改善經濟狀況嗎？

雖然有許多人是在生活中遇到困境才會接觸靈修❶，但心中多少會希望靈修能夠幫忙解決經濟的問題，畢竟不是每一個人在靈修中都帶著強烈的解脫心，難免還是有生存的基本需求。請問無極瑤池金母，接觸靈修能夠改善經濟狀況嗎？在開始學習東西方身心靈課程的種種技巧後，真的可以獲得物質上的滿足嗎？

❶這裡所指的靈修泛指所有與靈性相關的修行。

無極瑤池金母 如是說

在回答這問題之前，我想先跟你說一件關於學習靈修與身心靈技巧後會遇到的狀況，當你真正地了解這一層的關係以後，我才能進一步解說你的問題。

你要知道一件事，接觸靈修會經歷一段心與業力的拉扯期，我稱之為「靈性陣痛期」，這個陣痛期的時間長短端視之前所提到的魔性。魔性會在你開始接觸靈修時出現。越深入靈修，身心靈三者會逐漸從分裂的意識走入合一，當你越向內在、挖掘越深時，躲藏在心裡深處的千萬魔軍會被喚醒並伺機而動，待心禁不起世間的考驗時，魔軍會傾巢而出，壓倒你對生命的信念、宗教信仰力與虔誠心。

這批魔軍非常的駭人，你們人常常聽到的實例是佛陀對抗波旬的故事。波旬就是躲藏在你的內心非常深層的魔性，魔性是恐懼、不安、焦慮、害怕、懷疑、憤怒，是吞噬你的靈魂回歸那一條靈的化身❷。這個魔性包含的層面和意義還有很多，例如：對世界無盡地貪婪、難以化解的情感與性慾、對身邊親近的人不信任與懷疑，這些都是魔性。

如果你走在靈修路上，當你的心尚未修練到有足夠的力量向內觀照時，魔性會在你走靈修之際來干擾你。

魔性現前時，宛如千百斤沉重的鎖鏈鐐銬，硬生生將你的身體從頭到腳緊緊地綑綁，讓你連呼吸都喘不過來。此時，你的虔誠心與信念在哪裡呢？

我想藉由這一道修行與魔性的問題，向你說明另一個觀念：浴火重生。浴火重生所講的並不是一個人從生命的谷底爬起來，不是！浴火重生真正的定義是，一個人的心有足夠的力量，將璀璨的靈性從幽暗的心裡釋放出來，力克魔性就是浴火重生。

宇色，有許多在靈修路上的人們不想面對魔性，因為這對絕大部份的人來說太辛苦了，有許許多多的人只想要直接成為靈性大師❸，卻無力與內在的魔性搏鬥，如此矛盾的心才是真正讓人感到害怕之處。

如果一個人的心中藏著魔卻成為了大師，他所教導的觀念也會是在充滿魔性的心性之下傳授，所布施的不是善心、而是魔軍施予群眾的邪念，這是非常可怕的事情。

不要忘了，對世間真正有所了悟的人，都必須要看見許多自己內在的魔性。你知道嗎？宇色，許多大師在追尋內心之路時，曾經做過許多可怕的夢，這些擾人與不堪的夢是他們內在心性所顯現的鮮明畫面。

我為你解說這一件事，是想要告訴你靈修的可怕與危險。如果你想透過靈修

❷指心還能夠不受外界影響，堅定地走在道途上嗎？
❸意指想直接獲得靈性，卻不想面對內心的陰暗世界。

達到富足，藉由靈修解決物質問題，你無疑是在滋養與壯大魔性。走靈修是否可以讓一個人更富足？前提是，必須進入無懼無求的心，才能真正的富足，這又回到你一開始所詢問的問題。

每個人靈魂裡都有一座金山銀礦，唯有處於寧靜安定才能被開啟，你如果沒有這一把鑰匙（靜定），是進不去的。

如果你透過實修實證清楚看見了內心不為人所知的魔性，你已經將魔性降到最低了，你的心會像消融的冰山，藏在冰山深處的一切物質都會被看見，最後會蕩然無存，僅剩下冰山的本質：水❹。

你覺得是一座冰山的冰比較多（指意識）？還是海洋的水比較多（指潛意識）？你要如實地看見冰山所化成的水，就必須先讓冰山消融。如果不先將冰山融化，何以看見它的原貌呢？

我再舉個例子。

樹葉從繁盛茂密轉變成乾枯是魔性的話，那麼當葉子完全枯萎掉落便是春天即將到來了，因為如此，這一棵植物才有繼續生長的空間，日後會更壯大❺。

---

❹無極瑤池金母以冰山來譬喻多重意識，魔性潛藏在潛意識中，當你靜定時便能看見它。

❺這一段是以反話來形容，意指去除掉魔性。

為什麼古人懂得在新耕種前要燒稻草？為什麼古人要常常修剪樹木？因為這麼做才能讓新芽有更多空間發芽，他們是要作物們讓出更多空間，才能長出好東西。你知道為什麼地殼會不斷地變動嗎？因為變動是一個生命體的本質，地球本身就是一個生命體，地球是一顆透過地殼變動來調整能量運作的生命體，同時也會殘殺許多你認為不應該毀滅的事物。從人的角度來看是殘忍，那是你們人的角度，其實並不是如此。這是一個生命的流動，是宇宙的流動，流動是一種毀滅。耕種、砍掉枯木、地殼變動都是一種淘汰。靈修，你必須去除掉魔性，神性才能展現，神性即是靈魂已進入到富足的意識狀態。

如果你已經清楚了解我前面所說的觀點，再將你所體悟到的心得帶回去你剛才所問我的問題：靈修是否可以創造一個人的財富？答案是可以的。

如果在修練中除卻魔性、以靜處事，去除魔性後的靈魂如同斬除枯枝的樹木、燒盡雜草的大地，將獲得重生，將開啟靈魂裡的那一座金山銀礦。

問題是，現今有多少人願意在靈修中去看見自己的魔性，並與它抗衡？又有多少人能夠將身心靈修練合一，達到萬事無懼、進入無所求的心？無所求不是沒有念頭、沒有想法、沒有夢想，無所求是願意割捨貪愛與執著、執行大願，這才是真正的無所求、無為的心。

你剛才問我，靈修能否帶來財富？我必須要向你說明的是，藉由靈修去除魔性獲得富足是可以的。靈修、看見魔性、去除魔性、了知大願、發大願，這是走靈修後而富裕的一條修修練之路。

宇色！我對你的解說先到這裡。

我難捨不斷歷經千轉輪迴的龍鳳兒女❻，我悲痛地告訴你一個真相：**你在慾望牽動之下、在物質界創造龐大的財富，你就必須再回來這個世間**。因積累過多財富，如果無法用此財富創造心靈與外在的美，這一個人會陷入無盡的輪迴中，這是我想要告訴你的。

在這世間有許多創造財富的方法，每個人都有很多種方法來賺取財富，不會只有單一的選擇。「靈魂」與「財富」兩者在輪迴轉世中的關係複雜難解，財富幫助靈魂創造了美好世界，但是使用不當與誤會金錢，卻又是導致靈魂無法跳脫輪迴的原因所在。

你今年再度向我詢問關於靈修富足的心法，在這一本書中，我也已經透過你的身體傳遞給世人，這是靈界與物質界之間、世人難以洞悉的真相。但是，如果

❻在台灣靈修界均以龍鳳兒女表示待返回天界的男女眾生。

有讀者只是想要透過我所教導的富足心法，累積在人世間更多的財富，如果他們的靈性尚未具備閱讀此書的意識層，那麼我對你所宣說的一切，他們也未必能理解，他們的意識依然會停留在自己想看到的世界，什麼也不會改變。

我在這一本書裡所宣說的是如何鍛鍊靈魂的富足能量，以此富足能量解脫生命的苦難，以富足能量幻化富裕的世界，進而創造內心與世間的美好，讓世間與你的靈魂富足意識有著相同的美好。你的意識不會終其一生窮困在小小的內心世界，而是可以創造更多東西，善用我在此書所宣說之富足觀念，以及我所教導的靈魂意識運轉機制，確實可以讓你增加財富。

不要偏頗財富與靈修任何一方，這一本書我所宣說的觀念是以靈性的富足財富為優先，透過剷除內心魔性而看見內心的人，會在生活中獲得更多的財富，他的靈性會綻放出非常耀眼的光彩，那是非常漂亮的。

這一條修練到靈性非常純粹、在世間創造許多財富的靈魂，當離開人世間時，靈魂依然會非常漂亮，他不再回到人世間，他會回到那一條靈的狀態裡。你永遠要記得，財富與靈性是可以並存的，我希望你在閱讀這本書的同時，再去閱讀前一本書《請問輪迴》裡面所談到的靈魂、靈界、意念與輪迴等多重觀念，這些對於想要創造富足意識的靈魂來說是相當重要的。

宇色，透過你的身體來傳遞我所教導的靈修法已經多年，透過出版，我也希望讓更多人了解到富足意識對於解脫的重要性，而不只是讓更多人在閱讀此書後賺取更多人世間的財富，如此，才不會造成一條靈魂不斷在這個地球上輪迴。要跳脫這一道大輪迴的運作，要跳脫輪迴。

無極瑤池金母

靈修富足諦語

- 干擾你走入富足的魔性考驗，在開始接觸靈修時便會出現。
- 真正對世間有所了悟的人，都必須看見自己內在的魔性。
- 走靈修會讓一個人更為富足，前提是必須進入無懼無求的心。
- 每個人靈魂裡都有一座金山銀礦，修練中除卻魔性、以靜處事，對生命持以無所求無懼之心，將開啓靈魂裡的那一座金山銀礦。
- 生命的流動是宇宙的流動，而流動是一種毀滅，創造財富你必須先讓生命有所流動。

● 靈修、看見魔性、去除魔性、了知大願、發大願，這是走靈修後而富裕的一條修練之路。
● 在慾望牽動之下創造龐大財富，還會再回到人世間來。
● 以靈性富足為優先，剷除內心魔性、看見內心，生活中將獲得更多的財富，此人的靈性會綻放出非常耀眼漂亮的光彩。
● 不要偏頗財富與靈修任何一方。
● 修練到靈性非常純粹、在世間創造許多財富的靈魂，當離開了人世間時，靈魂依然會是非常漂亮的，他不再回到人世間，他會回到那一條靈的狀態裡。

在閱讀這一章的同時，我會建議你與第六章〈金錢與業力的關連是什麼？〉及第十五章〈對於沒有錢的人，要先解決錢的問題還是先修行？〉合併閱讀，你會更加地清楚瞭解富足意識、神性、魔性三者的關係。下一頁的圖表可以清楚地總結出這一章節的靈訊重點：

找到一個可以冥想的地方，

喜悅與富足由此展開，

它會燒盡一切的貧窮與匱乏。

我越來越相信人生是一條回歸內在的路，「內在」超過我們此生所需求的一切，只是這一條回歸之路並不好找。靈修的意義是在幫助我們看見這一條走回內在的路，只是最後一哩路最終要靠我們獨自向前行。千萬不要以爲勤跑寺廟、道場或宮壇，刻寫在命運簿裡的事業、婚姻、財運、人際關係的課題與考驗會就此一筆勾消。靜默是殲滅乖舛命運與內心魔性的利器、靜默是喚醒意識與靈性連繫的渠道，開啟富足意識的關鍵來自於靜定，靜默有助於你看見內在的實相，爲生命帶來深邃的洞察力與對抗生命的反彈力。

你無法阻擋命中註定該發生之事，
但是，轉化意識走入寧靜，
卻可以消解它的威力。

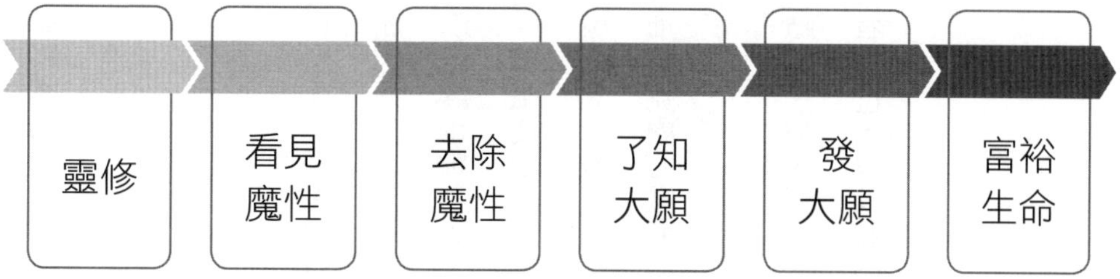

你或許無法將沉默的力量與富足生命聯想在一起，在這裡爲你分享無極瑤池金母教導我除卻魔性、以靜處事，走入富足意識的故事。

＊　＊　＊

我在十多年前初踏入作家行列，卻遭逢網路上不實謠言攻擊，對方利用社群媒體的力量搧動粉絲，對我的人格做出不實指控，夾雜眾人情緒與不理性的言語，猶如滾燙熱油澆灌我的內心，我著實不知該如何去處理社群媒體上的流言蜚語。面對謠言我的立場極爲尷尬，如果將事件原由攤開來說明，勢必造成更激烈的筆戰，兩方的擁護者都會捲入這一場風波中，這是我不樂見也不容許之事。再加上，我一貫的處事原則是絕不運用大眾心理攻擊別人，我完全卡在澄清與緘默間動彈不得，我的心摻揉著複雜的抑鬱與忿怒。此時，我清楚地看見內心藏匿的魔性正伺機而動。

忿怒的心已經徹底瓦解我的思緒，多次我甚至想擺神壇設結界，召喚天、龍、夜叉、阿修羅等眾非人，斬除糾纏不清的小人與流言。此時全天下能夠幫助我的只有自己，以及我的信仰神：無極瑤池金母。

靜待數日後，無極瑤池金母對我開示：

在世間選擇一條被他人看見的路時，伴隨而來的是批評。而選擇在群眾裡不會被看見時，是安全的，然而人生之路也必然是平凡無奇。

一個人選擇從群眾中站上舞台，他會被看見，他在萬眾矚目之下。當一個人選擇跳離群眾，他的未來必然是不安全與充滿冒險的。

此事件正在提前教導你，宇色！如你未能如實看見此事件背後所牽動的力量，而是以忿怒與不理性來處理的話，此情況將在未來不間斷地發生。

無極瑤池金母沒有袒護我，也未對此事做出評斷對錯，祂僅僅要我靜靜地看著此事，如實地觀察這整件事的來龍去脈。

在職場上遭逢言語霸凌與攻擊，我們該如何面對？無極瑤池金母道：

每一個人此生的行為都只是被業力所操控，每一個人都是在行自己業力之事，那是他們此生的本份。毀謗，是他們在行自己的業；讚美，也是他們遵循此生的業報。

做好你所選擇的舞台角色，不要墜入他人的舞台角色，無須多做解釋，這件事，很快就過去了。流言蜚語是我們的業力，不經智慧判斷、容易受他人影響講出不實之言語，是他人的業。斷除與他人的業力，先從不要墜入他人的角色中開始。

非常神奇的是，當天晚上我抱著這段靈訊中「無須多做解釋，很快就過去了。」的這句話，一覺到天亮。

多年後再度發生類似的事情時，我深刻地體悟到，上次的事件我並沒有眞正地釋懷看透，不然不會在多年後再度襲捲重來一次。有了前車之鑑，我的心迅速從紛擾中靜下來，瞬間轉念至「無須多做解釋，很快就過去了」我堅信一切都是命中的安排，該來的緣我接受，應走的緣我祝福。

此次，無極瑤池金母再次教導我：

此生，當有人以不實的言語談論你，你要尊重他，這是一個人的意識自由。勿做解釋。

解釋，是站在你對、他錯的對立立場。解釋，要他人依照你的意識去做嗎？不要介入也不要干擾他人生命，事情該發生就讓它發生，過了就好。

如果有一個人未經思辨而批評他人，他只是遵循他的業報。不對此事做任何回應，即是在消業力；無形間，你也在幫助他消業力，此事很快就過去。

你要尊重一條靈魂的意識自由，尊重，就是在消業。

以上三段無極瑤池金母的靈訊不是在教導我們正面思考的技巧，這些一點也不哲學，無極瑤池金母是在協助你保持覺知、轉化心境，看清楚整件事情的來龍去脈，從執著跳離至另一境界。過多的正面思考會壓抑一個人的眞實感受。當我們遇到苦的時候，很容易陷下去走不出來，西方思維的正面思考會跳出來要你不斷地自我催眠「我可以，我很棒，我做得到」，你不斷地以正面思考來看待事情，並不能阻擋負面思考，不好的事件在日後依然會發生在你身上。富足感不會在正面思考時出現，當你對生命不做任何抉擇時，原本就屬於你的富足感才會從靈魂意識中綻放出來。正面思考不會幫助你在充份覺知下觀照生命，你可以欺騙你的大腦，久而久之，我們會漠視身心的感受。生命不會因爲你在正面思維之下朝向幸福美滿，當你如實地看清楚你與事件的互相關係，靈魂的課題才不會重覆地發生。

無極瑤池金母教導的心法：「很快就過去了。」不單指事件本身，而是類似事件將不再出現在我生命中。

我安住於心不做任何回應，八卦流言就不再成爲我的生命課題。以上兩則事件都已經是十多年前的舊事了，這幾年也如無極瑤池金母所預言，這類事件不曾再發生，我也不用再費心去處理人言與人際關係。並非從此不再有人對我的言論、著作、個人風格有任何的評論，畢竟這一生我選擇了一條跟別人不一樣的路：靈修作家、靈乩、通靈人、道場主事者、瑜伽士……，這些身份向來讓外人在看待我時多了一分好奇心。在一般人眼中能與靈界打交道的人，往往有著難以揭開的神祕面紗。我秉持著不回應、不說明、不解釋的態度，自問不愧我心，流言已不具有任何殺傷力。多年後，我的生命走得更寬廣、豐盛與富足；當時那一些人與流言早已被時間推移到不知何處。經過這一連串的事件後，我更加確立這一條修行道是通往富足意識與人格獨立之路，前提是你必須遵循**「靈修、看見魔性、去除魔性、了知大願、發大願」**這一條富裕修練之路。

* * *

遭逢不順所升起的負面情緒、行爲、念頭都是一種魔性，魔性另一個名字是業障。魔性並非罪大惡極，它的任務是在保護我們並對抗傷害我們身心的言語與行爲。魔性還有一個孿生兄弟叫神性，神性不會平白無故從你的靈魂深處冒出來，它

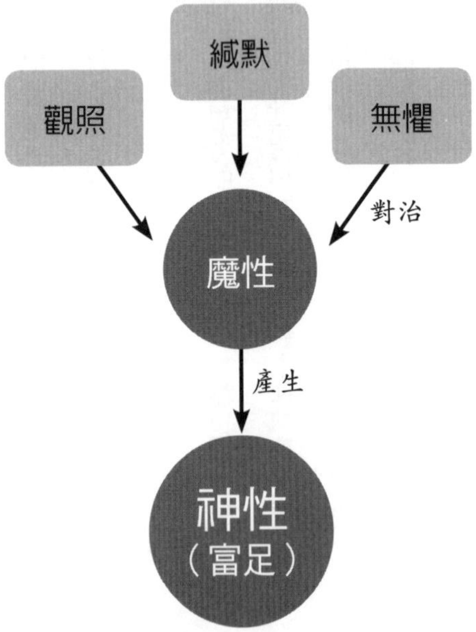

的出現端看你如何與魔性共處。

世間唯一可以修練靜心的場域，
在你的心。

在靈修路上，該如何做才能避免受到流言蜚語的干擾？無極瑤池金母如此地教導我：

如果你太在意別人的美言與批評，
彼此間就會產生共業，你將無法走出你的生命。
想要贏得他人的讚美，就需接受他人對你的批評，
若想要放下他人的評論，就需先摀住想聽到讚美的雙耳。

在靈修路上逐步開啓富足的意識，你必須先學習獨善其身、學習君子慎獨、學習管好自己的嘴和心。不要想去探聽別人的生活，那是沒有自信以及無知的開始。

走在靈修路上回歸天命、開啓富足的意識，你必須先做到不隨意攀緣與干涉他人的生命，也就是面對身外之事沉默以對。體悟修行的眞理，特徵是緘默，絕不會四處發表高見、喋喋不

休。也正是此靈訊中所提及的：

修練中除卻魔性，以靜處事，去除魔性後的靈魂如同斬除枯枝的樹木、燒盡雜草的大地，將獲得重生，並開啟靈魂裡的那一座金山銀礦。

靈修富足心法修持

避免受到流言蜚語干擾的方法

想要放下他人的評論，你須先摀住想聽到讚美的雙耳。

17 錢與修行該如何取得平衡？為什麼有一些修行者會非常有錢？

金錢明明是大家都想要的，但是爲什麼想要有錢卻成爲大多數人難以啓齒的事？尤其是放在宗教與修行上更是如此，只要宗教沾上了金錢的邊，就會召來眾人的嫌惡。如同無極瑤池金母所說「金錢能夠創造更美好的事物」，但是修行似乎不能與金錢有所關連？有趣的是，宗教的願力有時沒有錢又做不了。請問無極瑤池金母，我們該如何看待這一件事？我們應該反對修行人成爲有錢人嗎？修行人可以有錢嗎？在金錢與修行兩者之間，又該如何取得平衡？

無極瑤池金母　如是說

這個問題啊，許多人一直圍繞在一個觀念上打轉。如果有人把上一章所說的觀念全部釐清、完全明瞭我在說什麼，那麼你的靈魂其實早就已經知道答案，你就只要照這個方式做。

很多人都想要來問我關於靈界的問題、財富的問題、轉世來到人世間帶著什麼樣的天命？還有這輩子該怎麼做？他們要的只是一個說法，卻不會有人想知道該如何修行以達到那一個境界，就只是想要答案而已。你問我靈界問題，我告訴你，你能夠進去嗎？你問我如何增加財富，在前幾章我也說得很明白了，有人會說「我知道了」，但如果你不去做的話，還是不會增加你的收入的，不是嗎？

宇色，我要向你宣說一個修練心法的技巧，這一件事從未被人們知道（這些人詢問的問題最終會阻礙他們的路）。不要滿腦子想要聽到答案，看這本書時，也不要一直在我話語間打轉，你會走不出去。

閱讀我所傳遞的靈訊，你只要靜靜看、聽我說話就好。你在聽我說話的同時，你的靈魂自然就會覺醒而知道很多的事情。

就像你問我這一個問題：錢與修行該如何取得平衡？為什麼有一些修行者會非常有錢？不要去思索其中的奧妙，你只要靜靜聽我說就好了。

你覺得這個問題問得應該嗎？

你覺得問我的這個問題是存在的嗎？

如果你不斷不斷地去閱讀（不要思索）我前面所說的內容，不間斷地反覆花時間去看我前面所說的，其實你會知道答案，你的靈魂會告訴你答案。

你所提問的問題要拆開來解說，世人才會明瞭其中的奧妙。我們先跳過金錢問題，來聊聊修行的定義。

修行就只是回到你的靈魂本質、最純粹的那一條靈的狀態。這其中你要拋棄對物質的貪求、沒有慾望、心中沒有天堂與地獄……，一種沒有對立的心識世界。

你知道嗎？很多人會將「想要」跟「貪求」當成是同一件事，想要與貪求是不一樣的。你覺得餓了，餓是你的本能，接著你會想去吃東西，吃東西就是人的身體本能。如果你想的是吃得更精緻，那只會增加你的貪慾、貪食更多美味的食物，此心便是貪求。貪婪的心會阻礙你的富足意識與財富累積。

如果一個人在面對餓時，念頭是吃飽，進一步在選擇食物時，他會思考想要吃的東西對身體的意義與價值何在，這樣的思考之下所花的錢，並不會阻礙你的富足能量與減少財富，反而會增加富足意識與財富。

兩者的差別在哪，你有看出來了嗎？

你知道嗎？我希望你釐清的觀念是，人世間在做選擇時，你是「想要」這個東西？還是「貪求」這個東西？這是幫助你更清楚，同時在生活中培養敏銳覺知的自修方法。

另一個是「需要」。你真的需要這個東西嗎？你的靈魂其實從來沒有欠缺過任何一樣東西，就像你渴的時候會想去喝水，但是，水資源不會因為要滿足全世界飢渴的人而缺少；不過當有心人將水包裝成各式各樣的昂貴商品、變成是私人累積財富的手段時，販賣水的開始就是水資源開始匱乏之時。

如果人是在有需求的情況之下向地球獲取資源，資源依然會源源不絕；如果人是貪求世界的資源，則地球最終會走向枯竭。你若只是因為渴才去喝水，那麼地球不會因為給予人類解渴後，而變成沒有水的地球，不會的。因為在給予基本的需求上，地球能夠供給的一定是維持在一個平衡的運作之下，而且是更多更多的。

如果你向地球奪取的資源超過你自身的需求範圍、想要更多，那麼地球最終一定走入匱乏。好比有一個人感覺很冷、想穿一件衣服，這是身體的基本需求，但是有的人因為想要穿非常華麗、非常精緻的衣服，所以想要取下某一種動物的皮毛來當成取暖工具，你知道嗎？這就是貪求。

人類真的要貪求才能夠維持生命嗎？不是的，不是！人類其實只是需要維持身體跟生命基本的需求，維持這樣的心，如此一來，靈性與地球都會維持在非常漂亮的頻率當中。

當你能夠理解這一層的道理後，我們就要回到一開始你問我的問題：修行跟金錢的關係？

我告訴你一個很多人都不知道、也未曾思考過的事情。

如果這個人命中註定要步入修行之路，那麼他此生在生活與修行方面所需要的東西是非常少的，而且他也不會陷入貧窮；他的心最終會回到那一條靈樸實又純粹的狀態，一種富足的心境；他的靈魂會提升到非常美的境界，他的意識會在靈性圓滿之下吸引無數的財富，在不知不覺間會累積意想不到的金錢。那些並不是他貪求而來的財富，也不是他奢求來的財富，是他命中本就具足的東西，只是自然而然地發生了，那是他的意識修練來的富足世界。

你仔細看許多達到某種程度的修行者、在堅定信仰之下精進修持的人，為什麼他們的事業會做得很好、今生財富不斷地增加？不是因為他們貪求金錢，而是他們在生命中帶著一份覺知，不會偏頗金錢、事業、家庭任何一方，他們的生活裡不帶貪求的心，他的靈魂意識會逐漸回到那一條靈，解放了被禁錮的貧窮意識；被世間物質束縛的靈魂，回到那一靈的狀態裡面去，才能在毫無作為之下積累財富。

但是，有太多人的心被世俗價值矇住了，看不清這一部份；絕大多數的世間人是以不開明的心、貪求與混淆的心，去評斷已經了悟世間法的人，這一些人是無法看見修練得非常純粹者靈魂的富足意識。我在講述著一個非常重要的觀念，你們處理自己的心與看待世間的角度是什麼？

很多尚不明瞭世間遊戲的人，只是去看見修行人因修行而有錢等等的身之外物；但是卻未曾思考過，修行人的錢財本來就是他們意識世界所具足的元素。因為他們在靈修中將靈魂意識修練到與那一條靈的富足相應，那些東西本來就是他所擁有的東西。

內心充滿貪婪的修行人，或許也可以積累很多財富，但是就沒有辦法用在修行上面，他的修行不會非常精進也不會有成就；這樣的人也不能稱為修行人，他只是穿著修行外衣的世俗人。

如果你想在修行上用心，意識要非常的純淨，你的心如果是純淨且不在意身外錢財，你此生的財富便會積累非常多，你要記住這一點。就像在水中游的魚，牠在水中悠遊卻感受不到水的存在。你能夠感受到這一個畫面嗎[1]？

反過來說，如果有一個人以商業的心態來處理宗教與修行[2]，他能不能聚集財富？也是可以，會的！他也會非常有錢。但是，他的靈魂意識並沒有與那一條靈處在相同頻率的富足意識，他的靈魂不具有聚財力，他此生的財來得快、去得更快，那不是他靈魂本就有的東西，他尚未達到富足意識，反而會吸收更多的困擾與不善業。

宇色，你要知道，太多人貪圖的是靈魂意識之外的世界，最終那一些得來的東西還是會回到它來的地方，不屬於生命中的一切最終會離開生命，這是因果定律。

我還是再講一次，一名真正的修行者為什麼會富足？並不是他貪求外在世界的東西，只是因為他已經修練到與那一條靈產生共振，開啟富足的能量、開啟了富足的意識之門。

所以我想告訴你們的是，你們不應該看到有錢的真正修行人，便認為他們不應該這麼做、不應該那麼做，這一些修行人只是回到那一條靈的初始狀態，他們並沒有花費心思去賺取財富；而那一些看到靈修人財富的人，他們是用大腦來看

---

❶ 建議你試著閉眼想像。

❷ 譬喻以宗教、靈修與修行為名，做的卻是商業行為。

待他們的財富。

你還必須知道的一件事，這樣的人就算得到了物質的東西，也不會因此而感到快樂與喜悅，因為這兩項由心修練而來的境界，是他們本來就具足的心境，一顆不受外境干擾的心才能獲得快樂與喜悅，外界物質的多寡已不在他們的意識世界裡了，快樂本來就與金錢沒有任何關係，金錢裡面不會有快樂。

無極瑤池金母

靈修富足諦語

- 貪婪的心會阻礙你累積今世財富。
- 在花錢時先思考這一件商品對自身的意義與價值何在，如此思考下所花的錢，並不會阻礙你的富足能量與減少財富，反而會增加富足意識。
- 非常漂亮的靈性，不知不覺間會累積意想不到的財富，因為那是本來就具足的東西。
- 有信仰、精進修持的人，靈魂逐漸回到那一條靈，會積累財富。

- 當修行的心非常純淨時，你此生的財富便會積累非常多。
- 真正修行者的富足，來自已經修練到與那一條靈產生共振，開啓富足的能量。
- 一顆不受外境干擾的心，才能獲得快樂與喜悅。

此段靈訊中「這一些人所詢問的問題最終會阻礙他們的路」，或許有一些人內心對這句話是充滿矛盾且不解，這段靈訊值得再三咀嚼玩味。簡單來說，沒有問題時你不會提問，而當你提問出困擾你生命許久的問題時，隱藏在你思維中強大的防衛機轉也會一併出現——所有的問題都是支撐你生命的動力與關鍵，例如身陷金錢問題的人，他的生命動力就是解開金錢問題及運用各種方法賺錢，金錢即是他此生的問題、也是他生存的動力。破解這一道靈性迷思的方法，就是閱讀這一章、甚至整本書的靈訊，請按照無極瑤池金母所教導的：「**只要靜靜看，你聽我說話就好，你在聽我說話，你的靈魂自然就會覺醒而知道很多的事情。**」

世人所不知的靈修奧祕，來自於神授力。

我是一名靈乩，靈乩的修練是將靈魂意識轉爲元神意識、完全融入仙佛菩薩的靈訊中，此時元神意識會進入三百六十度全意識狀態，瞬間吸收祂們的願力與智慧，與此同時，透過元神意識的轉化，我會完全具有與祂們相同的感知。每一次與眾仙佛靈訊交感後，元神意識的能力會再一次提升，日後在我轉動元神意識探知他人的元神時，便能輕而易舉地覺知此人的心態，我不稱之爲心通，而是感知。這是靈修法非常殊勝與不可思議之處，也是我在撰寫此書到目前爲止最大的收穫：以元神意識浸潤於富足意識的狀態。

在《請問輪迴》書中曾分享到一則我以元神意識出竅至靈界、與無極瑤池金母對話，詢問宗教大師的修行次第與財富的關係。在異度空間中我的元神意識完全與無極瑤池金母的靈光合而爲一，我一動念便與祂的靈光相應而接收到靈訊，與祂靈訊交感皆在瞬間發生——我看見幽暗屋內充斥多種詭異卻色彩繽紛的符號。卍字是第一個布滿空間內的符號，它穿插在每一個空間裡，特別的是，它並非平面而是以3D立體的樣貌呈現。每一個卍字緊密連結、工整地排序，桌子、椅子、牆面……等等，皆是由卍所組成，我在黑暗屋內伸出十根手指頭，立體卍爬滿兩隻手臂，甚至全身❸。

在那當下我與無極瑤池金母進行了一場關於財富與修行人的精彩對話，完整的內容並不適合放在《請問輪迴》中（僅放入幾項適合書中提問的部份）。想不到事隔一年，當時所提問的所有內容完全吻合此書的題材，或許是天意、也或是無極瑤池金母的巧妙安排：

金錢對於修行的意義是什麼？金錢在世間的意義又是什麼？

奧修開悟了嗎？我該如何來看待、學習奧修的觀點？

許多人對證嚴上人有所批評，我該以何種角度來看待這一件事？

星雲大師創立了佛陀紀念館，他以人間佛教爲精神，大師修持的次第是什麼？

自稱蓮生活佛的盧勝彥評價相當兩極，我該如何來看待？

已逝世的聖嚴法師的禪修境界？

我該如何看待密宗修財寶法？一些自稱活佛轉世的人擁有鉅額財富，又該如何看待呢？

我必須向你說明的是，向無極瑤池金母請示的問題，祂並非有問必答。祂會觀察提問者背後的動機再來答覆，只要心中帶有一絲一毫的炫耀、好奇心、好玩、探人隱私、想要在網路上炒話題……等等不善動機的提問，都不可能獲得無極瑤池金母的靈訊感知，我相信其他聖靈也是如此。只要你的動機是欲探知宇宙及生命奧祕，謙卑地詢問，都能獲得祂們充滿睿智的靈訊。以無極瑤池金母近二十年對我在靈修上的教導，祂（祂們）從未讓我陷入好壞、對錯的思

❸《請問輪迴》第二十六頁。

維來論斷一件事，祂（祂們）向來在確定我能夠與靈訊同步之下才會宣說，小心翼翼地不讓我陷入評斷是非、對錯的思維裡，讓我嚴守一名靈乩應有的修法分際。

生活型態是由你的靈魂頻率決定，
不是你的大腦來決定。

無極瑤池金母一一爲我解析這些大師的修行次第，因內容過於龐大，僅引述此段靈訊的精華：

> 他們（祂）的心已經修持至常人無法觸及的心境，你看他們（祂）居住之處是如此地豪華，他們（祂）以畢生精力打造出一處處屬於他們（祂）的佛教世界，這些金碧輝煌、規模宏偉的宗教建築，必須匯集數以萬計的金錢才能創造，均是常人費盡一生無法達到的境界，這一些龐大財富是他們（祂）強大的願力所創造出來，是在他們（祂）堅定信仰之下，神尊願力所顯化出來。
>
> 你要注意的是，**當一個人的心越無相，其意識所能裝載的事物也就越無界限**，當心越不著墨於金錢財富時，卻越是創造了更富饒的物質世界。

最後，無極瑤池金母爲我宣說極爲奧祕的靈修與富足心法，當下我感動落淚，我嘗試以最貼切的文字轉述給你，希望你的靈魂意識能夠與我同步得到啓迪：

他們（祂）堅定的願力，創造了屬於他們（祂）的世界，也因他們（祂）的靈魂已充盈在願力當中，沒有金錢貪慾才能如此。

無極瑤池金母接著說道：

世人以尚未淨化的意識，來看待一名已具有富足意識的靈魂，他們的心讓他們看見自己想看的世界，只是看見富足意識所營造的富裕世界，卻看不見一條純淨靈魂的心。

與此同時，我的意識同步覺知以下的畫面：

「某人全身穿戴進口名牌、以百萬名車代步、坐擁千萬豪宅，是別人眼中的豪華奢侈之人。但，他的心是完全浸潤在靜謐中，以平和的態度看待眼前的一切。世界奢華的事物會停留在他人的心中，但卻絲毫撼動不了他的心。

「他的身體散發著一道又一道沉靜的光圈，被世俗矇蔽的人看不見這道保護他靈性的光圈；他們所看見的世界是內心所投射出的物質世界，及他們對有錢生活的渴望。無數人羨慕他的財富；而他的心不爲財富所動搖。」

不少在心性修持上已經進入某一境界的修行者、瑜伽士，因其純粹無所求的意識而吸收更多的財富，但是，他們的心在世間依然淡然處之。

不要仿效任何一件事，
如果它不屬於你靈魂的一部份，
最終還是會被打回原形。

某次共修時，與一些長年親近無極瑤池金母的義工聊到修行與金錢的關係。一位靈修義工說她在接觸靈修幾年後，生活上有了相當幅度的改變，尤其是處理金錢的態度以及事業上的進退應對更顯得成熟，「這幾年，原本困擾我的金錢與工作問題都解決了，每一年收入都在增加中，我相信我花出去的每一分錢最終能夠賺回來而且很富足。」當年度，她意外地抽中兩人同行的旅遊大獎，她招待了好友，兩人一同飛往雪國渡假，完成了此生一直想去完成的滑雪夢想。另一位跟隨無極瑤池金母甚久的靈乩說到，爲了能夠讓小孩有更不同的教育體驗，她終於狠下心報名以精緻聞名的親子遊學團，這對她而言是一筆相當龐大的開銷，考量到生活開銷與固定支出，她遲遲不敢下決定，就在報名截止前一日她報名了。她的心頭響起一句無極瑤池金母慈降的靈訊：

沒有人註定貧窮，貧窮是因為你做了傷害自己和別人的事。

因爲這麼一句話，徹底化解了她心頭對花錢的恐懼，那是她以前絕對不可能做的事，她說：「在以前，我不可能將自己逼向瀕臨金錢困頓的絕境，我一定讓自己控制在有存款的情況之下。走靈修，開始了解生活修後，我不再害怕金錢的損失，雖然還是會擔心，但至少已經懂得運用金錢，而不再被『擔心花錢會更接近貧窮』的心結綁住。」她向我們分享，在那一趟短暫的親子遊學團中，她結交了在教育方面相當有經驗的家長以及承辦教育團的業務，正巧他們的專長彌補了她在教育方面的不足。

關於她所提及之無極瑤池金母慈降的富足靈訊，完整的靈訊內容是：

沒有人註定貧窮，貧窮是因為你做了傷害自己和別人的事。將錢花在對身心有益的地方，你永遠不要害怕貧窮上門，因為招來的是更強大的財富。

關於修行人與金錢的關係，無極瑤池金母多年前曾經如此告誡我：

靈修人，身體康泰、生活富足才是富貴，如此，才會吸引更多人願意走靈修，如果一名靈修人身體病苦又貧窮，又如何以身作則呢？如何令人信服靈修之美妙呢？

一名靈乩、一名靈修主事者，在靈修路上身心富足與生活無匱乏之際，必須讓身旁的人跟自己一樣好，這才是在教靈修。

我相信每一位走修行的人，皆是要讓生命更美好、讓生活過得更富足，而不是要走得更窮苦。如果走靈修越久越貧窮誰要走？反過來說，如果帶著貪婪與過多慾望的心行走在修行路上，那麼最終要自食惡果，「如果有一個人以商業的心態來處理宗教與修行，……他的靈魂意識並沒有與那一條靈處在相同頻率的富足意識，他的靈魂不具有聚財力，他此生的財來得快、去得更快，那不是他靈魂本就有的東西……。」

有錢才能夠照顧好身心需求及家人，有足夠的錢才創造更好的人生。修行，不要一開始就想要當一名聖人，不要一開始就發下利益廣大無形與有形眾生的大願，那種大願會讓一般的靈魂承受不起。修行，先發一個讓自己能夠做到的願、能夠有力量渡過生命的苦難，先學習如何當好一個人，再來學習如何成爲一名修行人。

金錢的意義是心理定義，

你如何決定靈魂的意識，

便顯現在處理金錢上。

金錢並不是邪惡的，靈修人擁有金錢也並非不可爲之，重點是，你的心如何使用金錢、用在哪裡？你以何種心態賺取金錢？你賺錢的方式是什麼？錢本身並不會帶來壞事。誘導金錢的邪惡力量，來自於人的貪婪與濫用。反之，對生命的自制力與智慧，才能促使金錢造就靈性與世間的美。回歸源頭，要思索的是，分清楚「想要」與「貪求」是不一樣的東西。

無極瑤池金母在前一章不厭其煩、不斷地說明，走靈修而富足，是因爲徹底斬除心魔而達到富足的意識態度。因此，祂才會在本章一開始即說道：

如果有人把上一章所說的觀念全部釐清、完全明瞭我在說什麼，那麼你的靈魂其實早就已經知道答案，你就只要照這個方式做。

透過靈修達到富足的意識，是修行的基本，卻也不容易達成。這不是花錢上課就能學到。當你真正行走在修行路上時，在神明的護佑下，你將與你的元神合一，你會徹底地化解累世的錯誤觀念，這是修行不可思議之處。

靈修富足心法修持

轉動意識與無極瑤池金母靈訊合一的方法

這一些人所詢問的問題最終會阻礙他們的路。不要滿腦子想要聽到答案，看這本書時，也不要一直在我話語間打轉，你會走不出去。閱讀我所傳遞的靈訊，你只要靜靜看、聽我說話就好。你在聽我說話的同時，你的靈魂自然就會覺醒而知道很多的事情。

18 該如何破除努力工作卻依然存不到錢的魔咒？

有一部英國家庭劇情片《抱歉我們錯過你了》，劇中深刻描寫北英「新堡」（Newcastle）小鎮，在歷經二〇〇八年金融風暴後，經濟從此一蹶不振、基層勞工力抗大環境的悲哀與無奈。

電影中的男女主角夫妻倆每月爲了籌措房租、車貸、兩名孩子的學費及家庭一切開銷，還要扛起受到金融風暴牽連的龐大債務；每日被工作、家庭與經濟問題壓榨到喘不過氣的同時，還得面對公司無情地的剝削。沉重的壓力宛如屋頂上的百尺積雪，瞬間塌陷重重地壓垮這一個家，令身陷社會底層的家庭毫無生存機會，愈活愈窮……。

看到此部電影，不禁想要請問無極瑤池金母，有許多人像片中主角一樣奮力工作，卻無法破除「越窮越忙、越忙越窮」的魔咒，這是爲什麼呢？有什麼方法可以解除這可怕的詛咒嗎？

無極瑤池金母 如是說

如果宇色你要問我這個問題，我就必須要坦白跟你說，如果像這樣很努力辛苦賺錢但是卻存不到錢的人，我想要先跟你講的就是，你必須要先學會對生命有所抉擇。唯有如此，才能走出貧窮心境、進入富裕的世界。

想要破解存不到錢的詛咒，就應該先學會抉擇。

你要知道，在運用金錢上有很多的選擇和層次，你要先學會運用不同層次的花錢方式，才能累積更多的財富。

所有的人都有一個基本層次需要去滿足，就好像我前面一直舉的例子，要將水注入一個破了好幾個洞的水桶前，應該要先將破洞補上，對吧？那麼，要先將大破洞補上，再慢慢去補其他小的破洞，對吧？絕對不會有人先去補小的破洞，或者先把水桶漆得金光閃閃、耀睛奪目後❶，再來一一地補上破洞，這是不可能的事情，絕對不會有人這麼愚蠢，急欲注滿水桶的人是不會做這一些違反自然

運作法則的事情。

以智慧處理事情是有層有次的，愚昧的人則是急就章在做事。可以從小地方觀察出來什麼樣的人努力卻存不到錢，這樣的人在處理與抉擇事情上，往往都不是宏觀且長遠的。想要走出無盡貧窮的困境，你必須先梳理自己的生命，哪些東西應該捨棄、哪些東西不是當下需要、又有哪些東西應該馬上處理。

宇色，你這一章中提到的問題是：有些人很辛苦的賺錢、但是卻存不到錢，原因是什麼？我還是要先回答你一個重要的觀念：他要先學習花錢的順序，也就是我一開始所說的，抉擇。

第一，**把身體與心理先安頓好**。就是我剛剛提到的，每個人都有屬於自己生命的基本需求，每個人都不盡相同，但核心皆脫離不了身心，也就是先把與你長伴一生的肉體照顧好，這是走出貧窮的基礎、也是基本。你要切記，身體是靈魂意識能夠發芽的地方，這在之前文章中我已經說過了。

❶這裡是在譬喻虛有其表的生活方式，將錢花在購買昂貴但不是急迫性的東西上。

就好比栽種盆栽，你想要這一棵植物長得好又漂亮，那麼讓植物生長的土與盆一定要是好的，對不對？如果土質不好，盆子也有嚴重的破損與毀壞，這一棵植物絕對不會長得好看的。所以，在種下植物之前，你是不是應該要先處理好這兩樣東西呢？這就是抉擇。

因此，一些努力工作多年卻依然存不到錢的人，在每一次花錢當下的優先抉擇是：把身心處理好。

處理好的意思是，每個人天生都有頑疾，有的人是腸胃、有的人是過敏或皮膚問題，關於這部份你一定要注意，每個人所罹患的先天疾病都跟吃有很大的關係。「處理好」的定義很多，就是你生病了，你必須讓這一個病體康復起來，這是很基本的。

宇色，在我教導過你先天靈療法時就有說明，先天疾病、先天心性都與吃脫不了關係，所以，改變飲食習慣的話，這些問題都會有很明顯的改善。只是，令我感到不捨的是，人們無法降伏味覺的誘惑，卻想改變身體與心性，談何容易。

沒有處理好身體問題，就想要以更高的智慧處理錢的問題，就跟不先去處理水桶的大破洞、反而拚命想將桶身漆上金色油漆和修補小破洞，是一樣的道理。

我再舉一個簡單的例子，你才會清楚明瞭身體與金錢的關係。

想要讓雞蛋孵出小雞，須先將雞蛋（身體）照顧好，日後才能孵出漂亮又健康的小雞，小雞長大後才有辦法讓你賺到錢（不論是賣掉牠、還是再讓牠繼續下蛋孵出小雞，都會讓你賺到一筆錢），對吧？雞蛋就是你的身體，而小雞就是你日後的金錢，你怎能不先用盡全力顧好雞蛋呢？這觀念與之前跟你講到的聚寶盆是一樣的道理。

第二，善用食物的能量滋養身心。

滋養靈魂富足能量的來源是什麼？就是去檢視你所吃進去身體的每一道食物，好的食物會轉化成你靈魂意識的動力、不好的東西則會損毀你的靈魂意識。

宇色，你問我為什麼有努力工作卻存不到錢的人，你仔細去留意那一些人，你看他們看待吃的態度、包含吃進去的食物，以及他們在吃的時候的態度。他們並不會非常在意食物本身對身體的幫助是什麼，他們只在意吃飽；他們也還是會在辛苦工作後享受美食，但是卻不曾想過如何透過飲食照顧好自己的身心靈，這是非常愚蠢的事情。你要知道的是，如果一個人的靈性是非常漂亮的，那麼他會挑選符合身體與靈性所需的食物。我告訴你，靈性漂亮的人一定是站在某一個基準來看待所有的事物，絕對不會隨便亂吃任何一樣東西，包含水也是。所以「吃」這一件事情難道對靈性與富足不重要嗎？

我不斷地提醒你，食物在很多人的認知中只是把肚子填飽的東西，卻從來沒有人去想食物本身的能量跟靈性、富足與金錢有微妙且重要的連結。我必須要向世人說明的是，挑選具有能量的食物進入你的身體，是能夠讓一個人走入富足的基本需求與條件，千萬不要吃不應該放進肚子的食物。靈魂能量的資源來自於純淨的食物、思想，靈魂才能夠綻放靈性的光輝。

從靈魂意識釋放出來的靈性光輝，就是你們人常常說的神性；靈修可以提升神性的顯現。神性並不是靠頭腦就能夠出現，也不是什麼事都不做就能夠讓它從靈魂上綻放出來。所謂神性合一的祕訣來自於身體與意識。簡單來說，想走入神性合一的你，千萬不要在你肚子裡放入不應該放的食物。

帶著不善心的商人為了快速累積財富，意識是不純淨的，他們的意識中已經摻雜了許多邪念。這些帶著要快速致富的念頭而創造出來的食品，本身就會是一團不純淨的能量體，不僅會造成人體與地球損害，邪念思想所創造出來、充滿負面能量的產品與食品，要是吃進身體裡，還會破壞靈魂的意識結構。

製造出劣質食品的構思從商人的思維便開始，直到製造生產、最後進入你的肚子裡，雖然看起來是遙遠漫長的一大段距離，但是，依然會嚴重影響你靈魂意識裡的每個元素。從能量來說❷，構思產品的思維是以何種能量組成，都會對消費者產生相對且緊密的連鎖效應，不論消費者最後吃進肚子的食物，距離商人構思的時間有多遠，這是不可能改變的事實，所以，想要走出貧窮的人，對你所吃進去的每一種食物怎能不小心謹慎呢？千萬不要隨便吃進去任何一道食物，如果食物本身不純淨，你卻拿來餵養身體，身體只會有飽足感，但對於身體機能的運作是沒有效果的，更沒有辦法透過身體轉化食物的能量來滋養靈魂。將受到污染且帶有商人不好念頭的食品吃進肚子裡，就是一種靈魂的慢性自殺；如果你又沒有淨化身體與意識，長期下來，這一個無知的行為將摧毀並損壞你的能量場，這是非常可怕的事情。

淨化食物能量能夠提升靈魂富足意識。我要告訴你的就是，請你在吃每種食物的時候，一定要先學會淨化每一道食物，這是很基本的。以意識淨化食物的方式是：感恩眼前的食物，如果你學會了發自內心感恩食物的到來，就已經淨化了殘留在食物裡所有不純淨的意識與能量。

❷量子力學中有一個關於「量子糾纏」的理論，量子之間不受到時間與距離的影響，任何一端產生變化時，另一端也會同步變化。

想一想，你們人不會拿腐爛的食物來拜我，也不會拿腐爛的食物去拜其他神明。如果你都懂這個祭祀天神的道理了，那為什麼你不懂得你的身體就是你的神，你要把自己的靈魂當成是一尊神明來看待，你的靈魂就是你的神性，你的身體就是讓神居住的殿堂，如果你不認真看待的話，你的靈魂怎麼會漂亮呢？

另外，**水是淨化靈魂與滋養身體最重要、也是唯一的選擇**❸。講到了水，我還要再告訴你一件事情，台灣的水很多都是受到汙染的，如果你想要讓你的靈魂更純淨，水絕對需要慎選。

你一定不要忘記，水的特質是淨化世間所有一切物質，這本書一開始的時候我就跟你講了，金錢跟水有絕對大的關係，千萬不要小看水，它不只是淨化東西，還具有淨化你靈魂的功能，同時還有辦法淨化你的五臟六腑。水淨化五臟六腑又與淨化血液有很大的關連，接著又跟你的靈性脫不了關係，而靈性又與大腦（思維）有著密切關係，這些都必須放在一起來看待。

我要告訴你的就是，選擇喝進去你體內的水是非常重要的事，千萬不要小看水，如果你此時此刻無法吃進對身體有益的食物，那麼請你務必慎選水，不要忽略水對於身體的重要性。

如果你已經做到以上兩點，你的生命就會開始起變化，一些困擾你的事情會逐漸遠去，你的身體會慢慢地健康起來，小病也不會再發生，思維會清明起來，在面對職場、投資、感情與生活種種選擇時，會在清晰的頭腦下做出最有利的抉擇。你要知道的一點是，貧窮與富裕的差別在於一開始的選擇，及是否貫徹你選擇後的路。

在確保你已經完全做到以上我的教導後，接下來你才能繼續以下富足心法的鍛鍊。如何將匱乏的靈魂意識化成富足的意識體？善用知性的美來潤澤你的靈魂意識，讓靈魂意識浸淫於美的能量場，你很快就能從貧窮意識走入富足。這必須仰賴大量地閱讀，及培養對藝術、音樂、舞台劇、哲學等方面的欣賞能力。

美的事物是滋養靈魂意識、獲取富足資源的方法之一。

你仔細觀察許多此生註定成為有錢人的人，我所說的真正有錢人是指有「富足意識」的有錢人、不只是金錢上的有錢人，這些人對音樂、閱讀、藝術品、生活的鑑賞能力是非常好的。等一下我會告訴你，為什麼有些人的品行道德很差卻

❸建議當你閱讀到這一段，再回頭去翻閱第一章〈身而為人，我們該如何看待金錢？〉，有提到水與金錢的關係，無極瑤池金母在幫助我們串聯所有富足與金錢的觀念。

依然有錢，這就是另外一個問題了，我依然可以告訴你真正的答案是什麼❹。如果能夠做到以上這三點，每一個人都能夠從貧窮地獄中慢慢地爬出來、走入富足。

不過我要提醒你，絕大部份的人想要徹底完成前兩項就要花上非常大的力氣，對於祖先業力與累世業力太重的人來說，很難真正地去做到前兩項。因此，宇色，你要知道，消除習氣心性對於一個人的靈魂意識是相當重要的，在這世間取得知識太過容易，許多人是用頭腦來認識身心靈與修行的課題，那對生命是沒有助益的；在吸收知識與觀念後就要去力行它，這才是知行合一。

❹請參閱第二十章〈有錢既然是福報，許多有錢人在品行道德上卻為人所詬病，福氣與品行的關連又是什麼？〉。

無極瑤池金母

靈修富足諦語

- 要破解存不到錢的迷思，應該先學會抉擇。
- 創造財富的順序為：

1. 你必須先把身體與心理安頓好，這是基礎、也是基本。
2. 滋養靈魂能量的來源就是吃進去身體的食物，這很重要。
3. 將匱乏的靈魂意識轉化為富足意識體的祕訣，就是追求知性。

- 靈魂能量的資源來自純淨的食物與靈性的綻放。
- 淨化食物能量能夠提升靈魂富足意識，淨化食物的方式就是感恩你眼前食物的到來，發自內心的感恩就已經淨化了食物本身帶有的不純淨能量。
- 綻放神性的祕密來自於你的身體與意識。
- 水是淨化靈魂與滋養身體唯一的選擇，要淨化靈魂，水絕對需要慎選。

每當我進入仙佛靈訊中，我的思維場會完全開展成三百六十度全意識狀態，讀者看見的只是書本上的一段話、一個字，然而與靈訊交感的當下是一種情境、氛圍及感受。**「你必須要先學會對生命有所抉擇」**，當你看到「抉擇」時，可以聯想到是「選擇」、就僅僅是做出選擇，但是在我的腦海中是浮現一個金字塔——

每一個人的靈魂裡都有這麼一座金字塔，我稱之爲「業力的抉擇金字塔」，它代表每一個人在面對抉擇時的優先順序，不一而同、因人而異，隨著時間推演與對世界的認識，順序也會有所改變。無極瑤池金母說，**「懂得抉擇，才能走出貧窮心境進入富裕的世界。」**祂的意思是，富人與窮人的差別，在於懂得區分「需要」與「想要」，你得先妥善處理好生活中眞正的需要，才能進一步去滿足生命所需具備的條件。

生命，
是一場時間與精力
完美分配的遊戲。

每一個人都在有限度的時間與精力下生存著，但是慾望卻是無限的。愚昧的人，在慾望的奴役下壓榨時間與精力；智慧的人，則是懂得在有限度的情況之下，平均分配這兩者。每一個人都是在這一座「業力的抉擇金字塔」中生存著，決定生命走向的，在於金字塔頂端最高層，它是指標性象徵符號，想好那一個位置應該放上什麼，下面其餘的就會全部自動歸位排序，不會出錯。

前陣子我換掉了一部開了將近二十年的二手車，它是我人生購買的第一部車，當時購買用途是代步。雖然身邊不少朋友一直告訴我應該要換一部新車了，更有不少人跟我說，我應該開一部符合身份的車，以免開一台破車被人笑，但我實在找不到換車的好理由，車子對我來說是代步，身份與地位不是我考量的主要原因。這幾年它不敵時間的摧殘開始出現嚴重的退化，每一次進保養廠都要付上大筆的維修費，我實在不忍心看它這樣下去，在不得不的情況之下，才下定決心要換一部車，讓它早點休息。挑選車款不外乎是價格與品牌，最後我選擇了一部中價位且大眾化的品牌，用途依然是以代步爲主，與一開始購車的初衷是相同的，完全沒有將外界如何看待我所開的車列入考量之中。

我選擇盡量減少耗費地球資源與時間的生活方式。我家沒有裝設冷氣和電視；一天吃一餐，是爲了健康及節省烹飪和餐後善後的時間；我不上健身房，但在家練瑜伽，是爲了節省來回奔波的時間和健身房年費；拒絕一切應酬，也沒有開設讀者、粉絲、信眾、義工的群組，因爲我非常清楚人情是一個無底洞，越想從人群中得到力量，反而會失去與自己對話的機會。不是我在選擇某一種生活型態，而是閱讀、瑜伽、靈動、寫作，佔去了我每天三分之一的時間，我不太需要太多物質層面的東西，反而是需要更多的自修時間。我將我的生活打造成「隱居在都市的靈修人」，看似有條不紊、條理分明的生活，其實我只是在「業力的抉擇金字塔」最頂端安置了：隱者般的靈修。

你不用想如何努力才能達成想要的生活，只要靜靜地傾聽你內心的聲音，你會知道「業力的抉擇金字塔」最頂端應該安置的是什麼。知道自己眞正需要的是什麼、以及被慾望奴役的又是什麼，如此才能駕馭生命，而不是被生命所奴役。一個妥善抉擇的生命，他的靈魂是優美與寧靜的。

＊＊＊

有一位終其一生探索生命的老哲學家去見佛陀，他以為佛陀是一位高高在上的宗教統治者。當他見到佛陀的那一刻，他完全被一股存有靈氣所融化。當時佛陀只是靜靜地端坐在地上，就只是如此，熾熱的太陽與鼎沸的人群聲絲毫進不了佛陀的心。

老哲學家開口詢問佛陀：「你是神嗎？我聽過無數人如此地讚頌你。」佛陀微笑地說：「我只是存在於此，不是什麼特別的人。」「你是世界的統治者嗎？」老哲學家繼續詢問。佛陀說：「這世間不屬於任何人。」在老哲學家眼中，佛陀是純淨美的化身；他再想想自己，莫名的悲慟感油然而生。他探究宗教、星象、哲學一生，卻完全沒有一絲絲佛陀身上的靈氣，那一些頭腦裡的研究只是阻礙了他的靈性，在他人眼中他是一名睿智的學者，但他非常清楚地知道，自己只是閱讀的書比別人多而已。

佛陀看見了他內心的焦慮與自我否定，祂開口向老哲學家說：「我只是覺知每一個感受，我不屬於任何人眼中的『他』，神聖、低賤、粗鄙、高尚都只是一個人被矇蔽的心所幻化的世界，並不屬於這世間。」老哲學家眼中的佛陀，不再是人們眼中的神、至高無上的神聖，而是一名優雅且充滿著靈氣的靜觀者。

佛陀是一位由靈魂深處綻放寧靜美的覺知者。

＊＊＊

還記得這句話嗎？

你就只要靜靜坐著就好了，你的生命會進到一種軌道當中，這個軌道就好像行星一樣，它會進入到恆星，它會進入到一個空間體，它會進入到一個能量場當中，這就是人類所需要的東西，就是軌道。

無極瑤池金母教導的靈修富足心法修持：激活體內隱藏的富足能量，所講的觀念就是了解靈魂「業力的抉擇金字塔」，也就是抉擇。祂在第五章〈什麼是眞正的富足？我們該如何看待富足？〉中說道：

進入生命應有的軌道，你必須要先把身體照顧好……。富足就是照顧你的身體、滿足其最基本需求，讓身體能夠在這個混亂的世界當中，身心能穩定下來，這就是富足。

將這段靈訊與本章靈訊做一個對照，你會發現，依然是在講相同的富足心法：抉擇。看顧好自己的心，在面對選擇時去感受身心的頻率，不受外界干擾，走出一條獨一無二的路，富足會源源不絕、永不匱乏。無極瑤池金母的精神願力從來不會被改變，千萬年來皆是如此，不論我們所提出的問題是什麼，一向圍繞在祂的中心思維：圓滿、富貴，不會離開半寸。

許多人來請示無極瑤池金母關於生活方面的問題，不外乎錢財、感情、事業、婚姻、子女教育……等等，但有更多人在未學會如何妥善照顧好自己的情況之下，滿腦子充斥著慾望，例如：將金錢花費在不好的生活習慣上、財務狀況不佳、生活一團亂、感情處理方式非常不成熟；他們以爲只要結婚、成家、生子，一切的問題都將迎刃而解。

對於那些人，無極瑤池金母會提醒他們：「**先把自身照顧好，才有能力應付這一些事情的到來。**」但是他們只想滿足慾望的聲音，而不是神的告誡，「**想要破解存不到錢，應該先學會抉擇。**」我想要說明的是，並不是生活一團亂的人不應該有成家立業的念頭，而是，不妨先學習「抉擇」、「優先順序」、「輕重緩急」的判斷；了解此時此刻身心眞正的需要，才不會陷入貧窮與無止盡的慾望追逐。

啓動富足的泉源，
就在你的身體裡。

我們身體當中有一個啓動靈魂意識、促成神性合一的重要關鍵，稱爲「細胞發電廠」的東西：粒腺體。每一顆小小細胞中約有一到兩千顆粒腺體，換言之，全身上下的粒腺體數量已經是天文數字，這個數量聽起來相當驚人。粒腺體隱藏在我們的細胞當中，主要的功能是幫助全身三十七點二兆顆細胞正常運作（相當驚人），有趣的巧合是，人體大腦的腦細胞約有一千億顆，此數量竟然與整個銀河系的恆星數量是相同的。大腦的意識世界等同於一個宇宙世界。

粒腺體爲了讓細胞順暢地運行、發揮製造與傳送能量到臟腑的功能，還扮演著轉化靈性的關鍵。良好的粒腺體能夠快速轉化食物（物質）爲人體有用的能量（精神），換言之，如果粒腺體功能降低，無法正常供給細胞運作，你所吃進去的食物只能滿足味蕾、填飽五臟廟；在缺少能量之下，身體的機能無法發揮到最高的效益，與此同時還會出現易怒、專注力不集中、分神、營養不良、體力不足、嗜睡、做事搖擺不定、強烈地希望從他人身上得到關注、健忘等等能量失衡的現象。

當粒腺體保持在充足運轉與維持在非常良好的狀態之下，每一顆粒腺體將呈現宛如星星般閃亮的星光體，也因此粒腺體才有「細胞發電廠」的美名。在身心靈界與能量醫療界最常提及的「能量」，其實就是指粒腺體在人體當中的運轉狀態。當無以數計的粒腺體在高速運轉之下，你的身體就會散發出一圈又一圈淡淡的光圈，形成如同十一章中提及的兩種不同類型的意識能量場域。我們人體中耗費粒腺體能量最多的器官，是大腦、心臟和視網膜的細胞。意想不到的是，在不同國家的神話故事中，都分別提到這三處器官與掌管一個人的靈魂意識有很大的關係，例如：在華人世界將眼睛視爲靈魂之窗；古埃及人認爲人們的思想、意識都是在心臟裡頭運作；埃及沒有華人、印度的業力之說，但是從埃及之神阿努比斯（Anubis）用天秤稱量每一個人的心臟（思想）以判斷一條靈魂的善惡比重、應該要上天堂還是下地獄，即是另一種形式的業力審判。隱藏在大腦的松果體更被古人視爲靈魂之座，在印度教與佛教裡的神像常視眉心放毫光爲開悟、成道的象徵。

而從科學角度來說，一個人腦袋裡的神經元若不夠活化、或是神經元彼此間的訊息連繫度太低，就會造成此人在處理事情上比較僵化、固執、不易變通、聯想力較弱。促進神經元活化以及連繫神經元訊息最主要的關鍵，還是來自於粒腺體，這也就是爲什麼年紀越大反應越慢、心性也越來越固執的緣故。

另外，人體內七萬二千多條氣脈中，唯有七處是由三條氣脈交匯而成，即是我們所熟知的七脈輪；然而你可能不知道是，這七脈輪也是粒腺體聚集最多的地方。古印度瑜伽術的昆達里尼、台灣先天啓靈法的元神都以中脈爲修練通道，而人體當中粒腺體交匯最多的七脈輪，全部都恰巧位於這一條中脈上。簡言之，打通練氣的樞紐：粒腺體，便能啓動松果體、打開第三隻眼，達到轉動靈魂意識、淨化累世業力，具有不可思議的靈通力。靈性上的修練是爲了轉化心性與習氣，進入到靈魂意識更高一層的境界。想要修練到像神明一樣眉心與全身放毫光？或是擁有富足意識場、擺脫貧窮嗎？不要妄想求神通，只要先將粒腺體擦亮到發光就可以了。

從以上粒腺體與人體的關係可以得知，粒腺體的活絡性與一個人的心性、習氣、思維有著密不可分的關係。粒腺體主要功能是將食物能量輸送到人體各部位的器官，同時還肩負起驅動身體、心理與靈性所需的能量。粒腺體的數量、轉化效率、機能，決定了身心靈合一的狀況，及喚醒靈魂意識的覺醒力。

但你或許從來沒有想到的是，對於身體及靈魂意識如此重要的粒腺體，強化它的關鍵竟然是食物。

慎選食物，
它是窮與富的關鍵。

根據科學研究，窮人與富人在飲食習慣上最大的明顯差別，並非取決於對於食物的購買力與消費金額，窮人也不如外界所想都是購買廉價食物爲主。窮人、社會階層較低者的飲食是以多糖、垃圾食物、加工品、油炸品的食品居多，根據英國醫學界的研究發現，在十九世紀七〇年代，當時英國陷入經濟嚴重衰退期，雖然食物的取得越來越艱難，但窮人在購買糖的消費上絲毫不手軟。此現象延續至今依然，並非窮人不知道這一些東西對人體不好，坦白說，這些食物確實有助於舒壓、化解生活煩惱、快速餵飽肚子，不可否認壓力大的時候來一杯冰涼可樂、搖搖杯、起司比薩，再配上一大塊炸雞腿是一件很過癮的事情。

用心善待身體，
裝載在裡頭的靈魂，
必以豐沛意識回報予你。

但是以下的事實可能會超乎你料想之外。看似舒壓的「療癒聖品」其實都是扼殺粒腺體的最主要殺手，尤其是糖，你的身體吃下得越多，粒腺體的功能便會越弱化。當身體所需的動能超過粒腺體的負荷時，第一個反應出來的表徵就是疲倦，疲倦感會加深對糖、垃圾食物等的依賴，也會越無法擺脫它們的誘惑，甚至還會激起強烈的慾望、連帶地影響降低專注力與毅力，造成情緒與工作雙重低落，就會更無力脫貧、走出劣勢生活環境；嚴重時，失去功能的粒腺體將無法促進身體正常運作，像是抵禦慢性疾病、退化性疾病、癌症細胞等等。放心，這些症狀不會全部都冒出來嚇你，但是如果你意識到它危害你身心的能力，這些症狀經年累月之下累積起來也是蠻驚人的。不過還好，人體的運作非常地精密，粒腺體最活絡的地方是前額葉皮質，也就是你的大腦，接下來才是眼睛、心臟和其他器官。當你發覺每天都睡不飽、起床有強烈的厭惡感、身體機能開始退化時，只要知道活化粒腺體的飲食方法，還是有相當大的機會重振身心機能。「餵養身體的每一口食物都要謹慎，確保它是純淨不受污染的，這非常重要。」食用大量人工處理、添加防腐劑與化學成份等等不應該進入你身體當中的食物，只是滿足你兩寸舌頭的味蕾刺激，以及將你的靈魂能量破壞殆盡，沒有其他；有空多觀察你所買食物的成份，你會驚訝自己這麼多年來竟是如此對待體內裡的神明。

無極瑤池金母不懂得粒腺體、神經元、脈輪這些人類創造出來的專有名詞，但祂崇高的智慧卻比我們更加瞭解食物、身體與命運之間隱藏著不可切割的關係，因此祂才會說：「**千萬不要以貧窮沒有錢為藉口，去亂吃任何一個進入你肚子的食物，如此輕率地對待身體的態度，在今生是不可能累積金錢的。**」

從今天起妥善地照顧、淨化、滋養你的身體，身心靈合一時所帶來的意識力量，將遠遠超乎你的想像。想要提升粒腺體的功能就是少去碰含糖製品、果汁、零食、精緻澱粉製成物、加工品、油炸品……。好吧！我相信你此時閃過的念頭是：我還能吃什麼？當然，你沒有必要讓這些東西在下一餐時就全部消失在餐桌上，那會讓你在粒腺體活化前、就已經先「成仙」了。慢慢來，你不用一下子就斷除地乾乾淨淨，先挑選你可以少碰或本身就不愛吃的，再逐步降到最少。除此之外要多補充 omega-3，尤其是你開始感覺到身心嚴重疲憊時，就應該多吃幾顆。粒腺體的能量來自於好的脂肪，多吃健康的好油對於轉動身心能量將起很大的幫助。

把靈魂當成一尊神明，
靈魂就是神性，
身體就是讓神居住的殿堂。

靈訊中所指的神明，是指將意識幻化成豐盛生命的轉化力量。食物能維持生命與身體良好的發展，食物富含的能量滋養著臟腑、細胞、血液，懂得食物與身體的關係，才能將內在的靈魂當成一尊神明來看待。當你相信神性即在你心中，便會築起保護神明（內在）的強健堡壘，你會開始思考吃進肚子的食物。對待身體的方式，不只是停留在用食物餵養的層次，選擇對身體有益的食物、以何種運動活絡身體，以何種言語、思想、文字來表達內心感受等等，都是善待身體的方式。身體既然靈魂的載具，更是幻化物質世界唯一的器具，豈能不好好地重視。

體內運行多少純淨的水容量，
決定了你的富足意識。

無極瑤池金母不斷地向世人說明水與富足、靈魂意識的重要連結：

金錢跟水有絕對大的關係……還具有淨化你的靈魂的功能……水淨化了五臟

六腑又與淨化血液有很大的關係，接著又跟你的靈性脫不了關係。而靈性又與大腦（思維）有著密切的關係……。

我將這一段靈訊簡化成以下的圖表，相信你就能夠明瞭水與開啓富足意識的關係。

一般人都知道水對於身體的重要性，若沒有看到無極瑤池金母揭露水對於身心靈淨化的神奇功效，可能僅僅會將水定位在解渴與避免身體脫水上。其實，水還具有調節體內臟腑、經絡等生理機能的功能，水促成了人體臟腑、細胞、血液的運轉反應，此項功能與粒腺體是類似的。因此無極瑤池金母才會特別強調，水能夠淨化貧瘠意識，是幫助靈魂進入富足世界的重要元素。但是水的取得過於容易，導致人們往往錯過了其重要性。

當你聽完無極瑤池金母揭露「水、食物與知性」具有破除存不到錢魔咒的神奇力量後，或許你可以在生活

水淨化身體、綻放靈性過程

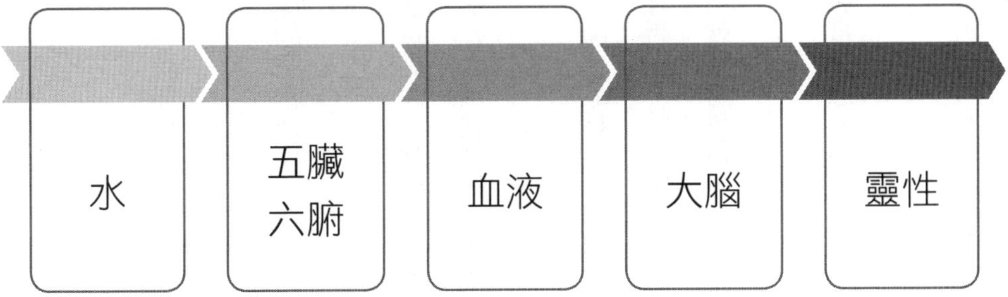

中，透過水來幫助你清除貧窮思維轉爲富足意識：

- **多喝水**，雖然是老生常談，依然有太多人忽略了補充水份的重要性。請你從今天起，只要想到就多喝水，除非你有腎功能方面的問題。
- **千萬不要用咖啡、果汁、搖搖杯與含糖飲料來解渴**，糖會扼殺大腦的正常運作。這些飲品不具有淨化的特質，飲用過多會嚴重阻礙體內代謝與血液運輸。
- **務必安裝一台較好的濾水器**，台灣的水大多受到汙染，想要讓靈魂更純淨、想要淨化靈魂，水絕對要慎選。若捨不得換好一點的濾水器，請換個思維：喝好的水就是喝下富足能量。
- **每週外食的次數降到最低**，絕對不要去碰加工品、零食，有空跑一趟食品材料行，你會發現你的味覺已被偷走許久，化學加工品的美妙之處僅僅只停留在舌尖，進入體內將產生嚴重的傷害。將外食的錢省下，購買好一點的食材自己烹煮，這就是對幫你生錢的身體最好的回報。
- **每週泡一次澡（大浴盆也可以）**，觀想浸泡在浴缸的你充滿感恩與富足感。務必充分利用水的淨化特質。
- **每天一定要讓意識浸淫於知性場域**，聆聽古典音樂、輕音樂與閱讀好書，三十天後貧窮匱乏感會明顯減低許多。

- 祈請仙佛願力淨化水，對著飲用水持誦四十九遍以上仙佛菩薩的聖號，每天早晚喝下一杯，如果不知要祈請哪一尊仙佛菩薩，觀想光是最中道的方法。

身體顯化物質世界、靈魂居住在身體內，你如何餵養身體，它便創造相對等頻率的世界。發臭的身體怎能帶來富足的能量？進入富足的意識場域絕非偶然，無形中，必然有一個更高的意識場在引領著我們。只要你願意嘗試與改變，想要靈魂吸引更美好的人事物，就必須主動突破生活慣性，以獲得我們應得的豐碩果實。

有事沒事就多喝水，多喝水就真的沒事！

靈修富足心法修持

化解拚命工作存不到錢的魔咒

第一、你必須先學會的是照顧好你的身體。

第二、你餵養身體的每一口食物都要謹慎，確保它是純淨不受污染的，這非常重要！

第三、大量地閱讀，及培養對藝術、音樂、舞台劇、哲學等方面的欣賞能力。

19 錢是命中註定好，那麼人們還要努力嗎？

這幾年我從不少個案身上看見金錢與命運之間的微妙關係。許多人此生無論盡多少努力，總是無法突破命運的灰色天花板，尤其是在財運方面。雖然知道命運不可能徹底改變，人們也不可能因此就向命運低頭，但人們對待命運的態度就如同坐在賭場內，不論最終勝負面如何，總想賭上一把，以為能靠此平步青雲。如果一個人此生的金錢是註定好，我們還要努力思考如何理財致富嗎？我們又該如何看待「命運」裡頭的財富問題？

無極瑤池金母　如是說

宇色，關於這一個問題，我要從幾個不同的面向和層面來向世人說明「命格」、「靈魂自由意識」與「靈魂」。

我繼續以一塊土地做譬喻來解釋給你聽，你會很清楚知道命運到底是什麼❶。

你相當清楚，當你只有「一塊土地」時，唯有開墾它，日後的生活才有機會改變❷。但是這一塊土地的先天條件是貧瘠的，土質非常乾燥且完全沒有水份，但是你卻只能選擇不斷地開墾它。你希望這塊土地經過開墾後，可以成為一塊肥沃的地，你覺得有可能嗎？

許多人會陷入一種迷思，認為自己的土地（財運）不夠好，一定是自己不夠努力，不是的！若只是在一塊乾枯的土地上，拚了命的低頭開墾，卻不去深思如何透過其他方式來改變貧瘠土質（因為一般土地所需的陽光、水、空氣是不夠的），這樣缺少養份的貧瘠土地，還需要肥料和礦物質，不是嗎？這樣的土地在你施予了額外的養份後，土質會因此變得肥沃，只是需要一段漫長時間❸。

❶另一個以土地來說明財富是在第十二章〈真的有正財與偏財的說法嗎？〉。
❷這裡在暗喻一個人要先知命，才能接受命運安排。
❸這句話的意思是，改變命運需要經歷一段時間的發酵期。

許多人在面對乖舛命運時，會以為自己不夠努力，除了日夜拚命工作之外，就是祈求神明的幫忙，但是卻不懂得善用其他資源來改變自身的意識。其他資源是什麼？就是你們人所常說的貴人、助人心、行善、布施、修持……等等有助於滋養你們靈魂的無形助力，這樣的力量可以淨化你的靈魂，你的靈魂意識會更清明。靈魂意識輕盈，累世的業力就會消解許多，命運上的阻礙也會化解許多，宛如貧瘠土地除了得到豐沛的雨水、陽光與空氣，還在充足的施肥之下改變了土質，這是讓命運從貧轉富的方法。

如果未能做到以上的改變，這塊土地不可能從乾枯、貧瘠轉變成肥沃，更不可能種出豐盛的稻米，不可能！

我所舉例的是你們人常說讓命運變好的方法，這一些無形的力量也是苦境轉為快樂的方法，讓自己從不舒服的環境跳脫離開的方法。另外還有不斷地閱讀，閱讀是滋養貧瘠靈魂意識變得豐盈的心法。閱讀帶有美、品味與靈性的書，無形中，你的靈魂就會複製這類書籍作者靈魂的意識；你閱讀什麼類型的書，大腦就會吸收其中的養份與知識，你的意識世界會變得廣闊，你的生命會因為在得到新的知識後開闢出新的一番天地。

這些都是讓這一塊乾枯的土地快速變得肥沃的方法。

好！相信這個譬喻你一定聽懂了，接著我要繼續說明下去。

這塊貧瘠的土地可能只有一分地，這就是你命中註定的命格大小；走到生命終點，不論你是否開墾它，都不會改變那塊地的大小。

如果你想要讓它變得肥沃且結出豐盛的稻米，你就必須做到我方才所說的那一些事情。做與不做？該如何做？決定於你的靈魂意識。一個人的靈魂意識，是我們神明既無法也不能直接改變的，但是你們人卻可以按照自己的意願去做，沒有人可以控制你，這是命運保留給人們一處空白地，完全讓你的靈魂意識有展現的空間。

好！假設你用心開墾，你覺得要花多久的時間，才能讓這一分地變得非常肥沃？可能要一輩子或下一世你才能看見成果，這完全視你的心以及靈魂意識的能力和堅韌性而定。

從你動念想要藉由外在資源讓這一塊乾枯的土地變得肥沃開始，這個從動念到執行的過程對於一般人來說，已經要耗費上一生的歲月，是不是很驚人！命運改變的幅度決定於你的個性及對待生命的態度，這兩者是靈魂意識的自由展現空間。你要藉由外在資源改變土質，就需要花費非常大的力氣，這不是動念就可以做到，還得要強大的執行力，因為，改變命運不是只有想而已。換言之，命運雖然不是註定、不是完全沒有更改的空間，但你要知道的是，改變命運是超越靈魂意識的，這對於靈魂意識、命運都是一件大事；命運這塊畫布仍然留有相當大的空白處給每一個人去揮灑，前提是，你要非常地努力。

錢是命中註定好的嗎？你必須先問自己一句話：我願意徹底改變我的意識和生活態度嗎？先去釐清你靈魂意識的抉擇性。

接著，宇色，我必須跟你說明一件事。一個有經驗的農夫自然會知道怎麼做能讓這一塊乾枯土地變得肥沃，但若不是從事農作的人怎麼可能知道？我舉這一個例子是要讓你明白，如果你已經在社會上打拚多年，卻一直沒有存到錢過上自由的生活，你是不是應該要吸收與聆聽更多他人的經驗呢？對！就是要詢問擁有豐富實務經驗的人，藉由他人的實作經驗改變自己看待生命的方式。**改變命運來自於你是不是懂得善用你的靈魂特質。**

我在《請問輪迴》裡面提到：

靈魂的特質是複製……

靈魂的特質是模仿……

靈魂的特質就像鏡子……

靈魂的特質是能夠在自己的鏡面當中反射其他現實中的東西……

這是許多人都不知道的靈魂本質與力量。就像一個年輕人不懂得如何耕種，就必須向農夫學習開墾技巧。如果一個人連自己都不願意把自己的鏡子（靈魂意識）擦亮，他如何向農夫學習將乾枯土地變得肥沃的技巧呢？這個就是前提了，你有聽懂嗎？不要去想命中有沒有錢這一檔事，只要先問自己是否願意聽取其他靈魂的經驗。

不管你在如此貧瘠土地種下什麼花種，玫瑰花、百合花、雛菊……等等，任何一種花草種下去必然乾枯，不可能長出漂亮的花朵。不願改變靈魂意識、又不想去學習他人的經驗，就好像我們前面討論過的拜財神爺、或者使用坊間的開運方法，都是一樣的道理與結果。

倘若只是不斷地在這片乾枯的土地上，努力種下所有的植物，如何期待日後會有收成與販賣的一天呢？

在這樣的土地上種下的所有植物，最終還是會死去。

想要改變命中註定的財富面積，要願意改變自己的做法，要願意讓自己變成一條意識非常柔軟的靈魂，就像《請問輪迴》裡面所提到的。

當你願意真心改變生命後，就會開始學習農夫的耕作經驗，藉由經驗豐富的農夫的技巧，找出讓乾枯的土地變得更肥沃的方法。

這個動作，就算是身為神明的我們也沒有辦法改變你的意識，也沒辦法去預測一條靈魂的可能性（也就是這個人到底能夠喚醒多少的靈魂意識），因為靈魂是相當富有彈性的，一條靈魂它不是活在一個絕對空間，它能夠模仿、學習跟反射世間所有的一切。如何藉由別人的經驗改變自己的生命，我們神是沒辦法預測的。

接著就是要再回去你方才所問的問題，「命中註定好」到底是什麼？命中註定了，人還要特別努力嗎？

我方才所說，一塊原本貧瘠枯竭的土地，這是指轉世來到人世間時就已經是註定好的。是否要在這一塊土地上辛勤耕作，決定權在他的手上，但如果你要將貧瘠變成肥沃，不僅要比別人付出更多倍的努力，還要放大靈魂意識複製與學習他人的生命經驗。

那麼該如何藉由他人的經驗，讓這塊乾涸的土地變得肥沃呢？

宇色，我想要告訴你的是，這個連神明也沒辦法說準的，這一切都還是在命中註定，但是這個動作是你可以去決定的，你清楚嗎？

命，固然是註定好的，但靈魂意識仍然有發揮的空間。

當無極瑤池金母以一分地來代表一個人此生的財運命格時，我腦海中浮現那塊地外圍還有更大一塊土地，呈現出淡淡不清楚的虛線，請問無極瑤池金母，這個畫面有更深一層的涵意嗎？

你剛剛所提到的是，為什麼我在你的元神意識中顯示出：小小一分地外圍還包覆著更大的一塊土地，那塊大面積土地與小塊土地的關係是什麼？大塊土地又具有什麼意思？

包圍住一分地的大面積土地，就是你們人此生應該要去開墾的無形財，無形財不是你命中註定好的，那是你看不到的東西。

宇色，關於財富與福報兩者之間的連結，你必須知道一件事情。

有一個農夫耕作一塊一分大的土地，他將土地耕種得非常好，但是當他已經將它變成真正肥沃的土地、並且能夠創造出非常多的財富

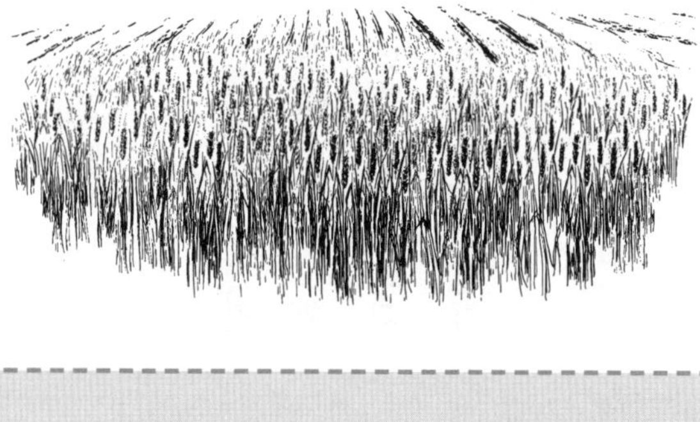

之後，每一年每一季他就能夠以最省力的方式種出非常甜美的果實；當他的經驗又足以教導他人時，他靈魂意識裡的豐沛經驗會完全滿出來。

他富足的靈魂會驅使他的專注力看見另一塊土地，當他再度看見自己土地之外尚有一大塊乾旱的土地時，你覺得他會想去耕作它嗎？會！

雖然那並不是他的土地，但是這一名經歷過與命運磨合的農夫，最終還是會選擇去耕作那一塊更大的乾涸土地，因為他富足的意識已經完全滿出來了，他已經完全清楚該如何以正確的方式來對待大地，他絕對不會放任其他土地因乾涸而失去生命，這是不可能的事情。他還是會去照顧它，只是他會優先看顧好已經付出畢生心力、讓他擁有源源不絕財富的那一分土地，這就是人的福報[4]。

這個就是這一個人此生的福報業力。

我再向你詳細說明一次。

當一個人懂得認真開拓自己的生命，已經修練到富足意識、心已經非常了解生命的運作法則，他對生命的富足意識會完全滿出來，這一個人自然就會照顧到別塊土地，也就是去關心這一個世界。你方才所說若隱若現的大塊土地是什麼？就是他下輩子的土地。

今世的這一份心就是下一世的福報，也就是你們人所說的前世積來的福德。

你知道嗎？就好像他已經把一塊土地耕種得非常肥沃，他把技術做得非常好了，他再去開墾其他土地，那一塊不屬於生命中的土地就是福報業力，就是你們人常掛在嘴邊的積陰德、積陰福（在看顧好此生生命後的餘裕裡，所做的一切才能稱為積陰福）。

轉世到下輩子時，前世命中註定好原本一分的土地就會變成更大，會大到何種程度？大到超過前世不屬於他的生命格局、但他願意照顧的那些土地的面積，他的心境就是一條靈魂意識轉化到慈悲與愛的境界，並且盈滿至其他靈魂而不匱乏。

這個因此生努力而充盈的富足意識，就會讓他下輩子獲得一個全新的生命格局。下輩子，他如能維持相同的靈魂意識，不僅會再繼續照顧更大的土地，且終有一日，這一條靈魂會離開人世間，回歸到那一條靈。但靈魂必須有相當的覺醒才能如此，未修練意識的靈魂如同海洋上的船隻，載沉載浮，不知何時可抵達彼岸。

你知道嗎？想擁有一條富足的靈魂意識，你須先擁有不自私、且發自內心與

❹意指盈滿的意識富足後必會看顧其他生命，此行為便是福報。

人交流的靈魂意識。此生該如何做？先期許自己把自己的土地照顧好，在心有餘而力有足之下，願意再去看顧其他貧瘠枯竭的土地（靈魂），如此，就是在植栽下輩子的福報與善業，就是在修練你的靈魂意識。下一世，你的靈魂格局會比上一世更富有彈性與宏觀，那麼你就更有富足的生命去照顧到更多的人，你們人所居住的世間才會更美好。未來世，這一條靈魂意識所幻化的世界不會淪為一塊乾枯土地。

宇色，我想要藉由你所提問的這個問題，說明命運走入富足的關鍵：藉由他人的經驗來改變自身的生命，這是靈魂意識覺醒的一種方式，同時也是你們人應該要去學習的。那麼，如何吸收其他已經進入更高層次的靈魂意識的經驗呢？

我剛才有舉一名年輕人的例子，他努力耕種貧瘠土地、讓它成為一塊富饒田地，他是如何做到的？

- 願意低頭向他人請教。
- 像小孩一樣用好奇心去學習。
- 掏空自己原來的舊有思維、裝進新的事物。
- 完全服從有經驗的前者的教導。
- 用力去開墾硬如石頭的心。

這些就是修行必須花費很大力氣的地方，而且要願意改變你自己、擦亮你的鏡子。擦亮的動作代表什麼？根除惡習與調整觀念，將一切舊習除掉，你才有可能從世界與他人身上得到經驗與學習。

對於以上你已經全部了解與力行，才能進入下一步，就是把別人的經驗耕種到你的土地當中。但是這個動作還是需要一點點的時間，聽起來很輕鬆，但是有人就是要花費超過一年以上的時間。

宇色，太多人對於修行存有太多美麗的幻想，但是卻不知道修行的重要性。修行並不是讓你得到榮華富貴，經過嚴格地修行後靈魂意識會覺醒，此覺醒的意識會將原本要耗費一輩子才有收穫的事物，縮短到十年、三年甚至一年以內，這就是靈魂意識進入到另一個更高靈性層次的運作邏輯。

為什麼要修行？什麼又是修行？修行就是要消除你累世的業力；轉動靈魂的意識，讓它由僵固不變轉而柔軟且富有彈性，這是重要的觀念。

我必須再向你說一次，修行是轉變你的靈魂自由意識，讓你的靈魂意識富有彈性與自由。你這輩子才能夠跳脫生命既定、有限的格局。這是我在《請問輪迴》以及這一本書中不斷強調的重要靈修觀念。

此生註定沒有錢的人，有人可能要花上一輩子的時間，才能夠喚醒靈魂意識，覺醒到生命之外還有更多的可能性，生命也不應該以直線來思索，如此才能體悟到吸收他人經驗的重要性，進而複製經驗到自己的生命中，改變自身的金錢格局，這就是靈魂意識覺醒。在修行之下會改變靈魂意識，處理自己的生命態度會不一樣，原本要一輩子或下輩子會發生的事情，會提前到這一世發生。

因此，錢是註定好的，但你要努力的卻不是賺錢這一件事，是要去喚醒靈魂意識、善用靈魂的特質、學習他人的經驗。

修行，有助於你快速轉化、處理此生對於錢財的態度。至於面對生命是保持精進或放棄？這不是我們（指神靈）可以決定的。

無極瑤池金母 靈修富足諦語

- 貴人、助人的心、行善、布施……，就是你們說的把自己的靈性保持在輕盈（良善）的態度，是開墾土地（命運）、從貧瘠變成富足的方法。
- 讓命運變好，是讓自己感覺快樂、讓自己從短暫不舒服的心境離開。
- 你願意開墾生命就必須去做那些事情，而可以做的那一些事情，就是人的靈魂自由意識。

- 將個性和態度修練到富有彈性，就是一條靈魂的自由意識。
- 命運僅僅註定格局，無法決定一個人的自由意識。
- 神明可以預言你的格局，但無法預測你的靈魂意識。
- 每一個人都必須努力將貧瘠意識轉變成富足意識。
- 在看顧好此生生命後的餘裕裡，所做的一切才能稱為積陰福。
- 將生命活得盡善盡美、富足意識已然盈滿至福佑他人時，便是在耕植下一世的福報。
- 吝嗇與人交流無法修練成一條富足的靈魂意識。
- 藉由靈魂的自由意識，擁有其他已經進入更高層次的靈魂經驗，願意像小孩般以好奇心向他人請教學習，才能讓舊有思維裝進新的事物。
- 此生既有的生命格局即是命中註定，但是你要如何去經營生命，這取決於靈魂的自由意識，也是跳脫命運的開始。
- 修行就是要快速轉動靈魂的意識，轉變你的靈魂自由意識，讓你的靈魂意識富含彈性與自由，這輩子才能夠跳脫你生命既定、有限的格局。

此書將近尾聲，撰寫到這一章節時，我才幡然醒悟，原來在這一條靈修路上，我無意間啓動了靈魂意識的富足開關，也同步修正、調整、釐清、改寫靈魂裡的富足意識世界。當我越加深入向無極瑤池金母請示的靈修富足心法時，內在的富足意識也就越強，即便在沒有進入通靈的狀態，我的超凡靈修經驗已經紮實地打造出穩定的富足頻率。

從前面幾個章節的靈訊內容中，想必你已經了解到要將命運帶往富足之境，與我們的靈魂意識以及善用靈魂特質有著密不可分的關連性。這段靈訊裡，無極瑤池金母以土地、肥料與一名新手農夫，來破解命運在可變與不可變之間尚存靈魂意識發揮空間。爲避免這一段靈訊裡的重要訊息被輕輕帶過，我將所感知到的畫面與靈訊做一個統整。

深入意識世界，

其深度根本無法想像。

無極瑤池金母以土地來譬喻此生的財富格局，是因爲土地與財富有著類似的共同點，例如：想要獲得豐碩農作物，不用改變土地的面積，只要改變施作方法。換言之，改命造運的民間術法不可能讓你命格變大，由貧轉富的富足心法要去調整的也不是生命的廣度，而是內在靈魂意識的無盡深度。

再來就是土地孕育植物的特質與我們的命運是相似的。當土地在妥善照顧之下，幾經耕種、施肥、犁地翻土後，土壤的營養與吸水性便會整個活絡起來，只要在有充足的水、陽光、空氣的條件底下，土地便能孕育無限的植物與昆蟲。對照我們的財運也是如此，靈魂意識完全修練到富裕的意識狀態後，你會擁有對金錢的高敏銳度，你的富足意識會精準地與金錢對焦。由此可知，富人越富、窮人越窮的原因出在意識層的金錢頻率，財富問題不會是長久性的，舊有思維與觀念在重新徹底檢視後便能改變。值得注意的是，土地（命運、意識）有一個特質：變動性很慢。要調整舊有土地的土質需要很長的時間，**「讓這一塊乾枯的土地變得很肥沃，這個動作，其實已經要耗費一個人一輩子的時間。」**對一般人來說是非常困難的，縮短時間的技巧建立在持續不間斷地精準修練。

擁有富足心靈的人，
其行爲自然而然就能避免墮入貧窮深淵。

我從不少缺乏富足能量的人身上觀察到，當一條靈魂處於貧窮意識時，其意識能量極爲沉重與膠著，你不妨可以想像一名罹患重症的人，磕磕絆絆地走在崎嶇山路間的樣子。一條已經進階到富足意識層的靈魂，則會是非常輕盈的狀態，生活的問題總會非常快速地從身邊流過，不會在意識裡停駐太久。窮人與富人兩者的差異性在於意識流動率，想將停滯不前的意識調整成快速輕盈的意識層，最直接且有效的方式是「意識施肥」。

要讓植物生長得非常漂亮與肥美，就需要豐饒的養份，在先天環境惡劣的情況下，人工的化學養份就扮演著非常重要的角色。無極瑤池金母以「**貴人、助人的心、行善、布施……等等自己感覺到快樂的方法，讓自己從短暫不舒服的心境離開，還有……閱讀。**」來譬喻灌溉靈魂意識的肥料。當你投生到世間時，如果靈魂裡已經缺乏「富足意識」的養份，在先天不足、後天失調的情況底下，切勿再與命運硬碰硬。施肥有助於彌補土地與植物的先天不足。對於靈魂，無極瑤池金母所揭露的施肥妙法中，我個人最推崇的是閱讀。千萬不要小看閱讀對靈魂意識帶來的巨大能量。

來講講當我接收到此段靈訊裡的「閱讀」時，在我眼前清晰地浮現出一名靈魂意識充斥著貧窮思維的人，在生活中不論費盡多大的努力，老是無法擺脫貧困的生活，因爲他一直用貧窮的思維來思考事情。畫面一轉，滿缸放著各類富足、財富、理財書籍的浴池出現，當他跳入浴池時，他的意識浸泡在由龐大富足書籍所聚集而成的富足頻率中，富足的能量由外而內徹底漂染他身上一千億個神經元，待他離開書籍浴池，他的意識層經歷一場洗心換骨，靈魂意識不再帶著貧窮過活。

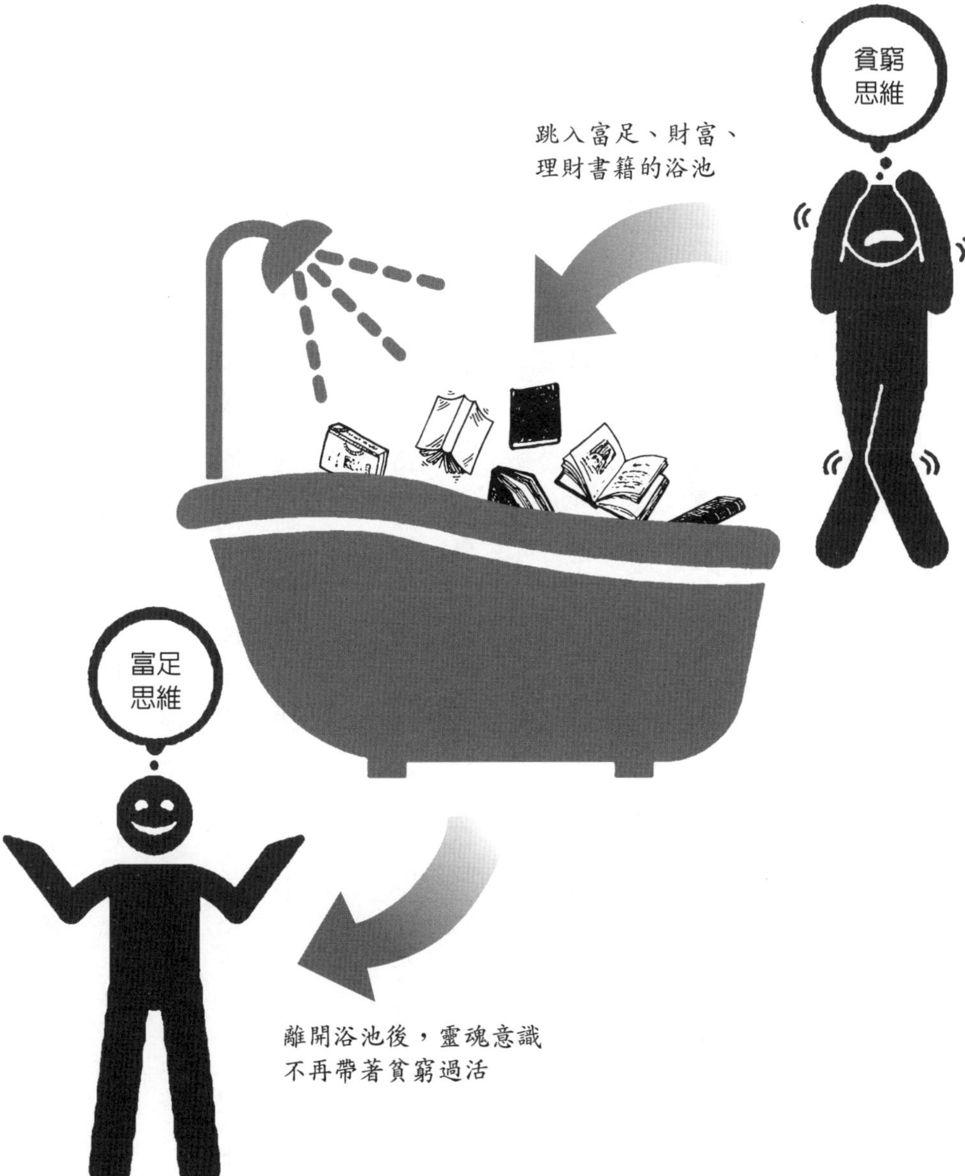
貧窮
思維
跳入富足、財富、
理財書籍的浴池
富足
思維
離開浴池後，靈魂意識
不再帶著貧窮過活

我自己本身就是這個理論底下的受益者。當我想要瞬間進入某一道意識空間，或是秒懂某人的意識思維時，我會一口氣購買一系列相關的書籍（奧修、拉瑪那尊者、南懷瑾大師、投資理財、金錢富足、哲學思考、靈性旅遊、創意寫作、直覺聯想、精準溝通表達、心理諮商、童話與神話……等），我會花上幾天的時間全神貫注在我想要擁有的意識場書籍當中，我多年修練的靈修與瑜伽的快速聯想力、意識轉動與專注力，此時完全派上用場，不論我是否能夠完全吸收消化書中的內容。

我會強烈建議你，不妨也將書籍視爲施肥靈魂意識的一種自修法，你完全無須擔心是否能夠完全吸收書籍內容，你只要確認這一件事：願意改變自己，擦亮心中的鏡子，根除惡習與調整觀念。確定內心有如此堅定的信念，當你浸泡在書海當中，便已經驅動靈魂意識與世界能量的交流，剩下的事由聖靈與宇宙來安排。我希望你清楚一件事，以「閱讀」爲靈性肥料來灌溉靈性，需要一段時間的培養期，「從你動念願意藉由外在資源，讓這一塊乾枯的土地變得很肥沃，這個動作，其實已經要耗費一個人一輩子的時間。」不過你也無須倒吸一口氣，擔心要花費一輩子的時間才有可能改變貧瘠命運，其實無極瑤池金母在此書第一章〈身而爲人，我們該如何看待金錢？〉中便說明了解套方案，對靈魂意識施以靈性肥料的概念，你只要掌握「金錢」的流動特質，把握原則下，任何的形式皆可以調整，如果忘記的朋友不妨再回頭翻閱。

看見他人與世間的美，
把它運用在富足的精神追求上。

無極瑤池金母以菜鳥農夫向經驗老道的農夫取經爲例，提醒我們必須善用靈魂複製的特質，節省精力與時間快速地轉動靈魂意識，**「靈魂乘載（複製）任何一個物體。靈魂放入任何物體，它便會形成那樣的物體❺。」**年輕農夫向資深農夫取經還有另一個更深層的意涵，當你已經踏在富足之路時，千萬不要忘記幫助仍然陷落低階振幅的靈魂們：**「想擁有一條富足的靈魂意識，你須先擁有不自私、且發自內心與人交流的心。」**人世間的美是由集體靈魂意識所編織的產物，沒有人可以在獨立生存之下獲取富足，從他人與世間所得到的能量，我們必須再讓它以美的形式與世界有更多的流動。

當你懂得靈魂具有複製他人靈魂意識的特質後，便可以輕鬆地轉換靈魂意識進入富足之境，透過實際的練習，富足意識會立即顯現在你的生命中；運用靈魂複製的特質來對意識施肥要有耐心，當你了解到這一道轉動富足意識的技巧，就絕對不會想浪費時間在一些消耗你能量的人事物上。排除掉貧窮的思維，意識空間才能夠塞入更多富足意識。

❺出自《請問輪迴》。

一名走在財富與靈性皆富足的人，他的生命必然貫徹了「致富方程式」（如下圖）。

願意改變，

靈魂最終會給你滿意的答覆。

有一次我在靜坐中，突然想到假設我以轉動元神意識的技巧來驅動靈魂意識，將產生何種結果？不過轉動元神意識的技巧到靈魂意識，是在多年無極瑤池金母的教導及我自己的實證後，才逐步摸索出其中的奧妙之處。爲了協助大家能夠輕鬆學會複製他人的富足意識能量，你必須先學習投射與收攝你的靈魂意識、修練靈魂意識，以及複製他人靈魂的富足意識，這些是依靠專注力、積極想像與身體力行。後來我經常在相關課程中教導我摸索出的技巧，也發現強化靈魂意識並不難學，而善用自身的靈魂複製特質來複製他人靈魂的富足意識，只要稍加練習人人都可以學會。

致富方程式

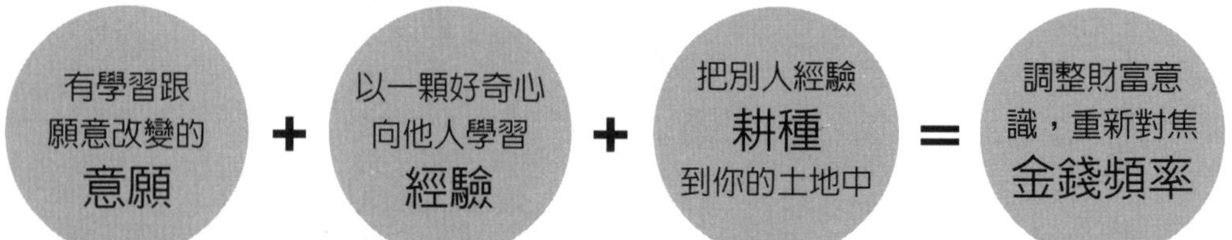
有學習跟願意改變的意願
+
以一顆好奇心向他人學習經驗
+
把別人經驗耕種到你的土地中
=
調整財富意識，重新對焦金錢頻率

強化靈魂意識的練習步驟

1. 先鎖定前方一個地方或物品，可能是一本書、照片、花瓶等。
2. 閉眼後將專注力完全鎖定在你的額頭，調整呼吸、深吸淺吐，逐漸地想像是用額頭呼吸。
3. 將呼吸刻意放慢，感覺只用前段支氣管在呼吸（不要吸到丹田），你會更容易感受到是用頭部或額頭在呼吸。
4. 依然保持在閉眼之下，將專注力投射到方才鎖定的物品上，呼吸的感覺要從額頭轉移到那一件物品上，將你的呼吸緊緊貼在物品上。
5. 當感覺頭暈、疲憊感時，代表你的靈魂意識即將耗盡，此時做幾次深呼吸，將專注力再全部拉回到你的額頭、鼻口，直至全身放鬆爲止。

這個一抛一收的過程是爲了強化靈魂意識力，如果你的靈魂力太弱，或是精神力已經在生活中嚴重消耗，你可能很難進行這一個練習，但是，這一個練習卻有助於提升你的專注力，同時還能提升與強化靈魂意識。

如果你可以在第四步驟停留超過五分鐘，便可以運用靈魂特質複製他人的靈魂富足意識。請記得，運用此技巧完全不會干擾他人的靈魂業力，也無須經過他人的同意才能練習，因爲，宇宙間的能量本來就是自由且流暢地運行著，只要你的心態是富足與積極的。

複製他人的靈魂富足意識的練習步驟

1. 再做一次「強化靈魂意識練習」的步驟二及步驟三，穩定後便可以做接下來的第二步驟。
2. 向內在探索，你最想要的是什麼類型的生活型態，不要太過具體化，例如：消費上不會太糾結存款數字、非常舒適的家庭環境、沉浸在愛的情感中。這只是一種生活氛圍。
3. 停留在前一步驟，直至你的腦海浮現某個人的影像，可能是某政治人物、偶像藝人、投資理家專家……，不論出現的人是誰都不要懷疑。不要運用左腦思維，就讓影像自動浮現出來。
4. 人物確定後，回到「強化靈魂意識練習」的步驟四，將呼吸刻意放慢，感覺只用前段支氣管在呼吸（不要吸到丹田），你會更容易感受到是用頭部或額頭在呼吸。
5. 在閉眼之下，將呼吸與專注力拋向方才浮現的人物上，感覺你們兩人的呼吸、心臟跳動的頻率是一致。
6. 感受彼此間的能量改變，你可能會感覺呼吸變順暢，或是不自覺地嘴角上揚，保持下去，呼吸與專注力都不要拉回到自身來，直到疲憊與昏睡感出現，代表你的精神力已經耗弱。
7. 將專注力與呼吸拉回到你身上，逐漸地放鬆。

我將此練習視爲一種自我靈魂意識的修練法，而最常練習的對象就是無極瑤池金母，因爲祂是圓滿、富貴的化身。因此，你也可以將意識投射的對象鎖定爲某一位神尊。

以上兩個練習皆需要相當的想像力，對於某一些人來說確實有困難度；如果對你而言是如此，還有另一種比較簡單的方法，可以輕鬆地複製他人的靈魂富足意識。我曾經看過一部紀錄片，一名擁有上億家產的富人在不動用自身的金錢與人脈資源之下，再一次地創造出驚人的財富。片中富人說道：「想辦法結交比自己有錢、有智慧、有才華的人，與他們交流，你便會在不知不覺間模仿他們的生活態度與理財方式，很快你就能與他一樣成爲有錢人。」「**詢問擁有豐富實務經驗的人，藉由他人的實作經驗改變自己看待生命的方式，改變命運來自於你是不是懂得善用你的靈魂特質。**」一名勇士就算沒有持武器，依然可以爲國王打下一片江山，所靠並非外在工具，而是憑藉勇氣、思維與智慧，說到底，靈魂意識如同水的特質，思維是一種流動的能量，不小心走入貧窮，就再往富足的能量頻率靠攏，Youtube、電影、書籍、朋友……等等，都能讓你汲取相當豐富的富足能量。

靈修富足心法修持

滋養貧瘠意識的豐盈心法

閱讀帶有美、品味與靈性的書，無形中，靈魂會複製這類書籍作者的靈魂意識。你閱讀什麼類型的書，大腦就會吸收其中的養份與知識，你的意識世界會變得廣闊，生命會因為在得到新的知識後開闢出新的一番天地。

20 有錢既然是福報，許多有錢人在品行道德上卻為人所詬病，福氣與品行的關連又是什麼？

我們常被灌輸「今世有錢是前世修來的福報」這類的說法，但是卻常常在報章媒體上看到，有些非常有錢的公眾人物、政治人物、演藝人員、宗教家、企業家、教育人員，私底下做出一些令人匪夷所思的行爲，偷、拐、駕駛名車撞死人卻不願負責、手握豐富資源卻壓榨弱勢團體、利用人性弱點賺取財富，甚至做出超乎常人所能理解的行徑，外遇劈腿、亂倫、性侵、以職務之便脅迫他人滿足私欲……等等。

如果有錢眞的是前世修來的福報，爲什麼今世卻不懂惜福呢？身居社會金字塔頂端、比常人獲取更多社會資源的上流社會者，行爲上卻有嚴重瑕疵，又該如何從「財富與福報」角度來做解釋？

無極瑤池金母 如是說

你知道嗎？有一些種子落地時，已經註定好了未來。假設將一堆品種相同的種子灑落地面，有的是掉落到非常肥沃的土壤中、有一些則是落在貧瘠的土質裡。種子發芽之前的生長速度與每顆種子長成後的樣貌，在掉落地面前就已經註定好了。

我所舉的例子，就是靈魂從那一條靈分化出來，降生來到人世間的過程及日後的發展，很多事情在還沒發生之前就註定好了，或許你會覺得這個現象是不公平的！但是，我想告訴你的是，你們人眼中所謂不公平的現象，便是宇宙運轉的法則跟機制。

宇色，你這一個問題看似是單純的福報與金錢的關係，其實，它與「宇宙運轉與靈魂轉世課題」有所關連。

你可以想像每一條靈魂是宇宙間無數的星球，置身於宇宙、銀河系、恆星、衛星、流星彼此之間，它們編織成超巨大能量場域，此場域無限延伸、卻又緊密且和諧。這一個流動的能量場域是你們人類肉眼無法窺見的。每一顆星球無法擅自決定要往何處去，每一顆星球只是順著這超巨大能量場域的波動而走，這就是規律❶。

了解這一點，你應該就會有所體悟：靈魂生存在宇宙運轉之下。這就是我在之前所說的，修行是為了讓靈魂回歸到天地間的韻律，這也是人類應該要學習的地方。

如果你能夠理解我所說的，就已經初步了解宇宙與靈魂轉世的真相。接著，是比較複雜難懂的觀念。

永不停止運轉的巨大能量場域，就像是一個快速轉動的轉盤，上頭密布著無數同心圓軌道，無一交集。當無以數計的靈魂從那一條靈分化出來，哪一條靈魂會掉入到轉盤的哪一條軌道上，無法預測，也無法有任何外力可以決定，包含我們（指神靈）也是如此。

這個既無法干預也無法預測的過程，以你們人的說法就是「機率」；有一些就是會掉落到這一條軌道；有一些就是會掉落到那一條軌道，你沒辦法說為什麼會如此，這就是宇宙運行的法則，所有的事情都在看似不公平的規律底下進行著，我沒有辦法以你們人有限的思維，來說明宇宙如何去運作這些事情，這完全超乎你們人的靈魂意識之外。仍受限輪迴的靈魂意識，如何有能力看透比輪迴更為複雜的「機率」呢？

如果你已經清楚了我方才所說的例子，接著，我再繼續講下去。

有一堆不同顏色的豆子，有黃豆、黑豆、綠豆……，你把這一些豆子扔到一個快速旋轉的轉盤上面，等轉盤停止去觀察看看會發生什麼事情；你會認為所有的黑豆會掉落到相同的軌道上面嗎？相同顏色的豆子會掉落到同一條軌道上面嗎？不會！就算是相同種類與顏色的豆子，也不可能在同一道軌道上面，對吧！這就是你們人所能理解的機率。

無以數計的靈魂從那一條靈分化出來，轉世來到人世間就是有這樣的問題存在。出處、質地、被分化的速度就算是相同，投生到世間也會有不同的際遇，要說是不公平嗎❷？不是的！如果世間一切皆符合人類心中的公平，那麼被丟到轉盤上的豆子，應該依照種類、顏色分門別類被排序好，你覺得有可能嗎？如果世

---

❶這段文字是經由我修潤後較貼近無極瑤池金母靈訊的內容，祂從遙遠無極界所傳遞過來的靈訊是一種感覺。因此，這一段靈訊中有大量的專有名詞，是我以大眾所能理解的方式撰寫。我已經盡力將文字貼近我所感知的靈訊原意。

❷這一段在解釋《請問輪迴》〈什麼是靈魂？靈魂跟我的關係是什麼？〉中所提的那一條靈。

把這些豆子扔到一個
快速旋轉的轉盤上面
不同種類的豆子
轉盤停止，去觀察看看
會發生什麼事情？

界是如此運作著，不僅會失衡而且無法運轉下去。就是因為有你們人眼中所謂的不公平，這世界才能稱為世界；世界的運轉蘊藏著機率的奧妙。

你知道嗎？陽光，不會因為這個人、這件事情是不完美或是有瑕疵，就不去照亮它們，陽光的本質就是如此，不分種類與階級，照亮世間所有的一切，不管這個東西在它面前如何呈現，或是這個人的品行如何，它依然按照它的本質運轉著。如此，陽光不會滅亡，它是依照宇宙天體的軌道而運行，這也是你們人最終回歸的路途，軌道即是你們的天命，依照天命而行，沒有你我分別。

你能慢慢理解這一些例子與你問題的關連嗎？靈魂初轉世來到人世間時，確實有一些靈魂就是投生到較好、富裕的環境，他們長大後過著比一般人優渥的生活；有一些靈魂會掉落到較貧困的國家、社會、家庭，甚至會過上好幾世貧窮的生活，這就是靈魂轉世時所發生的機率問題。

靈魂離開那一條靈後轉生到富貴或貧窮的國度，永生永世都會是如此嗎？貧窮的靈魂難有翻身機會；富貴的靈魂卻永遠過上優渥、富裕的生活，這一種不公平會一直延續下去嗎？

雖然宇宙運轉充斥著你們人眼中所謂的不公平，但最終依然會走入平衡。我要告訴你另一個真相背後的真相：最終這一顆種子是隨自身的業力與本質而走，不論一開始降生的環境是富裕還是貧瘠。不能以一世來評斷靈魂的生命課題。

如果有一顆不好的種子、或者是一顆殘缺的種子，依然會受到自身的業力影響。如果你只是從狹隘的角度來看：為什麼他的品行道德那麼差卻那麼有錢？他什麼都不用努力就靠家族過上好的日子？為什麼有人懂得投資理財就能輕鬆過生活？那麼我要教導你看透的一件事情是，你不可以僅以一世來評斷這條靈魂所有的一切，你不能夠用人類短暫的一世來評斷眼前所有一切事物，包含一條靈魂，你只是以你所認知的公平來放大看待靈魂與世間。

你知道嗎？有一些靈魂生長在優渥的家庭或國家，他們天生可能道德品行不好，但所出生的家庭中可能有許多是靈性富足的人，這一些人會影響他們的靈魂、能夠讓這一條靈魂一樣是富足的。就算是如此，他的道德品行依然是不好的，那下輩子呢？他會馬上走入貧窮與邪惡的世界嗎？不會的！宇宙運作法則，靈魂轉世的法則不會這麼快，會慢慢地改變。下一世或許就不是那麼的好，不過還是會在一個外人看起來是有錢的世界中，只是身邊遇到的人事物就會脫離富足的意識世界，也就是一些擁有富足意識的靈魂、品行崇高的靈魂、或是比較純淨的靈魂能量，相對地在下一世就會變得比這一世少很多。慢慢地這一條原本擁有富足的靈魂，最終會脫離這樣的環境，終有一世便會走入了貧窮，這就是我方才所說的，你的世界與靈魂意識最終會處在相同的頻率上。

相同道理，如果這一條靈魂本質是非常純淨的，他投胎到非常貧窮的國家跟家庭，這些外在環境並不影響他純淨的靈魂本質。他不容易因為外在的貧窮而感到內心的匱乏，他會從生活中慢慢累積富足感，靈魂也會逐漸地喚醒富足意識，還有不斷調整想法與觀念以及他所做的每件事情。你知道嗎？靈魂的意識是非常奇妙且不可測的，靈魂意識如果已經具有相當堅定的信念，很難被改變。當他離開人世間的那一刻，他的心境已經比前一世好一點點，到下一次轉世時會比前一世更好，慢慢地、慢慢地靈魂就會脫離貧窮的世界。今天如果他過的日子比較困苦，那只是當下眼中的世界讓你覺得對他不公平，但是外在環境好壞皆不會影響到靈魂的本質，靈魂的意識是可以由自己掌握。

這一條靈魂本身是完美的，就像如果松果本身是非常健康的，就算初期掉落到非常貧瘠的土地上，它最終還是會長成一棵非常漂亮的松樹，只是可能要花上三百年、五百年、甚至六百年的時光，這個時間點可能在人的眼中來講就是不公平，但是對我們（神）來說，時間本就是不存在的。

你要知道的一件事是，在我們神靈的世界中，時間本來就是不存在的，我們不會以時間來評斷一件事情公不公平；既然是永恆，何來存在於時間內的過去、現在與未來。我們（指神靈）所處的世界就是在和諧韻律中運行，萬事萬物都在我們的世界中，包含人也是。這一層真理才是你要去了解的，以及你要向神靈學習的地方：優美與和諧的生命流動，安穩地感知宇宙規律的運行。

經由無極瑤池金母的解釋，讓我們了解今世的財富、福報與業力三者之間，並不是必然絕對的關係，只能說，一部份決定於靈魂體證而來的富足意識，但其中又包含了靈魂轉世來到人世間的機率問題。無極瑤池金母又有說道：它最終依然會走入平衡，那麼過得比小老百姓優渥、背地裡卻做一些對社會不良影響的人們，今生又將承受哪一些我們所看不見的共業呢❸？

靈魂意識總是維持在一種流暢且平衡狀態，當靈魂從世界獲取越多資源時，也要付出相對等的能量，導致這一個平衡崩潰的原因，在於無法妥善地處理好生命的一切課題：感情、婚姻、家庭、事業、人際關係，以及看顧好心靈世界……，當兩者失衡時，靈魂意識將無法承受起龐大金錢能量場所造成的共業，也無力對世界做出正面的貢獻，久而久之，金錢對他而言不再是快樂的事，無形間他會產生憂鬱的狀態，生命與心宛如房子的樑柱，支撐起龐大的共業力量。你可以仔細回想，為什麼有那麼多在各領域富有盛名的有錢人突然罹患憂鬱症？或是會突然對修行、身心靈課程產生興趣？有些人則是選擇出家，比較激烈的則是以自殺來了結一生，其原因在於靈魂意識的崩解失衡所致。生命不妄為、觀照心，宇宙給予你的生命課題不會超過你靈魂可承擔的範圍。

看到如此的現象，你們有人會說，這麼有錢的人為什麼把人生搞成這樣？太可惜了！因為你們只看見你們想要看的那一面，但卻無法看見他們在財富、名利、權力等等令人羨慕生活的背後，是要去處理更龐大的集體共業，無法承擔共

❸這一段文字是我在聆聽時所聯想到的事情，並無向無極瑤池金母發問。我與仙佛的交感方式是即時性的，只要腦袋有一絲的疑問，無極瑤池金母便會進一步解釋。

業的靈魂意識是非常黑暗的，就好像有個無底洞吸走他們的靈魂能量……。當你知道了這一個祕密，你還會用「錢」來評斷一個人快不快樂嗎？

一個無法過上富裕生活的人，所要處理的事情是極少的，與那一些對世界有著影響力的人相比之下亦是如此。盡本份將生命一切看顧好便是圓滿；如此便會吸引富裕之路應該要具足的因緣。

即使你現在沒有錢，也不要去羨慕有錢的人，他們背後所承受的共業、家業以及自己的業力都是非常龐大的。

巨大的財富是人與人、人與世間能量交流下的共業場域，聚集龐大財富的人心量越大，其財富能量場就越大，相對地對世間的影響幅度也會越大。

你一定要知道，有錢的人所揹負的業力、眾人對他的期盼，還有他與眾人的關係，存在著外人想像不到的無形龐大共業，這個能量運作的現象你可能未曾聽過，所以你真的認為，有錢人的生活就會過得比較輕鬆嗎？

真正命中註定對世界有一定影響力的有錢人，此生要解決與面對的問題相當多，除了要去化解本身的業力與習氣，還要去解決無數人的家庭、事業、心理等問題。

你可以細心地觀察，有許多非常有錢的企業家、政治家、公眾人物，他們的生活是不停地在處理「人」的問題❹，這就是我前面所說的集體共業。

我想進一步向你說明關於轉世輪迴與財富的關係。

如果有人命中註定要成為極為富有的人，他擁有的財產是一般人辛苦好幾輩子都達不到的程度，那麼可以確定的是，這一條靈魂對這世間具有某種極大影響力，如此巨大的影響力到底是讓世間更美好？還是讓世間更混亂？關鍵在於，這個有錢人看待世間與處理生命的信念與態度。你們地球上知名的藝術家、公眾人物、政治家、青史留名的歷史人物等等，都可能帶著如此天命的靈魂轉世到世間。

只是，如此極為富有的人會對世界做出何種程度的影響力，並不是我們（神靈）可以決定的，也不完全是命中會註定好的路，那是由你們人的靈魂意識來做決定，也是你們身為人的自由及靈魂修練的課題。這就是我一開始所說的，財富與靈魂意識的關係。

❹這一段靈訊無極瑤池金母並沒有明確點出哪一群人，但是不妨可以想像大老闆、企業家、政治家們的生活重心很難單一放在自己與家人身上，選民、部屬、合作伴伙、利益往來的對象等等，這一些人的問題都會圍繞在他們身上。

君子愛財，取之有道。賺錢的方法有很多種，但卻有許多人是以賺取不善之財而致富，放高利貸、賣假貨、欺騙客人、宗教斂財……等等，這些對社會產生不良行爲的人，會有什麼樣的效應？

你一定好奇，為什麼有人會以暴力的行為去掠奪他人快樂幸福的靈魂能量，也就是他們累積財富的方法是以邪惡的方法奪取他人財產，就像你們人常常說的以不法行為謀財、造成許多人生命感到痛苦，以及在宗教方面恐嚇威脅他人，還有一種是整日不務正業、滿腦子都是非良善的事情，這些造成他人無止盡痛苦的人，為何還能照樣過著富裕的生活？

我必須要告訴你一個關於靈魂意識與身體之間的因果運作法則：這樣的人雖然會有錢，但錢財留在生命的時間是非常短暫的，除此之外，他們在身體方面會出現大小病不斷的問題，這一種藉由他人痛苦來謀取錢財所導致的病痛，就是你們人常說的因果病，沒辦法以醫療方式徹底根治。因果不是只有前世，以不善心造成他人與世界的不安，這一股心念所產生的力量會反撲，這就是因果病。

那麼，要如何做才能改善因傷害他人的靈魂所造成的身體因果病？

要以錢來利益眾生與世界，如此才能淨化靈魂意識。以何種方式傷害他人的靈魂與身體，就必須以相同方式回報世間。以不善意識傷害他人與自身所造成的病痛，唯有在智慧及良善心之下使用金錢才得以解決。

如果他命中註定要有錢，做這一些行爲是否也是註定好的？

誠如我在前幾個章節所說的，有些人此生有錢確實是註定好的，但是，行為卻是由人的靈識意識來做決定的。該如何在世上行使金錢力量，完全是人的自由意識，我們（神靈）是無法左右的。

你要知道的一件事是，發生在生命中的事情絕大部份在轉世輪迴時便已經註定好，但是，當靈魂意識已經修練到覺醒狀態時，面對業力現前，它是有力量與智慧不讓心偏離天命軌道，讓靈魂安穩行走在軌道上，這就是修行對於靈魂意識的重要性。

那麼，你有沒有想過，為什麼世界上有錢人的錢那麼多，依然無法解決世界的貧窮問題？因為許多有錢人只想要累積更多的財富，他們會以各種方式剝奪其他人的金錢，如此的不善心就會導致世界的失衡，反而創造出更多的貧窮。

這個道理你一定要懂，以不善的心累積越多的財富，世間貧窮問題也就越多；要解決的不是貧窮問題，而是有錢人的心理。這一個問題以後有機會我再細細向你講解。金錢的力量是中性，但它反撲的力量卻是不容小覷。

或許你不是那麼有錢，換一個角度思考，但你可以完全過著自己想過的生活，專心處理好自己與家人的事情，無須承擔更多人的業力，這不也是一種生活方式嗎？如果你連身體的小毛病及家庭問題都沒辦法圓滿處理，又如何有能力過上有錢人的生活呢？有錢人的生活是去處理更多人的生命問題，這就是錢與人的共業，只要你擁有鉅額的財富，就必須承擔起金錢與世人帶來的共業力量。

有錢人也有苦的一面，就是他所承受的業報、業力是非常大的，我知道這樣講，可能對一些人來說是很傷心的事。以一顆不成熟的心使用金錢，錢便是邪惡、罪惡的，此時的金錢不僅無法為你積累富足感，反而會在這世間創造更多的邪惡力量。不成熟的人擁有金錢後，意念、言語與行為反而傷害到其他的人[5]。

如果，今世非常有錢的人能夠走入修行讓靈魂意識覺醒，他們會意識到生命的意義，他們不會一直身陷金錢遊戲，他們會懂得以更高的意識層來使用金錢，擴大金錢對世間與人群的正面效益，他們良善的靈魂意識對地球產生的正面影響力會無遠弗屆。靈魂意識覺醒的有錢人，只要能夠善用金錢且擅於改善世間的能量，他們跳脫輪迴的速度會比一般人快上許多倍。

宇色，你這一個問題看起來很簡單，其實包含了金錢、福報、品行與靈魂轉世等多重的問題，因此，我必須向你解說得非常詳盡。如果你沒有經過多年的靈修修練，是不可能在一瞬間承受我傳過來的龐大靈訊。

最後，我想告訴你一件事。

你要去思考的並不是為什麼這個人今生是如此、那個人又是如何？你要去反思的是，那你是什麼呢？此時你抱持的生命態度又是什麼呢？我覺得這個才是你們人轉世為人、無時無刻都應該要思考的事情。你可能無法體悟什麼是「活在當下」，但是請你一定要去珍惜你的靈魂，因為每一條靈魂來到人世間都是非常珍貴的。

❺指瞧不起他人、財產爭奪，或是為了金錢做出傷害他人生命與名聲之事。

無極瑤池金母

靈修富足諦語

- 靈魂初轉世來到人世間時，確實有一些就是投生到較好、富裕的環境，有一些會掉落到較貧困的國家、社會、家庭，這是靈魂轉世時所發生的機率問題。
- 你的世界與靈魂意識最終會處在相同的頻率上。
- 你要向神靈學習之處：優美與和諧的生命流動，安穩地感知宇宙規律的運行。
- 擁有越多、就要扛起越多的責任，世界給予你的挑戰不會超過你靈魂可承擔的範圍。
- 巨大的財富是人與人、人與世間能量交流下的共業場域。
- 聚集龐大財富的人的心量越大，其財富能量場也就越大，相對地對世間的影響幅度也就越大。
- 今世非常有錢的人如果能夠走入修行、讓靈魂意識覺醒，跳脫輪迴的速度會比一般人快上許多倍。
- 珍惜你的靈魂，每一條靈魂來到人世間都是非常珍貴的。

如果你在閱讀與思考上的邏輯夠縝密，應該可以感受到在這一本書中，雖然無極瑤池金母回答各式各樣關乎財富的問題，但始終圍繞在靈魂意識、意識流、水元素、宇宙運作、錢與水的關係、意識流、金錢光源、金錢的流通性等名詞上。對此書的第一手接收靈訊者、也是撰書者的我來說，感受到以上不同的名詞其實都是在講「意識的流動」，包含這章節裡所提到的「影響力」。

影響力是什麼?在生活中感覺受重視及尊重，以及你的情緒、觀念、行爲直接或間接驅使其他人產生類似的行爲與情緒，都可以稱爲影響力。從靈魂能量的角度來解讀，影響力是你的靈魂意識對其他靈魂意識的感染力，例如作家出版某本書得到大眾共鳴；一名歌手所唱的歌流傳於世間多年，不分年齡層的人皆能琅琅上口，作家及歌手便是對社會與大眾有影響力，換言之，影響力與知名度、能見度具有某種程度的關係。而在此段靈訊中，無極瑤池金母進一步點出一條靈魂的意識對世間與其他靈魂的渲染力，與財富、共業有著更緊密的連結，「巨大的財富是人與人、人與世間能量交流下的共業場域，聚集龐大財富的人的心量越大，其財富能量場就越大，相對地對世間的影響幅度也會越大。」能量總是維持一種穩定的平衡；當你想要聚集越多的財富時，對世界也就要投入相對等的能量。對世間具有某種影響力的靈魂，靈識是自由且奔放的；反之，對世間不具有影響力的靈魂，意識是緩慢且不流動，對許多事情提不起勁，什麼也不想做，哪裡也不想去。

「有錢一定是具有相當的影響力」，先讓自己的靈魂意識投入世間，讓你的行為與想法對其他靈魂意識產生驅動性，如此便能轉動聚財的能量，而企望世間更美好的心與行動，便能改變財富意識。主動地改變你在這世間的存在意義與影響力，向外擴大的靈魂意識就像是吸鈔機一樣從四面八方將財富能量吸引過來。不要輕忽了「金錢與影響力」兩者之間和諧平衡的關係。無極瑤池金母一直在傳遞著「擁有越多財富者，就必須承受（與財富相對等的）越大共業」的概念。

流動的靈魂意識，
一掃生命的窠臼與沉痾。

許多年前無極瑤池金母便已經向我宣說，影響力會提高靈魂的富足意識，是能量與靈魂意識之間的連結。當時我選擇兩件事，做為對世界影響力的煉金石，一是我將以靈學經驗與靈修實證無私地分享於世間，每年定期出版一至二本新書，透過書籍的影響力轉動我的富足靈魂意識；另一件事就是主持網路電台、每週分享一本好書，一集六至十分鐘的節目，從選書、聯絡出版社、訪問到後製剪輯，須耗費三到五天的工作天，不僅完全沒有收入，而且吃力不討好。如果從物質的角度來說，付出的人力、時間成本與回收不成正比；如果是從「能量散播力」的角度來說，就算一本好書只能影響一個人，只要我的心是無私且利益眾人，在當下已經在凝聚富足意識，「**只要將生命中的一切看顧好便是圓滿，便會吸引富裕之路該要具足的因緣。**」也因爲節目，我每月都會收到出版社寄來以及邀約推薦文的公關書。當你願意付出對世界的影響力，世界回饋給你的永遠超過預期。

多年前一位電視名製作人來找無極瑤池金母問事，他曾經製作過台灣早期非常知名的交友節目，當時節目的高知名度爲他帶來可觀的收入，再加上因爲是老三台時代，他製播的節目收視長紅，在電視圈難免盛氣凌人、不可一世。而今日的他已是一位輕度中風、走路不便的老人，也因早期不擅於理財與交際，只要朋友開口借錢、他便二話不說出手，加上胡亂投資之下，現今的錢財也所剩無幾。他與老婆膝下無子女，名下也無不動產，現在仰賴老婆微薄的收入過活。聽到這裡，我心中感到不勝唏噓。他因行動不便不能獨自外出工作，且現今媒體圈、電視圈的生態與以往大相逕庭，他深知不可能再回到以往的生活與工作環境，只是當他前來請示無極瑤池金母時，心中不免抱著一絲期待，希望無極瑤池金母可以爲他指點迷津，告訴他如何做才能讓晚年生活比現在好一點。我向無極瑤池金母請示他的問題，卻遲遲感應不到靈訊降臨，大家屏息以待；雖然靈訊未降，我卻隱約感覺此事已陷入無解的僵局。無極瑤池金母傳下的第一句靈訊：「**脫離人群與社會已久，缺少交流的心，生命甚難重振。**」換言之，脫離社會、職場太久，就很難再從低谷爬出來。無極瑤池金母接著說：「**生命由貧轉富必須一點**

一滴改變，先培養一顆利益世間的心，期待有朝一日貴人相助。」該如何做呢？無極瑤池金母言明，他早期沉溺於名利之中，卻不懂以職位的影響力做利益世間與他人之事；今日，命運走至此，何來善緣助力呢？無極瑤池金母勸他每日到公園、巷口、街道掃地，爲社會付出一點點心力，將此行爲視爲運動，無私的行爲就是對社會的一種正面影響力，終有一日必開花結果。看著他離去的背影，我不禁感嘆道，很多人的職業其實是可以利益眾生的，當握有資源時，應該多多把握對社會的正面影響力，否則當資源不在手上時，反而要花費更大的力氣，才能再站上富足的意識流裡。

財富是依靠集體互動激盪與交流意識而來，也是**「能量交流下的共業場域，聚集龐大財富的人的心量越大，其財富能量場就越大，相對地對世間的影響幅度也會越大。」**千萬不要誤以爲「影響力」是要做大事、行公益、蓋廟、舖路……等等好像某種特定人物才能做的事，其實，「影響力」只是一顆願意走入社會與人們交流的心而已。在這裡透露一個尚未公開的觀念，不久的將來，世界將邁向知識與利益共享，當靈魂意識已經覺醒到如此境界時，世界也將更爲富足；反之，當一條靈魂仍保有強烈的舊有思維，以物質與私益爲中心思想時，將不被未來的靈性世界所接受。

下一本請示無極瑤池金母關於靈性覺醒的著作中，無極瑤池金母已預言到，在二〇二〇年以後將邁入一個無私分享的新紀元，那是時代演進下的趨勢，也是新世代的靈性覺醒年。在未來，你又怎能只是固守自己的世界不走出去呢？無極瑤池金母在下一本書中已經預示了這麼一段話：

你是不是能夠成為知識的分享者？你是否願意分享你所知道的一切？在二〇二〇年後不久的將來，人類的思維將進入非常大幅度的躍進與改變，這樣的行為勢必改變你們人類的消費市場，而且已經正在發生了。

不要害怕分享你所知道的事情，不要擔心你的付出會減少一分，能量、思想與金錢都具有一樣特質，付出得越多、回流到你身上的也越多，當這股能量不斷地在市場流動的時候，必然會創造更大的一個市場出來，這是必經的過程❻。

這就是影響力。

擴大靈魂意識，

強化與世界交流的意願。

❻尚未出版。

其實每一個人都能運用靈魂意識與善用自身資源，對社會與他人產生正面的影響，只是我們長期活在別人的標準，否定了自己的存在價值，也忽略了靈魂意識的力量。如果你仍然苦思不出自身有何資源、該如何運自身資源做出對社會與他人有正面影響力之事，以下這一個練習將有助於開展你的靈魂意識，鬆綁你被束縛已久的靈魂，讓你看見自身更多無限的可能。

我將一套技巧稱爲「無限擴大靈魂意識」。每週練習一次將強化你的靈魂對生命與社會的影響力，進而改變你的金錢意識流。這一個技巧是我在一次靈動訓體、自發性轉入靜坐時，無意間發現的，後期再加上安般念的正念呼吸法。我常常在課程教導學員，我發現就算沒有學習過任何身心靈技巧的學員，依然可以在最短時間上手，而且對於改善生命品質有顯著的改善。

利用「無限擴大靈魂意識」的技巧，可以徹底地清理靈魂意識，試著將此練習列入你每日的定課中。對於一名身心靈修練者及想修練富足意識的人而言，每日意識歸零與擴大靈魂意識皆是非常重要的自我修練課程。這一套技巧會完全打開你的大腦與身體的束縛感，同時一次淨化你的七脈輪；如果你對於能量有非常敏銳的覺受力，在練習這套技巧時，即能明顯感受到靈魂意識被開啓，並釋放封鎖的脈輪能量。這麼簡單易練習的冥想呼吸法，能夠讓你的靈魂意識無限擴大，產生對生命的正面影響力，如此一來，就能很快地拋棄舊有的思維模式與行爲，聽起來是不是很棒！

無限擴大靈魂意識與淨化脈輪的技巧

1. 選擇不被打擾的空間（至少十五到二十分鐘），你可以採盤腿、坐姿、躺姿等方式進行。
2. 調整呼吸，直到呼吸變得淺、緩爲止。此步驟是爲了調節你的情緒、放鬆身體，有助於鬆綁你的靈魂意識。
3. 虛掌掌心相對，置於心輪上方（如圖），想像並感覺心輪與掌心保持一致地隨著呼吸一開一闔、一漲一縮，漸漸地你會感覺呼吸變得短淺，雙手擴張的程度反而會更大。注意力持續專注在掌心、呼吸、心輪的一致性。
4. 如果你的掌心已經被靈魂意識的力量撐開超過雙肩，不用擔心，就繼續保持下去。
5. 此時，被撐開的雙手會停留在某一個程度，不用理會，保持你的呼吸感在雙手中間、心輪上方。逐漸地，你的意識感會慢慢變弱。
6. 當你進入到第五步驟時，便代表「擴大與清除意識」

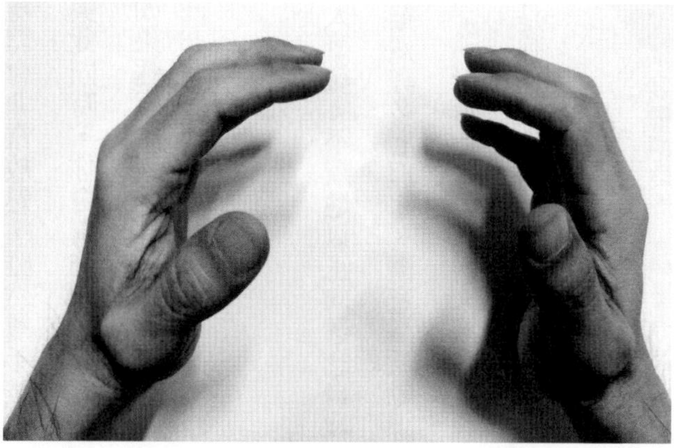

已經同步在進行中。印證你做得正確無誤的方法是，你的身體會非常放鬆，雖然雙手依然保持平舉在半空中；意識進入到半清醒狀態，似睡似醒，與此同時，你會有強烈的睡意襲來。這就代表你的靈魂意識在與世界頻率進行重新調校，如果睡意太過強烈就放鬆舒服地睡著。

每天暗示自己「我會很有錢」，並不會讓你的銀行出現一大筆錢，不斷地以正向信念自我催眠，只會反向地強化負面思考，而不會是正面的思考能力；雖然許多心理學、潛意識激勵課程和正向思考書籍都是如此教導你，但以一句簡單的話來說明，「暗示」代表你尚未擁有。我不是否定正向思考的信念，我只是想要釐清，富足的靈魂意識是強化與不斷訓練意識的覺知感受，不是增強你的耳朵聽力。

搬移富足意識的路障，
喚醒靈魂意識塵封已久的富足能量，
淨化靈魂的每一道脈輪。

當你將「無限擴大靈魂意識」列入每週一次的修練定課後，七脈輪會徹底淨化，那一刻，你的靈魂意識轉入沉寂緘默，心靈世界的種種紛擾頃刻間皆被掃除乾淨，你的靈性會從粗糙的物質界精煉至極爲純淨、深化與廣化的靈性意識。接著我們來談談，當你不斷地練習「無限擴大靈魂意識」時，一道一道的脈輪被統攝與淨化後，對你的靈魂富足意識的影響。

- 淨化海底輪，生活不再依戀不正當的性關係，釋放事業與名利枷鎖。生命重新校準金錢、事業、名利頻率。
- 啓動臍輪，停止從依附關係獲取生命養份，靈性轉化爲自給自足的循環系統。
- 驅動胃輪，強化意識轉動，將物質界能量快速吸收消化爲富足意識的養份。
- 開啓心輪，以愛填補心靈空虛、注入富足意識，從此由物質轉入靈性。
- 轉動喉輪，緘默、靜默、孤獨性，靜待內心的聲音，獲得上天福佑、聽取富足之聲。
- 開眉心輪，洞悉內心與外在世界，破除迷思、撕掉世俗標籤，重新聚焦生命軌道。
- 頂輪，天地能量從此進入靈魂意識，是淨化累世的習氣與業力的重要渠道。

靈性與物質是完全背道而馳的境界，要淨化脈輪必須先收攝感官、集中於一處；要轉化意識成爲自給自足的靈性富足者，得先降低對世界資源的掠取；想破除貧窮思維進入富裕意識，要先主動接納與尊重不同於你內心世界的價值觀。如果你一生都以憤青自居、以自我的一套標準來衡量人世間一切人事物，那麼你的靈魂意識可能很難進入宇宙和諧且規律的能量場中。從宇宙生成到靈魂命運，是由一連串無解的機率所構成，你的頭腦可以決定當下的行爲，卻無法精準預測上帝手上的骰子。你所要相信的眞理是：「**雖然宇宙運轉充斥著所謂的不公平，最終依然會走入公平。**」

金錢，是靈魂意識的顯化，
它對世間有影響力，
金錢、靈魂意識、影響力，
掌握具備其中一項，
其餘兩項會自動歸位。

貧窮與富裕的人對世界有著不同程度的影響力，同時，兩者所揹負的共業，也有著不同程度。當一個人積累越多財富，他的靈魂意識與世界的交流會更爲頻繁緊密，與此同時，他也更需要去關懷人群與世間的和諧關係；如果只知道將錢放在自身的享樂與權力上，「金錢」的強大反撲將令靈魂無法承受（例如：貪婪、性慾、權力、外遇、縱慾、浪費、吸毒、不良嗜好、沉溺購買奢侈品……等等）。如此便可以了解，爲何有許多年少得志或一夜致富的人，在步入中老年後卻是一貧如洗、妻離子散；而平凡人雖然無法享受金錢所帶來的極度奢華生活，但至少能在風平浪靜的安逸生活中渡過。如果有一個人此生擁有過人的「聚錢」命格，卻不懂得善用金錢來創造對世間正面的影響力，那麼金錢反噬的力量會直接地反應在身體，如此便不難理解爲何有許多有錢人到了中年或晚年後，身體健康下滑的速度比一般人更爲顯著。身體是靈魂意識幻化金錢的載具，這也是無極瑤池金母不斷強調與提醒的：金錢從何而來？未好好善待這一副運轉金錢意識的身體，它崩壞的速度往往超乎我們的預期。一個人此生所擁有的財富多寡，決定了此生命的意識流動率，身價越高、越有錢的人，更要謹慎思考如何智慧使用金錢；慶幸的是，一般的老百姓無須承擔龐大的意識共業，僅需在生活中以金錢創造小確幸。「或許**你不是那麼有錢，換一個角度思考，你可以完全過著自己想過的生活，專心處理好自己與家人的事情，無須承擔更多人的業力，這不也是一種生活方式嗎？**」

正當的謀財即是對社會有著正面的影響力與貢獻，在不傷害任何人的前提之下，世間也必以相對等的頻率回饋到我們身上。金錢的另一個名字是「流通貨幣」，有不被任何人擁有的特質，善用金錢的流動特質，處理好我們看待金錢的態度，如此才能以金錢創造美好的世界與強化富足意識。不是擁有豐富的資產才叫富足，心無匱乏時便是處於富足意識之中。貧窮不能狹隘定義在「金錢匱乏」，諸如缺乏安全感、缺少技能、佔他人便宜、掠奪自身足夠的社會資源、以不善行造成社會的恐懼……等等，皆可視爲貧窮一族，有此行徑豈能妄想走入富足的靈性世界。巧妙偽裝在貧窮底下的勢力非常龐大，稍微不注意，我們便會被吸引進去。不要用狹窄的價值觀去抗衡世界的多元性，你可以對世界所有的一切看不順眼，但人最終在幾經無數輪迴後，意識層會慢慢地修潤到與世界頻率一致，進入到圓滿中，沒有例外。這是每一條靈魂在轉世輪迴必會經歷的過程。

金錢是靈魂意識將其能量推向世間的力量，是你內在世界的投射，你眼前的世界凸顯著你內心正處於何種狀態。當我們的靈魂被憤怒、批評、執著所遮蔽，富足意識就無法從心裡透出光芒；當我們日後對於貧富所產生的種種不平現象，再次感到忿忿不平時，不妨提醒自己：「宇宙運行法則，是所有的事情都在看似不公平的規律底下進行著。」

靈修富足心法修持

擴大靈魂意識，聚集龐大財富

將「無限擴大靈魂意識」列入每日的定課中，可以徹底地清理靈魂意識，同時一次淨化七脈輪，你可以明顯感受到靈魂意識被開啓，並釋放封鎖的脈輪能量，產生對生命的正面影響力，拋棄舊有的思維模式與行為。

21 現在很流行極簡生活風，人人都要鄙棄金錢走入極簡生活嗎？

現在很流行極簡的生活，坊間也出版許多教導人們從斷捨離走入極簡風的生活模式。將物欲降到最低、不要將金錢花費在過多的消費，除了購買生活必需品之外，衣櫥僅保留工作與生活上的基本穿著；爲避免花費太多時間打掃與整理房子，絕不購買擺飾品、藝術品。極簡生活是無關乎大環境的經濟條件、收入多寡、貧富的生活模式，倡導不受流行與慣性購買行爲束縛的富足人生。

人們眞的應該學習簡樸的生活嗎？極簡風的生活又會對靈魂帶來何種的影響？

無極瑤池金母 如是說

你要知道，全世界最有錢的一群人，他們住的是金碧輝煌的房子，但是，過的卻是跟你們一般人皆相同的生活，會有金錢、財富、家庭、夫妻、情感等等大家都會面臨到的問題。不會因為你有沒有錢、不會因為你是住在豪宅還是非常簡陋的房子裡，就會有所不同。人們此生會面臨到的問題，不會因你的身份、生活型態、居住環境而有所不同，人的表象可能有所不同，但未被喚醒的靈魂意識所受到的誘惑都是相同的。

我要你去想像一個畫面。有一個人，今天住在金碧輝煌的房子裡，明天改換到另一間非常簡陋的房子，隔天，又換回到原來富麗堂皇的房子；他不斷往返金碧輝煌與簡陋的房子，但是，他的心依然保持一貫的態度，他的心不會隨著外在環境而有不同，他的心態都是一樣的，只是他人生的問題也不會比較少，跟你們都是一樣的，你可以想像那個感覺嗎？你要不斷地去想像我要你想像的畫面。這樣的一個人在生命中遇到難以取捨的難題時，內心的煎熬、拉扯是與你相同的，請問一下，你可以告訴我那個感覺是什麼嗎？你一定會說，「喔！我了解了，那兩間房子根本就不重要，重要的是這個人的心到底在想什麼，他如何面對生命的難關，重點不是房子，對不對？」

你有了解這一層的道理了嗎？人人都要鄙棄現在的生活走入極簡生活嗎？這是非常簡單好回答的問題。

就好比你問我：「該如何創造更多的財富？」

你可以先試著把你想要的東西全都寫下來，例如：想要車子、房子、衣服、吃美食……等等，然後仔細觀察你所寫下來的東西，如果你只能在眾多選項裡面選擇其中之一，或是你僅僅只有一個選擇，你要選擇什麼？你真正想要的到底是什麼？如果你最後看見，你要的並不是物品而是一種滿足感，就代表你的靈魂已經覺醒到一定程度了。

宇色，大部份人追求的物質只是滿足夢想的感覺，滿足內在的想像；人一生只是在追求滿足「慾望」的感覺，慾望就是一種說不上來卻一直緊緊拉著你的力量。宇色，心境未超脫的人費盡一生心力無止境地追求的東西，只是一種滿足慾望後的感覺。

就像是有人想開一部好車，好！他擁有了，所以很快就不會想要那部車，因為他已經滿足了那一個感覺，他已經知道，「啊！就是這麼一回事！」然後呢？他會想繼續去買另一部車，內心還會繼續產生其他的「想要」，想要獲得其他還沒有滿足的東西。如果他沒有看穿大腦的把戲、喚醒靈魂意識走入富足的話，無法填滿那一個空洞感，就好像永遠沒有吃飽的人一樣。

很多人看到一間看起來很好吃的餐廳，會說「這個餐廳很好吃」，然後他可能會去排隊，當他吃完一次之後，他會願意花時間再去排第二次、第三次嗎？不會！所以，宇色你知道現在你們地球上有很多間餐廳，從開幕到倒閉的時間越來越快，你有發現嗎？如果你仔細觀察，一開始大排長龍的餐廳，距離倒閉的時間並不會太長，你知道為什麼嗎？因為它們沒有辦法再帶給人們不同的感覺；人們所追求是一種說不上來的感覺。

一間好的餐廳不會只是滿足人們內心的一種感覺，還要給出真正讓人感到富足的感覺，就是能夠讓你覺得這東西是物超所值的，所營造出來的是別的地方沒有辦法取代的，那麼這一間餐廳才能夠經營下去，不是嗎？

我講述了這麼多都是要告訴你一個觀念，追求物質只是人類表面的行為，人們只是在滿足某一種未知的感覺而已，你只要看穿內在未被滿足的心，就不會將心放在追求外界的物質上，包含房子。

回到你問我的問題。宇色，你要知道的是，**極簡與這一本書所講的富足都是相同意義的名詞**，人們是不是應該過極簡的生活？是啊！因為這就是富足啊！

再延伸一開始我所舉的例子。你把富足的人放在一間金碧輝煌的房子裡、把極簡的人放在一間破舊的房子裡，你會說，「喔！對！前者的生活就是符合富足的人，後面住在破舊房子的人就是符合極簡主義的生活。」

你把這兩個人的生活環境對調呢？你把心裡充滿富足的人放在破舊的房子裡呢？你把崇尚極簡生活的人放在極富足的國度、金碧輝煌的房子裡呢？你會說什麼？喔！原來這就是極簡！因為他在金碧輝煌的房子裡面，心依然是簡單不妄求，喔！前者也是富足的靈魂意識，他的世界、房子是破舊的，但是他的內心是富足的。

你有發現嗎？這兩個是一樣的啊！富足跟極簡不是一樣的嗎？保持一致的心態，不妄求，不就是富足和極簡嗎？你為什麼要問我一樣的問題呢？

其實，你們人所謂的極簡生活，不只是貧窮的人要去修練的，有錢人也應該要去了解。不管是極簡或是富足，都代表同一個意思，當你的意識修練到如此境界，此生已經化解掉靈魂的負面業力，進入到更高層次的意識層。

已經修練到極簡或富足的靈魂意識，此生要去處理的問題不會一直停留在金錢與物質的層次，會進階到去處理沒有辦法被滿足的感覺，包含情感、人際關係、情緒的問題，還有許許多多積累在他身上需要一一處理與化解的習氣問題。這一個層級的靈魂意識已經站在富足跟極簡意識中，才有辦法靜下來真正去處理與面對這些問題。也就是說這樣的人，才能將心力從外在轉向內在，然後把心靜下來，去面對生命更深層的課題。

不斷在追求金錢與物質的人，他的心不會有多餘空間思考這一層面的靈性問題，每日腦袋內不斷地想要更有錢，不斷地想要有錢過更好的生活，怎麼會有時間去處理深層內在的習氣呢？

所以走入極簡跟富足的人，其實已經走在更高靈性的修練路徑了，我所指的修行不一定在寺廟或某一種形式，修行是指必須要勇敢真實去面對內心世界，那個內在世界才是真正的修行應該去接觸的領域。

如果始終沒有辦法面對自己內心世界裡不願被觸碰及面對的習氣，是不可能觸摸到更深層的修行，想要進入身心修練還有一段非常遙遠的路要走。

你之前問我，富足的人的生活是什麼樣子？你也問我，極簡的人的生活是什麼樣子？宇色你知道嗎？你只是拿兩個不一樣的名詞，在問我相同的問題而已，這不是很奇怪的事情嗎？

極簡跟富足都是一樣的，已修得如此心境的人，才有更多的時間處理內心世界，而不會被外界混雜的聲音所影響，這就是所謂的極簡主義。

無極瑤池金母 靈修富足諦語

- 大部份人要的只是滿足一個夢想後的感覺而已，只是滿足了內在的想像，人一生只是在追求滿足慾望的感覺。
- 當你的意識修練到極簡或富足境界，便已經化解掉靈魂業力、進入到更高層的意識層。
- 進入極簡或富足境界，才能將力量從外在轉向內在，把心靜下來，面對生命更深層的課題。
- 修行是必須勇敢真實去面對內心深層不願被觸碰的世界與習氣。

平靜，是我們靈魂意識本然的態度；富足，是接納一切的到來，就像是天地處在寧靜間，卻擁有世間的一切。你首先要了解一件事：生命是態度的顯像。無極瑤池金母曾說：「看一個人的心，就去觀察他的生活，生活的世界就是心的世界，一個人的心是潔淨，他的生活必也是如此。」只要順從你內在的感覺，外在世界的富裕與貧窮都不應該干擾你的心。

我對極簡與富足的看法是，生活只是心的顯化，你如何處理生命議題，你的生活便是如此。當生命進入天命軌道，生活型態與內心世界完全相應。生活的型態是由你的靈魂意識來決定，不是你的大腦，但是大腦卻會持續不斷地與你玩這樣的把戲：「別人過得比你好！」它會讓你看不清自己的心。我不是很認同人們爲了潮流去仿效他人的生活方式，如果它不是屬於你靈魂所投射出來的世界，最終仍會被打回原形。

你不一定要眞正擁有，
才能獲得富足。

二〇一九年時，我帶著一群學員到日本四國遊玩，某晚，飯後大夥約好一起穿著浴袍在街上閒逛，深入體驗日本鄉間的悠閒與蕭瑟感，瞬間，我的意識裡捕捉到出自學員意識深處亟欲被解凍的生命，我似乎感覺到有許多人雖然置身於國外，享受著美景與美食，內心依然住著貧窮的小我意識。回到飯店後，我與大夥分享轉動富足意識讓金錢流動的動態冥想法。

我告訴學員們，如果你擁有這一間豪華的溫泉飯店，此時此刻你就漫步在走廊中，你的心境是如何呢？你會如何打造它？你置身於其中，你的心是富足還是充滿恐懼？會整日擔心害怕人事問題嗎？還是非常悠然地與員工、住客打招呼呢？我請學員們試著去想像我方才的提問，沒有人知道自己的內心有多少的富足意識，但你卻可以走近去接觸它，便能知道你有多少阻礙自己邁向富足的負面意識。藉由實境訓練心境，是靈魂意識自由轉化非常好的練習。如果你已經花上一筆錢住好的飯店，只是爲了睡一覺，那麼，你的花費只是換來一張棉被和床而已；如果你能夠將意識訓練到「藉由實境轉心境」，就算你沒有住在上億的豪宅，但你已經活在富足的世界裡。

不知在哪一年的旅遊中，我突然意識到，「拍照」剝奪了我感受世間的力量，從此，我出國旅遊甚少拍照，我把握每一次新的體驗與看見美景的感受，它才是眞正滋潤靈魂富足意識的力量，而不是手機裡的照片。另一次帶團旅遊，我對團員說道：「出國旅遊是以錢換取沒有體驗過的經驗，**被美的事物所塡補的富足感必油然而生**。」我鼓勵團員與好友、家人一起體驗日本裸湯文化與觀察溫泉館設計、參觀日本知名建築設計師（例如伊東豊雄、安藤忠雄）的作品、抱持好奇心去品嚐日本懷石料理與飯店日式早餐、夜晚穿浴袍走在日本古街、參加日本限定祭典、細心觀察日本文化相當重視且繁複的禮盒包裝與品牌設計……，再將這一些感受拉回到自身，這些「全新的感官經驗」可以運用在哪裡？工作流程？家中擺設？烹飪技巧？以錢換取全新的生命經驗，讓新的經驗與舊有思維交疊在一起，激發你的靈魂意識，如此的能量交流必能在你的靈魂中激盪出更強大的富足感，這一道程序就是在激化靈魂的富足意識。

「將心力從外在轉向內在，把心靜下來，才能夠去面對生命更深層的課題。」慾望不會有滿足的一天，但是，帶著一顆勇敢的心去衝破生活舒適圈，體驗美的事物，慾望、不滿足會消融，換來的是寂靜的生活態度。

我喜歡在每一次出國時，挑選一間當地富有特色的飯店來當成「實境轉心境」的訓練場所，如果房間布置得非常新穎與有設計感，我可能整個早上都不出門，就待房間進行冥想，想像它就是我未來的房子；如果飯店有不錯的游泳池、健身房、閱讀室，我會使用它，並且想像這一切都是我所獨有的（其實這並不困難，大部份旅客都不太會使用飯店設施，想一想，你多久沒有使用過飯店設施了）。不只是飯店，寺廟也是我訓練想像力的好地方，日本寺廟的禪味相當符合我心目中未來的母娘道場雛形（一間充滿禪味的靈修空間）。每每到一間符合我心中風格的寺廟，我會使用「實境轉心境」的技巧，想像我當下彷彿就是置身在未來的母娘道場中，有時會小幅度去修改一些地方。如果連不用花錢的想像都吝嗇去做，日後眞正要花錢時，怎會捨得拿出來呢？下次住飯店時請挑選好一點的，就將它當成靈魂意識的訓練場域，花一點錢投資自己與家人。

內心的富足，

從感受開始。

倘若置身在富足的環境，內心卻依然貧窮，那麼終有一日你的貧窮意識會實現於生活中。我們或許無法讓外在的世界瞬間變成理想的環境，但至少可以選擇自由地打造意識裡的世界。現實生活裡我們無法成為世界首富，透過實景轉化富足的意識之下，久而久之，我們的心會因此變得更為廣闊而富裕。

生活型態先在靈魂意識層被架構，它是什麼樣子必然對應心的世界。如同我前文所舉的例子，我出國幾乎不買紀念品以及小飾品，那是經過幾次反思後的結果。早期出國還有蒐集杯子的習慣，某日突然驚覺到，我每日使用的杯子都是九十九元大賣場所購得，而從國外帶回來的杯子，因為擔心摔破，多年下來捨不得使用，只能鎖在櫥櫃內當成自己欣賞的「裝飾品」——我怎會將辛苦賺來的錢用在提心吊膽上？從那一日起，我出國便不再購買任何紀念品。隨之而來的改變是，我開始丟掉或轉送家裡用不到或多餘的東西，我沒有選擇極簡的居家生活風，它就是自然而然地發生，你不用去追求極簡或富裕的生活，你只要看顧好你的靈魂，它必然創造未來應有的世界。

靈魂走入圓滿時所欠缺的元素，
都將成為再來人世間的動力。

有人一生陷入情感的糾葛中走不出來……。

有人被金錢所操控，一輩子扛著債務在過活……。

有人樂於將生命投入事業中，就算犧牲健康與家人關係也在所不惜……。

有許多家財萬貫的人，卻一輩子沉浸於性愛的遊戲中……。

世間有一千零一種世俗的事情吸引你的注意力，**「不會因你的身份、生活型態、居住環境而有所不同，人的表象可能有所不同，但未被喚醒的靈魂意識所受到的誘惑都是相同的。」**這些問題的核心來自於靈魂意識沒有被眞正地滿足，無止盡的獲取地球資源是無法彌補慾望黑洞的；你必須帶著強大的洞察力進入生命中，才能化解累世的業力。

意識轉動快的人很容易從舊有行爲模式甦醒，反之，則會一直窮困在耗損能量的生活模式中。不論是極簡主義或是富足生活，都是活出自己的生活型態、不被世俗的價值觀所綁架的自由靈魂。

每一個人都想要富足，無法眞正修練到富足意識的原因是對「未知的恐懼」。恐懼感情、家人、健康、財產，過度恐懼顯示內心缺乏安全感，它彷彿無底洞般不斷將慾望與貪求吸進來，矇蔽我們看清塵世的心，恐懼是痛苦的來源。減少對於物質的寄託，便能化解無明的恐懼，掙脫心的束縛，安穩地坐在心上，消弭此生的業力，如此是極簡也是富足。

該如何做才能**「看穿內心未被滿足的心，不讓心放在追求外界的物質？」**你不需要在世界努力太多，就靈魂而言，就只是處在寧靜與安住，其餘就隨它自由地轉動。當你處於寧靜的存在時，你就會很容易看穿大腦的把戲。最明顯的例子就是，你會對於消耗正面能量太多的東西感到厭倦，最後會離開它們，例如：手遊、無止盡的購物等。你會開始做自己喜歡的事，而不是爲了金錢與任何的代價，你會從中獲得喜悅與快樂，這就是外在的極簡、內在的富足。

我的生活完全遵循無極瑤池金母所教導的富足心法。用心體會金錢與生命的連結，學會花錢的藝術，將錢投入對生命有意義的事物上；如果你的靈魂意識全然充斥美的元素，生命豈有多餘空間讓貧窮困頓的思維趁虛而入。爲了朝向靈性自由旅程，我們必須時時刻刻觀照行爲背後的思維，在富足、貧窮或極簡出現在世界之前，已經先在內在世界出現。我們需要去檢視行爲與思維背後的脈絡，才能徹底了解我們的生命。富足的靈魂意識；極簡主義的生活型態皆是跳脫世俗的心境。「極簡跟富足都是一樣的，已修得如此心境的人，才有更多的時間處理內心世界，而不會被外界混雜的聲音所影響，這就是所謂的極簡主義。」

奉行極簡主義，超越大眾心理，才能了知生命最基本需求。

喚醒靈魂意識，無懼金錢流失，方能激活靈魂的富足意識。

靈修富足心法修持

以實境轉心境實修法

勇於體驗不同文化，到異地旅遊多參觀博物館、美術館、歷史館等，細心觀察各國的文創商品……，再將這一些感受拉回到自身，這些「全新的感官經驗」可以運用在哪裡？工作流程？家中擺設？烹飪技巧？以錢換取全新的生命經驗，讓新的經驗與舊有思維交疊在一起，激發你的靈魂意識，如此的能量交流必能在你的靈魂中激盪出更強大的富足感，這一道過程就是在激化靈魂的富足意識。

22 為什麼存錢這麼難？怎樣做才能讓銀行存摺數字增加？

請問無極瑤池金母，這本教導我們如何轉動富足意識、脫貧致富的諭示書，到這一個章節已經告一段落，相信還是會有許多讀者仍然不禁想問祢，爲什麼想要有錢這麼難？在還沒有致富之前，心態該如何調整，才能讓生活好過一點？又該如何做才能一點一滴累積存摺的數字？可否請無極瑤池金母開示，在現實生活中容易實踐的積累金錢聚財密法是什麼？懇請無極瑤池金母指示。

無極瑤池金母 如是說

這問題在一開始我已經言明了，因你有問，因此我再向你解說清楚。

你必須要先懂得在生活中就算是花小錢，也能感受到喜悅與快樂，如此才能減少花錢所產生的恐懼。如果有一個人連花費辛苦賺來的錢都無法快樂，又如何期待日後更大筆金錢的到來呢？是先學會有智慧的花錢才能賺到錢？還是先學會賺錢才能學會花錢呢？靈魂意識與投射出來的世界站在相同的頻率，永遠不要讓自己從富足感的能量場域當中離去，就算是花一筆小錢也是如此，這是累積財富最核心的技巧。

如果有一個人註定此生不會成為極富的人，他想要有錢的話，就必須先學會運用可使用的小錢來照顧好他的身心，這才是真正的根本之道！

或許你會好奇，有些人根本就不懂這個技巧，但是他依然會有錢，就像許多的企業家也不懂這個技巧，但還是可以創造許多的財富。我必須要講的是，好比要運用河水順流的力量抵達下游，前提是你必須先坐在船上，對吧！

如果有一個人已經坐在河面上的一艘船裡，那麼我會告訴你，藉由順流抵達終點的速度會非常快；但是如果他只是站在河邊，你問我該如何運用河水抵達終點，那麼我會告訴你，必須要先學會打造一艘船，不是嗎？

你問我的問題「為什麼存錢這麼難？怎樣做才能讓銀行存摺數字增加？」是一些存不到錢的人在問的問題，這一群人就好像站在河邊的人，想要透過金錢創造更美好的世界，就必須先學會打造一艘船；已經有錢且擁有富足意識的靈魂，如同坐在河上船隻的人，只要聽從富足的靈魂聲音行走即可。

宇色，如果你問我，一些沒有錢的人如何慢慢累積財富，我會希望你告訴這一些人要「先懂得運用小錢經營自己的生命」，像是使用有限的金錢，打造讓自己與家人舒服的小空間。就算是一個小國的諸侯，他依然要去照顧好他的臣子、百姓，不是嗎？你有沒有發現，或許大國跟小諸侯國所得到的天然資源是不一樣的，但是，他們要照顧子民的心是相同的。另外，大國跟小諸侯國所得資源與數量可能不盡相同，但是，都是得到上天相同的眷顧，陽光、水、空氣、大地……，不分大小國家都有，就看你懂不懂善用得天獨厚以及有限的資源。

回到你剛才講的問題，如果這個人是貧窮的，他依然是可以先用小錢來創造屬於他自己的富足世界。還記得本書一開始提到的貧窮的意識世界嗎？窮人之所以會走入貧窮，是因為從來不曾去留意過自己的泡泡世界（意識），所以當時我才問你，為什麼沒人去反思：「我如何處理自己的泡泡世界？」我每天在忙什麼？在做什麼呢？如果只是一直看著別人的泡泡、一直哀怨或讚歎別人的生命，但是卻沒有想要好好地運用自己的資源，打造出一個富足的泡泡（不論大或小），那麼你的泡泡怎麼可能變得跟別人不一樣呢？

我現在講的就是，不要去羨慕有錢人的生活。你知道嗎？有許多的有錢人，此生的轉世課題本來就不是在金錢，或許是在感情、人際關係、婚姻上，就像之前跟你說過的，富人會遇到的問題與窮人都是一樣的。有一群命中註定要成為極富的人，其轉世課題將更為沉重，他們要學習如何照顧更多的人群，以及如何運用得天獨厚的資源讓公司、社會、國家更為富足，每一個極為富有的人背後所要承擔的個人業力跟福報，與眾人的業力跟福報是不一樣的，你不能夠單看別人生命的一面，不論是貧或富。

常令許多人不解的是，為什麼自己的財沒有辦法永遠留在身邊呢？還記得之前有跟你提過金錢與水的本質嗎？你只能享受飲水後的解渴感覺，卻不能一輩子揹著水過活，水是流動的，相同的，財也具有相同的特質啊！你怎麼會想要將錢永遠留在身上呢？富人與窮人的差別僅僅來自於在處理金錢流動特質時的態度。對於「要怎麼將財留在身上？」這一個問題，你必須轉換成「該如何真正的使用『錢』才能創造更富足的能量？」你有看懂這兩者差別嗎？

你必須善用每一分錢來打造出你內心、家庭以及社會的美好。這個讓外界更美好的金錢能量，才能夠不斷地從你的靈魂中湧出更多的富足能量，終有一日，如此富足的靈魂意識便能夠帶領你解脫輪迴課題。

你要想一想的是，你的生活中加入了多少的慾求？你所追求的財富、物質、情感是你天命軌道應該有的嗎？不要去追求看不到的東西，先用心經營你此時此刻的生命。

宇色，了解心並不難。一顆奢求妄念的心，想要擁有世間的一切、想要掌握與擁有更多的事物，無法分辨身心真正需要的是何物；而一顆樸實不妄求的心，不會將不屬於自己生命的東西放進來。將專注力回歸內心，將心拉回到靈魂上，外界的事物便不會干擾你的靈魂，你才能如實看見自己的生命。你有看懂這一層的邏輯嗎？

如果你的心只在意金錢的多寡，鎮日向我們（神靈）埋怨生命的不公平，將金錢視為生命的全部，忽略了其他美的事物，反而會喪失其他進入你生命、改變你靈魂意識的東西。如果你的心只有在金錢上、而不是在世界的美好，你的靈魂就會一直沉淪在世間，這對於靈魂來說是非常可怕的，因為一直在意金錢的心會轉為貪婪，日後會引誘你走入不善的世界，你會陷入更深、更無法自拔的貧窮世界。如果有一個人的生命只是活在存摺裡的數字堆，那麼，這一個人也只是透過金錢來看待一切生命，他看不見世間其他面向，那是一件很可悲的事，有一天此心是會走入貧窮匱乏的。拚命累積財富，不斷地增加又增加，究竟何時才有中止的一日呢？

當靈魂意識走入貧瘠匱乏之時，靈魂反而會想從世界得到許多的力量，就像一名溺水的人會胡亂捉取身旁一切的東西：我想要從世界拿取更多的資源，我想要從別人身上得到情感、金錢、權力……；我是一個不快樂的人，我要從外界得到力量讓自己變成一個快樂的人，所以我必須從世界得到更多東西；我沒有錢、是一名貧窮的人，所以我要用盡一切的力量獲取金錢……。可是不對啊！你不應該奪取世界上任何一個人、事、物的能量，來讓自己擁有快樂和財富，這是本末倒置的可怕念頭，是不可能達成的事情，是不符合天地間能量的運作法則，最後你人生走到終點時是貧窮而不會是富足的。你此時此刻就要中止這個錯誤且可怕的思維：從外界得到你想要的東西。

你不妨可以看看每天發生在人世間真正的例子。有許多原本很有錢的人，為什麼人生走到盡頭是以貧窮收場；有更多人年輕時是名利雙收，但人生尚未走到一半，健康、財富、婚姻、名聲便已經離他遠去……。因為他們的靈魂意識完全投入到互相剝奪資源的世界，他們根本沒有好好看顧自己的靈魂，靈魂意識不停地在權利、名聲的鬥爭間游移，會嚴重耗盡寶貴的靈魂能量，不僅無法修練富足意識，最終還會走入貧窮。如果每一個人今生的生命課題都是一樣的，只是把生命放在錢上面而已，這個世界絕對會毀滅。

你知道嗎？物質是沒有辦法被滿足的，但是靈性可以，靈性的滿足就是靈魂意識的富足感。當靈性的富足從靈魂意識滿溢出來流洩於世間時，那一日便是化解生命苦難的開始。當你離開人世間時靈魂是平靜的，在未來轉世時，你的靈魂意識將進入到完全不同的生命課題❶。

我從來沒有看過有一個人，在致富後讓家族過上百年的好日子，這是不可能的，金錢能夠得到的真正幸福只能維持短暫的時間，真正要讓自己、家族甚至更多人民感到富足的是，必須懂得運用金錢幫助更多的人在心靈上感到富足，要去感恩世間能夠帶給我們靈性上面的富足。

之所以無法從貧轉富、無法擁有富足的靈魂意識，是因為尚未學會以「感恩」來看待生命與天地。我之前有跟你提及，世間所有的一切，一定是站在韻律之下的一個結果，在這一本書中我用了相當多的篇幅來傳遞此訊息。我們沒辦法改變這個韻律的波動，連我們神也無法透徹了解宇宙深層隱藏的一道道韻律波

❶請參閱第二十章〈有錢既然是福報，許多有錢人在品行道德上卻為人所詬病，福氣與品行的關連又是什麼？〉

動，但是，以感恩的意念來看待靈魂、生命、天地，你的靈魂意識會轉化為更寬廣的意識層。與此同時，你的靈魂已經與宇宙和諧的能量融為一體，享受它所帶來的能量，你的生命便已是真正的完美了。感恩，能開啟你富足的靈魂意識，讓你的靈魂意識進入宇宙本就具足一切的能量場中。

如果有一條靈魂感恩生命的美好，便能看見天地與生命所賦予的能量，日後就可以找到一條解脫貧苦的富足之路。

富足與修行看似兩件完全不同的事情，但是其核心非常相像❷。修行，是讓你的靈魂意識進入和諧與優雅的意識狀態；富足，是進入到一個非常圓滿的能量場，就好像你坐在一艘船上面，船在水波的帶動下起伏，這是優美的狀態，順緣、順勢、依循著世界的軌道而走。修行與富足不就是如此嗎？

你知道嗎？貧窮的靈魂意識，會想去改變波動的起伏❸，卻不懂得欣賞湖面的美。你不能單一地認為平靜或波動的湖泊就是美，不是！一條湍急的河流也是美，因為在韻律下所發生的一切都是它應該發生的狀態，都是蘊含著大自然的運作能量，你懂嗎？這就是人們要學習看待生命的方式。面對貧窮，你要從中修練富足感；身處富足，你必須不受金錢誘惑才能轉化靈性。

無極瑤池金母的意思是，目前已經面臨金錢困窘的人，應該先中止抱怨，也不要去羡慕表面上看起來過得更好的人。反過來要先去檢視自己看待小錢的態度，以及如何運用小錢營造自己生命的價值，以有限的金錢創造身心的美好，如此便能夠跳脫貧窮、積累財富，而不是滿腦子只想要一夜致富。

這個問題在前幾章裡，我已經說過了，你怎麼會去企盼一個拿著拐杖的人登上喜馬拉雅山呢？這是非常不合理的發想！

如果你連身體（生命）都沒有照顧好了，怎麼會有能力爬上喜馬拉雅山呢？每一個人的生命課題跟意義本來就是不一樣的，你不能夠認為每一個人在這輩子都是非常有錢的人，這是不對的，也是不可能發生的事，宇宙的運行法則不會是如此。

我想告訴你另一個富足意識轉化金錢的過程。

❷關於這部份如有不清楚，請參閱第十六章〈靈修可以增加財富、改善經濟狀況嗎？〉與第十七章〈錢與修行該如何取得平衡？為什麼有一些修行者會非常有錢？〉

❸暗喻貧窮意識是僵硬不懂變通。

當你以小錢照顧好身心、足以保護靈魂時，你的靈魂意識就會綻放出耀眼的富足光芒，此光芒是真實存有，如此，靈性才能夠創造更富足的世界。

你們人常會以金錢流來代表金錢的流動，當靈魂意識投射出富足光芒時，也會同時吸引無限的金錢光源進入到生命當中，沒錯！我現在講的是光源，你們人講的「金錢流」是不對的說法，應該講的是「金錢光源」。

因為金錢、財富在宇宙是以某種光源呈現，就好像你看到一個有錢人，或許他身上有些病痛，但是他的靈魂會散發出跟一般人不一樣的光芒，這個光源是獨一無二的。金錢光源有些是天生的，有些是靠後天的努力、以富足的信念創造出來的，這就是非常公平的地方，也就是自給自足的資源。

金錢光源宛如太陽光，是大自然的一部份、宇宙的資源，太陽光、金錢光流本來就存有於宇宙間，每個人也都可以獲取。

若這個人先天的命格就沒有金錢光源，那會如何呢？我之前有說過，要懂得在每一個生命中做好抉擇。身體是首要，先懂得照顧好雞蛋的殼，蛋黃、蛋白才會受到妥善的保護，在不受干擾之下，自然就會孕育出屬於應有的生命了。

怎麼樣才能夠有錢？你要先修練（創造）屬於自己金錢的光源！你必須懂得善用每一分錢照顧好身體與靈魂，即是能夠創造出富足而且有錢的方法。

無極瑤池金母

靈修富足諦語

- 先懂得在生活中就算是花小錢，也能感受到喜悅與快樂，如此才能減少花錢所產生的恐懼。
- 永遠不要讓自己從富足感的能量場域當中離去，就算是花一筆小錢也是如此，這是累積財富最核心的技巧。
- 富人與貧窮的人的差別僅僅來自於處理金錢流動特質的態度。
- 善用每一分錢打造內心、家庭以及社會的美好，靈魂便能夠湧出更多的富足能量，終有一日，如此富足的靈魂意識便能夠帶領你解縛輪迴課題。
- 倘若靈魂意識不停地在權利名聲的鬥爭之間游移，會嚴重耗盡寶貴的靈魂能量，最終會走入貧窮。
- 以感恩的意念來看待靈魂、生命、天地，你的靈魂意識會轉化為更寬廣的意識層；進入到宇宙和諧的能量場中，享受它所帶來的能量，你的生命就是真正的完美了。
- 你要學會用平靜來看待貧窮；而富足，即是不受金錢誘惑。
- 宇宙的資源：太陽光、金錢光流，本來就存有於宇宙間，每個人都可以獲取。

靈魂，
無時無刻都在處理生命課題，
只是不自知。

這段靈訊讓我聯想到多年前的一段眞實故事。

我在二〇一七年走訪了擁有「神之國度」美名的尼泊爾，諷刺的是，它還有另一個眾所皆知的稱號：世界最貧窮國家之一。就算尼泊爾是眾神國度與佛陀釋迦牟尼的出生地，也不會因此而倖免於天災浩劫。在二〇一五年毀滅之神濕婆在首都加德滿都跳起撼動地殼的宇宙之舞，規模達七點八至七點九的強震瞬間將萬條靈魂收於濕婆麾下，讓尼泊爾原本搖搖欲墜的經濟更蒙上一層厚厚陰霾。建築老舊、道路殘破、通訊不便、物資嚴重匱乏、人民貧窮，皆是媒體與網路對尼泊爾的側面評論，到了當地眼前所見與聽聞如出一轍。我在尼泊爾的每一日，無時無刻皆在處理千年古城所帶給我的衝擊……。

一個熾熱溽暑、氣溫超過攝氏三十四度的早晨，我獨自一人漫步前往擁有多座動輒百年以上歷史古老建築之地：舊皇宮廣場（Durbar Square），滿目是搖搖欲墜的廢墟。

一位年約十六到十八歲小男生的背影吸引了我的目光。他一頭蓬鬆亂髮、上身赤裸、雙頰深陷、兩眼空洞，無力的雙腳不知要將他快消散的靈魂帶往何處？羸弱身軀撐不起那件過大的牛仔褲，褲頭戲謔似地不斷從他削瘦的腰間滑落，令他與飢餓搏鬥的同時，還必須頻頻拉上褲頭以避免裸露重要部位。我尙在整理眼前這一幅強烈的景象，轉眼間，他已消失不見蹤影。我加快腳步搜尋他瘦弱的身影，在街道轉幾圈，他已經躺臥在布滿塵土的地上。看著他瘦小身軀與一旁熱鬧的街景形成強烈的對比，街道上無數人群如流水一般從他身旁走過，人們大概以爲他是海市蜃樓，而他卻鮮明地刻劃在我的靈魂深處。

自我醒悟稱之自度。

看著他側身蜷縮在滿是塵土的地板上，我內心不禁地生起憐憫不捨……。這位不知名字的小弟弟有家人嗎？有遮風蔽雨的住所嗎？他是生病了嗎？他多久沒有吃東西呢？他是否寂寞呢？他有朋友嗎？一堆問號不斷地從心頭鑽出。我該拿錢給他嗎？還是買食物給他？或是買一件衣服給他，以保住他那一絲絲即將邁入成年的男性尊嚴？當多年過去後他有辦法改變現況嗎？還是這一輩子至死就是漫無目的流浪街頭？另一道心裡頭更深層的聲音從腦海浮現：如果他是我的家人呢？我又怎能棄他於不顧……。頓時心中的不捨感湧現心頭，該不該伸手？如何幫？我的心不斷地在無數聲浪中載浮載沉……。

天堂與地獄就在你的靈魂意識中，
它是富足與貧窮的化身。

我中止所有雜亂的念頭，決定順著心去做。待我轉身欲去購買食物與衣物時，此時不知從何而來一股力量阻斷了我的行爲，原本人聲鼎沸、萬頭攢動的景象被吸入某一道時空，嘎然無聲，存有瞬間融入寂然空間，或許是因緣所至，我瞬間感應到遠方傳來的一段靈訊，是無極瑤池金母順應我方才的體悟：

……眼前的他❹觸發了隱藏在你靈魂深處的憐憫業力，你想幫助他背後真正的動機是什麼？你只有被你累世的業力所牽引。

宇色，慈悲不應該帶有一絲絲的憐憫與施捨，慈悲建立在智慧拔度。如果他的靈魂尚無法意識到存在的意義；如果他尚未從苦境中生起與命運一搏的勇氣，此生、未來世將不斷陷入貧窮深淵，僅因意識未成熟無法牽動心。

你此時伸手暫時驅趕他的飢餓，待你轉身離去，無窮無盡的貧窮依然像蚊蟻般蜂擁而上，毫不留情地啃食掉他靈魂尚存的一縷餘力……。

或許是無極瑤池金母的願力所致，我彷彿看見一道又一道的鐵鍊緊緊束縛住尼泊爾小弟弟的靈魂，肆無忌憚地吞噬掉他僅存在世間的微弱鼻息。突然眼前的場景一轉，我的思緒再度被十多年前無意間以元神意識進入地府的經歷拉了過去：「……眼前出現一道暗紅色大門，四周寂靜無聲。一轉眼，我站在一條寬約一尺的小徑，旁邊是寬廣不著邊際的山谷，山谷裡擠滿了成千上萬的人群（靈體）。我看不到也聽不到谷底眾生的痛苦與哀鳴，卻能透過心識與它們相連，它們的苦、痛、冷、熱我都能感同身受，我的肉體也隨著元神感觸和山谷底下的眾生忽冷忽熱。之後一次的靈修，相同的境又再次出現，而且感受愈來愈強烈，有好幾次，肉體甚至因爲受不了寒冷與酷熱，趴在地上不停地翻滾，與那群地獄眾生一同哀號著。我曾向堂上仙佛詢問，爲何要讓我感受地獄眾生的苦呢？……❺」

那一瞬間，我完全體悟到，不論是地獄的眾生，或是尼泊爾小弟弟面對的貧窮生命，沒有任何人有能力爲他們鬆綁被束縛的靈魂意識，除非他在今世或未來世體悟到「靈魂意識與投射出來的世界是站在相同頻率」，改變命運，要先觀照內在的世界。

人們終其一生都在與內心的天堂地獄進行無止盡的拉扯。被陰森悚然氣息吞噬、身陷地府

❹ 指小男生。
❺ 詳細故事請參閱《我在人間的靈界事件簿》〈靈界奧妙〉。

哀鴻遍野的萬魂們，所面對的惡火酷寒都是生前心中積存的難以化解的恨與怨。我們不自覺地在靈魂意識中打造出那座無比堅固的地府。地藏王菩薩曾在佛陀前發下一大願：地獄不空誓不成佛！千百年過去了，祂仍然未能將地獄清空。

尼泊爾小弟弟以他的故事無聲地教導我們，**「以錢解決貧窮問題都只能維持短暫的時間……。」**他此生的靈魂必須進化到足以意識到存在的意義，以及跳脫貧窮的心，這是他的生命課題，小弟弟當與累世貧窮業力進行一場磨合戰；與此同時，我內心也正掀起更大的驚濤巨浪，我力克心不被他的業力拉走——當你凝視深淵的時候，深淵也會凝視你。看似我在觀察他的苦，其實我是掉落到假性慈悲的陷阱中，觀照心的一來一往便是修持覺察力。那一晚，我送上慈心觀迴向給尼泊爾的小弟弟，願我的慈心淨化他的靈魂意識。

我曾向執蓮自在觀音❻請示：何謂慈悲？

靜靜地看顧自己的心，平靜，即是慈悲。

修行不是在紙上談兵、盡談空泛理論，要洞見明辨的智慧，須先將心的覺知觸及實境，去處理心所生起的感受，此刻才是修行的開始。佛陀曾對弟子開示，「因果不可改、業力自己消、修行靠自己。」這明確地說明，轉化心境與命運只能靠自己，改變苦境的第一步是培養覺察與觀照，是提升與轉化意識的開始，這不是上一堆身心靈課程就能辦到。

該如何突破存不到錢的窘境?這個生命的課題沒有任何外力可以協助，就如同我在面對尼爾尼小弟弟時，無極瑤池金母給我的慈示，以及面對地獄眾生陷入無情火焰與酷寒時，我感受到的「所面對的惡火酷寒都是生前心中積存的難以化解的恨與怨」，無人可以化解地獄眾生心中的怒火怨恨，富足與貧窮存在我們的靈魂意識裡，天堂與地獄也是眞實地存在我們內心世界。解救眾生?化解心中的苦?誰又能助我們由貧走入富足的意識?這一切乃是個人轉世輪迴必須處理的靈魂問題，要如何跨越匱乏的思維、慢慢爬出貧窮的心境?只有靠我們自己從生活中慢慢體悟：**「小錢創造屬於自己的富足世界。」**

你必須對抗艱苦的世界，
否則金錢光源無法展現。

不可諱言，要將靈魂修練到金錢光源的意識狀態，可能要耗費我們不少的精力才能體悟其中奧妙。這一道光源不只是指金錢，還具有統攝貴人、好運、善因緣等能量，當一條靈魂意識

❻宇色靈性美學工坊所供奉之觀世音菩薩。

已修練至綻放此道富足光源，便會長保不再墜落心靈貧窮的世界當中。

人又該如何跳脫現在所處的貧、苦、窮環境？這一些屬於自己靈魂轉世帶來的現實問題無時無刻考驗著我們，稍不留心、一個閃神，我們的人生就可能掉落到低層意識的無底深淵中。金錢無法建立富足感，但也不能因此抹煞金錢對生活的重要性，**「面對貧窮，你要從中修練富足感；身處富足，你必須不受金錢誘惑才能轉化靈性。」**是無極瑤池金母在此段靈訊裡對我們宣說富足心法的重點。

閱讀到這裡，不妨換位思考、試想看看，如果那一位尼泊爾小弟弟就在你眼前，你又會如何處理這一道難解的問題呢？如果你有答案，我非常歡迎你的來信分享❼。

靈修富足心法修持

開啓富足的靈魂意識，讓靈魂意識進入宇宙的能量場

以感恩的意念看待靈魂、生命、天地，你的靈魂意識會轉化得更寬廣；與此同時，你的靈魂已經與宇宙融為一體，享受它所帶來的能量。

❼來信請寄：sulingch@gmail.com，請註明〈分享尼泊爾閱後心得〉。

橡樹林文化 ❖❖ 衆生系列 ❖❖ 書目

JP0192	瀕死的慰藉——結合醫療與宗教的臨終照護	玉置妙憂◎著	380 元
JP0193	我們都是星族人 1	王謹菱◎著	450 元
JP0194	出走，朝聖的最初	阿光（游湧志）◎著	450 元
JP0195	我們都是星族人 2	王謹菱◎著	420 元
JP0196	與海豚共舞的溫柔生產之旅——從劍橋博士到孕產師，找回真實的自己，喚醒母體的力量	盧郁汶◎著	380 元
JP0197	沒有媽媽的女兒——不曾消失的母愛	荷波．艾德蔓◎著	580 元
JP0198	神奇的芬活——西方世界第一座靈性生態村	施如君◎著	400 元
JP0199	女神歲月無痕——永遠對生命熱情、保持感性與性感，並以靈性來增長智慧	克里斯蒂安．諾斯拉普醫生◎著	630 元
JP0200	願來世當你的媽媽	禪明法師◎著	450 元
JP0201	畫出你的生命之花：自我療癒的能量藝術	柳婷◎著	450 元
JP0202	我覺得人生不適合我：歡迎光臨苦悶諮商車，「瘋狂」精神科醫師派送幸福中！	林宰暎◎著	400 元
JP0203	一名尋道者的開悟之旅	嗡斯瓦米◎著	500 元
JP0204	就為了好吃？：一位餐廳老闆的真心告白，揭開飲食業變成化工業的真相	林朗秋◎著	380 元
JP0205	因為夢，我還活著：讓夢境告訴你身體到底出了什麼問題！	賴瑞．伯克、凱瑟琳．奧基夫．卡納沃斯◎著	600 元
JP0206	我是對的！為什麼我不快樂？：終結煩煩惱惱的幸福密碼	江宏志◎著	380 元
JP0207X	龍神卡——開啓幸福與豐盛的大門（38 張開運神諭卡＋指導手冊＋卡牌收藏袋）	大杉日香理◎著	699 元
JP0208	希塔療癒——你與造物主：加深你與造物能量的連結	維安娜．斯蒂博◎著	400 元
JP0209	禪修救了我的命：身患惡疾、卻透過禪修痊癒的故事	帕雅仁波切、蘇菲亞．史崔—芮薇◎著	500 元
JP0210	《心經》的療癒藝術：色與空的極致視覺體驗	葆拉．荒井◎著	1000 元
JP0211	大地之歌——全世界最受歡迎的獸醫，充滿歡笑與淚水的行醫故事【全新翻譯版本】	吉米．哈利◎著	680 元
JP0212	全然慈悲這樣的我：透過「認出」「容許」「觀察」「愛的滋養」四步驟練習，脫離自我否定的各種內心戲	塔拉．布萊克◎著	550 元

JP0213	徒手氣血修復運動——教你輕鬆練上焦，調和肌肉與呼吸，修復運動傷害、遠離長新冠！	李筱娟◎著	550 元
JP0214	靈魂出體之旅——對「生命」根本真理的探索記錄	羅伯特・A・門羅◎著	600 元
JP0215	人，為何而生？為何而活？人生的大哉問——人為何而活？是你無法逃避的生命課題！	高森顯徹、明橋大二、伊藤健太郎◎著	480 元
JP0216	祖靈的女兒——排灣族女巫包惠玲 Mamauwan 的成巫之路，與守護部落的療癒力量	包惠玲 (嬷毛灣 Mamauwan)、張菁芳◎著	460 元
JP0217	雪洞：一位西方女性的悟道之旅	維琪・麥肯基◎著	480 元
JP0218	在故事與故事間穿越——追隨印加薩滿，踏上回家的路	阿光（游湧志）◎著	480 元
JP0219	七界：希塔療癒技巧的核心思想	維安娜・斯蒂博◎著	550 元
JP0220	魔幻森林姐妹情：芬蘭卡累利阿的永續生活、智慧與覺醒	森山奈保美、威廉・道爾◎著	450 元
JP0221	神聖塔羅：來自世界各地的神靈、民間傳說及童話故事（78 張精美塔羅牌＋指導手冊＋精裝硬殼收藏盒）	吉吉谷◎著	1200 元
JP0222	往內看	揚・裴布洛◎著	350 元
JP0223	清明與親密	揚・裴布洛◎著	360 元
JP0224	背痛不是病！：不要再被大腦騙了！憤怒、壓力、低落的情緒才是疼痛的元凶	約翰・E・薩爾諾醫師◎著	450 元
JP0225	一行禪師　石童：愛與慈悲的十篇故事	一行禪師◎著	450 元
JP0226	瑜伽安全練習全書：捨棄積非成是的瑜伽迷思，找出適合自己的體位練習！	茱蒂絲・漢森・拉薩特博士／物理治療師◎著	550 元
JP0227	南無阿彌陀佛是什麼：名著《歎異抄》入門	高森顯徹、高森光晴、大見滋紀◎著	350 元
JP0228	和狗狗一起玩嗅聞！——善用狗狗的神奇嗅覺，打開人犬相處的全新宇宙！	安娜莉・克梵◎著	450 元
JP0229	認識你的能量光環	裘蒂絲・柯林斯◎著	500 元
JP0230	明鏡智慧：108 禪修覺醒卡（108 張手繪中英牌卡＋中英說明頁＋精美硬殼收藏盒）	涅頓秋林仁波切◎著	999 元
JP0231	貓咪想要說什麼：可愛爆表！喵星人肢體語言超圖解	程麗蓮（Lili Chin）◎著	450 元
JP0232	希塔療癒：找到你的靈魂伴侶	維安娜・斯蒂博◎著	500 元

【LYY 靈元院】線上課程報名

宇色講鬼 YouTube 頻道

異業合作、演講邀約、媒體訪問、節目合作或讀者來信

請聯繫靈元院：lyyuan03@gmail.com

靈元院官方頻道 Telegram：

靈元院聯絡帳號 Telegram：

請問
鬼怪
穿越台日幽冥幻境，
無極瑤池金母
讓你看見內在恐懼與執念
宇色 Osel——著
鬼怪未必只屬於另一個世界，
它們也可能是我們靈魂深處的呼喚。

衆生系列　JP0174X

請問財富．無極瑤池金母親傳財富心法【暢銷紀念版】：為你解開貧窮困頓、喚醒靈魂的富足意識！

作　　　者／宇色 Osel
責 任 編 輯／陳芊卉
內 頁 排 版／歐陽碧智
封 面 設 計／兩棵酸梅
業　　　務／顏宏紋
印　　　刷／韋懋實業有限公司

發　行　人／何飛鵬
事業群總經理／謝至平
總　編　輯／張嘉芳
出　　　版／橡樹林文化
城邦文化事業股份有限公司
115 台北市南港區昆陽街 16 號 4 樓
電話：(02)25000888#2738　傳眞：(02)2500-1951
發　　　行／英屬蓋曼群島商家庭傳媒股份有限公司城邦分公司
115 台北市南港區昆陽街 16 號 8 樓
客服服務專線：(02)25007718；25001991
24 小時傳眞專線：(02)25001990；25001991
服務時間：週一至週五上午 09:30 ～ 12:00；下午 13:30 ～ 17:00
劃撥帳號：19863813　戶名：書虫股份有限公司
讀者服務信箱：service@readingclub.com.tw
香港發行所／城邦（香港）出版集團有限公司
香港九龍土瓜灣土瓜灣道 86 號順聯工業大廈 6 樓 A 室
電話：(852)25086231　傳眞：(852)25789337
Email: hkcite@biznetvigator.com
馬新發行所／城邦（馬新）出版集團【Cité (M) Sdn.Bhd. (458372 U)】
41, Jalan Radin Anum, Bandar Baru Sri Petaling,
57000 Kuala Lumpur, Malaysia.
電話：(603) 90563833　傳眞：(603) 90576622
Email：services@cite.my

初版一刷／ 2020 年 8 月
二版一刷／ 2025 年 9 月
ISBN ／ 978-626-7769-04-1(紙本書)
ISBN ／ 978-626-7769-06-5(EPUB)
定價／ 530 元

城邦讀書花園
www.cite.com.tw

國家圖書館出版品預行編目（CIP）資料

請問財富．無極瑤池金母親傳財富心法【暢銷紀念版】：為你解開貧窮困頓、喚醒靈魂的富足意識！/ 宇色 Osel 著．-- 二版．-- 臺北市：橡樹林文化：英屬蓋曼群島商家庭傳媒股份有限公司城邦分公司發行，2025.09
面；公分．--（衆生；JP0174X）
ISBN 978-626-7769-04-1（平裝）

1.CST：靈修 2.CST：民間信仰

271.9　　114009776

填寫本書線上回函